KÖNIGS ABI-TRAINER

Ralf Gebauer

ABITUR NRW 2018
PRÜFUNGSTRAINING
DEUTSCH GRUNDKURS

- alle vier Inhaltsfelder in einem Band
- Wissen, Verknüpfungsaspekte und Abiturübungsaufgaben mit Lösungen
- für Gymnasium und Gesamtschule

Bange Verlag

Über den Autor:

Ralf Gebauer, geb. 1945 in Kragelund (Dänemark), lehrte als Studiendirektor die Fächer Deutsch, Philosophie und Kunst am Haranni-Gymnasium in Herne.

Bereits erschienen (Auswahl):

- *Abitur NRW 2017 Prüfungstraining / Deutsch Leistungskurs. Hollfeld: Bange Verlag, 1. Aufl. 2015 (Reihe Abi-Trainer)*
- *Abitur NRW 2017 Prüfungstraining / Deutsch Grundkurs. Hollfeld: Bange Verlag, 1. Aufl. 2015 (Reihe Abi-Trainer)*
- *Abitur NRW 2018 Prüfungstraining / Deutsch Leistungskurs. Hollfeld: Bange Verlag, 1. Aufl. 2016 (Reihe Abi-Trainer)*

Hinweise:

Die Rechtschreibung wurde der amtlichen Neuregelung angepasst.
Alle 21 Schaubilder des Bandes können Sie unter
http://www.bange-verlag.de/abitur-nrw-2018-pruefungstraining-deutsch-grundkurs
kostenlos im DIN-A4-Format downloaden.

1. Auflage 2016

ISBN: 978-3-8044-3226-0
PDF: 978-3-8044-5226-8

Umschlagfoto: Fotolia.com
Druck und Weiterverarbeitung: Finidr, s. r. o., Český Těšín

INHALT

TEIL III: ÜBUNGSAUFGABEN – HINWEISE, TIPPS UND LÖSUNGSMÖGLICHKEITEN

Universitäre Forschung hat das natürliche Bestreben, sich zu erweitern; schulische Bildung hingegen ist oft zum Gegenteil aufgefordert. Ihr soll der Spagat gelingen, Fähigkeiten und Wissen des Einzelnen zu erweitern, indem sie das sich vermehrende und differenzierende Wissen wieder reduziert auf kleine, handhabbare Module. Das ist ohne Reduktionen, Vergröberungen und Auslassungen nicht möglich und gilt besonders für solch zugespitzte Situationen wie Prüfungen. Da unsere Merkfähigkeit sich am ehesten durch bildhafte Gedankenverbindungen steigert, wird auch in diesem Bändchen versucht, das Disparate und Vielfältige der Wissensgegenstände in möglichst griffigen und anschaulichen Erinnerungsmodellen und Schemata bildhaft miteinander zu vernetzen.

Der vorliegende Band ist dreigeteilt: Im **ersten Teil** wird in komprimierter Form ein Repetitorium aller Inhalte vorgelegt, die für die Abiturprüfung im Grundkurs Deutsch des Landes Nordrhein-Westfalen für das Abiturjahr 2018 verpflichtend vorausgesetzt werden. Die veränderte curriculare Situation wird also zu Grunde gelegt. Der Aufbau des Bandes folgt in seiner Reihenfolge der Übersicht über die Schwerpunkte des Kernlehrplans und seiner Fokussierungen. Bis auf drei Teilbereiche, die so grundlegend sind, dass sie keiner Erläuterung bedürfen sollten oder weder für die schriftliche noch die mündliche Prüfung von Relevanz sein dürften, werden alle obligatorischen Inhalte behandelt. Ausgespart bleiben: „Sprachliches Handeln im kommunikativen Kontext", „Information und Informationsdarbietung in verschiedenen Medien" und „Filmisches Erzählen". Bei den vier Themen, die 2018 im Fokus stehen, wird nach den Grunddaten der Texte zunächst ein knapper Einblick in den biografischen Bezug des jeweiligen Werks gegeben und eine gegliederte Inhaltsangabe des vorgegebenen Textes angeboten. Daran schließen sich Hinweise auf stilistische Analysen und mögliche Interpretationsaspekte an. Sofern keine Einzelwerke vorgegeben sind, sondern nur Autoren bzw. Themen und Epochen, werden die jeweils in Frage kommenden Werke und das notwendige Grundwissen zu Themen und Epochen in Form eines gerafften Überblicks zusammengefasst. Das Bändchen ist in diesem Teil bewusst als Repetitorium angelegt, d. h., **es setzt die unterrichtliche Erarbeitung der Stoffe, der literarischen Gattungen und stilistischen Epochen voraus und bietet eine verknappte Wiederholung.** Deshalb wäre es nicht ausreichend, wenn man sich nur auf die in der Reduzierung zwangsläufig vergröbernde Darstellung verließe.

Der **zweite Teil** liefert eine Reihe von Aspekten, unter denen generelles Wissen merkfähig aufbereitet wird und die einzelnen Schwerpunktthemen miteinander verknüpft werden können. Dieser Teil soll es den Benutzern erleichtern, sich die möglicherweise auch im Unterricht als unverbundenes Nacheinander erlebten Inhalte aus einer distanzierten Perspektive anzueignen und bei einer vergleichenden Zusammenschau eine stoffliche Souveränität zu gewinnen.

Der **dritte Teil** enthält Übungsaufgaben. Zunächst werden vier Klausuraufgaben gestellt, die sich inhaltlich an der Obligatorik orientieren, also nicht kursübergreifend formuliert sind. Sie dienen der Vorbereitung auf die Klausuren der einzelnen Halbjahre und die möglichen Aufgabenarten. Die jeweiligen Lösungsvorschläge orientieren sich am Erwartungshorizont des Abiturs. Anschließend wird die Abiturprüfung in Form von zwei Übungspaketen simuliert. Jede Übung enthält wie im Abitur drei Aufgaben in einer Formulierung, wie sie auch in den vergangenen Abiturjahrgängen gestellt wurde. Die Aufgabenstellungen berücksichtigen die Vorgaben der gültigen Richtlinien und Lehrpläne. Die Lösungsvorschläge orientieren sich in ihrem Profil an dem punktgestützten Bewertungsverfahren, wie es bei der schriftlichen Abiturprüfung zur Anwendung kommt. Die Lösungsvorschläge erscheinen in der Regel als stichpunktartiger Erwartungshorizont, wie ihn auch die korrigierende Lehrkraft vom Ministerium erhalten könnte.

Besonders das nach allen operationellen Erwartungen, die wegen ihrer Verbindlichkeit kursiv gedruckt sind, erscheinende „*z. B.*" soll immer wieder ins Gedächtnis rufen, dass die jeweils folgenden Lösungsvorschläge auch durch andere angemessene Lösungsinhalte ersetzt werden können. Sinnvolle Lösungsteile, die nicht unter die operationellen Erwartungen zusammenfassbar sind, können im Rahmen eines oder mehrerer weiterer aufgabenbezogener Kriterien durch Punktvergabe bis zur jeweiligen Anzahl Berücksichtigung finden. Die Gesamtpunktzahl je Teilaufgabe darf aber nicht überschritten werden.

Der Band schließt mit Hinweisen und Ratschlägen zu einer möglichen mündlichen Prüfung, sei es der entscheidenden Prüfung im 4. Abiturfach, deren Ergebnis durch nichts korrigiert werden kann, sei es einer möglichen Prüfung im 3. Abiturfach, aus welchen Gründen auch immer. Die Anregungen sind aber nicht nur auf das Fach Deutsch bezogen, sondern für alle mündlichen Abiturprüfungen gültig.

Autor und Verlag wünschen Ihnen viel Erfolg beim Umgang mit diesem Material und im bevorstehenden Abitur!

TEIL I: GRUNDLAGENWISSEN: OBLIGATORISCHE INHALTLICHE SCHWERPUNKTE MIT FOKUSSIERUNGEN

1. INHALTSFELD SPRACHE

1.1 SPRACHERWERBSMODELLE

Spracherwerb kann unter zwei verschiedenen Perspektiven betrachtet werden: Spracherwerb der Menschheit (Phylogenese) oder Spracherwerb des einzelnen Menschen (Ontogenese). Die Frage nach dem Ursprung der Sprache ist also jene der Phylogenese, die der Ontogenese ist die Frage nach dem individuellen Spracherwerb und der Sprachentwicklung. Zu beiden Fragenkomplexen haben sich unterschiedliche Theorien herausgebildet.

1.1.1 Phylogenetischer Spracherwerb: Ursprung der Sprache

Interdisziplinäre Forschung

Etwa sechstausend Sprachen und zigtausend Dialekte werden von den Menschen auf unserer Erde gesprochen. Aber die Frage nach dem Ursprung aller Sprachen, nach dem Ursprung der Sprache schlechthin, ist weiterhin ungeklärt und heute Gegenstand interdisziplinärer Forschungen der Linguistik, Paläoanthropologie, Anthropologie, Neurologie, Genetik, Anatomie, Evolutionsbiologie und Kognitionspsychologie.

Grenze von Mensch und Tier?

Erklärungsversuche hat es allerdings schon immer gegeben, weil man in der Entstehung der Sprache die Grenze vermutete, die den Menschen vom Tier trennt. Diese Erklärungsversuche werden wissenschaftlich ernsthaft diskutiert, seit Leibniz 1710 in seiner lateinischen Schrift *Kurze Schilderung der Erwägungen zur Herkunft der Völker, die sich am ehesten aus dem, was die Sprachen zu erkennen geben, ableiten lässt* eine Auseinandersetzung über den Ursprung der Sprache angestoßen hat:

1.1.2 Übersicht: Sprachursprungstheorien

Deduktive Theorien		
Gottgegebenheit	religiöser Ansatz	J. P. Süßmilch (1756)
rationalistische Theorie der angeborenen Ideen	– anthropologischer Ansatz: Folge von Besonnenheit und Reflexion – kognitiver Ansatz: Folge der Entwicklung des Denkens – linguistischer Ansatz aufgrund sprachlicher Universalien	J. G. Herder: *Über den Ursprung der Sprache* (1772) J. Grimm: *Über den Ursprung der Sprache* (1851) N. Chomsky: *Aspects of the Theory of Syntax* (1965)

Empirische Theorien		
Nachahmungs-Theorie (Wau-wau-Theorie)	onomatopoetischer (lautmalerischer) Ansatz	É. B. de Condillac (1746)
Naturlauttheorie (Aua-Theorie)	emotiv-interjektionaler Ansatz: instinktgesteuerte Gefühlsausdrücke	J.-J. Rousseau: *Essai sur l'origine des langues* (1755)
Dada-Theorie	gestischer Ansatz	R. Paget (1930)
Hauruck-Theorie	arbeitspsychologischer Ansatz: lautliche Begleitung von Arbeitsrhythmen	A. R. Luria (1970)
Holistische Theorie	Äußerung zur Erfassung komplexer Situationen, evtl. entstanden aus Gesang und Tanz	O. Jespersen: *Die Sprache, ihre Natur, Entwicklung und Entstehung* (1922)

Einmal oder mehrmals entstanden?

Eine wichtige Frage bestand zudem darin, ob anzunehmen sei, dass die menschliche Sprache raumzeitlich betrachtet nur einmal entstanden sei (**Monogenese**), dass es also eine Ursprache (**Protosprache**) geben müsse oder dass sie sich an verschiedenen Orten und zu verschiedenen Zeiten jeweils und dann unterschiedlich herausgebildet habe (**Polygenese**). Von der Annahme, dass aufgrund einer Ursprache alle Sprachen miteinander verwandt seien (H. Pedersen: nostratische Hypothese), ist man heute abgerückt. Auch hat sich keine primitive Sprache gefunden, die dem Ursprung der menschlichen Sprache nahestünde.

Anatomische, physiologische und kognitive Sonderentwicklung

Man geht heute davon aus, dass man die Sprache als Zeichensystem zu verstehen hat, das sich entwickeln konnte aufgrund der anatomischen und physiologischen (Absenkung von Kehlkopf und Gaumensegel, Sensibilisierung des Gehörs) sowie neuronalen und kognitiven **Sonderentwicklung des Menschen** (Hirnvergrößerung und Entwicklung eines Sprachzentrums, Kontrolle der Sprechmotorik). Die Frage, ob die Sonderentwicklung des Menschen durch die Entwicklung von Sprache ausgelöst wurde oder ob sie erst die Bedingungen der Möglichkeit von Sprache schuf, ist aus heutiger Sicht müßig.

Die ersten Ansätze vor zwei bis sieben Millionen Jahren sind vermutlich aus lautlichen Äußerungen **indexalischen** Charakters entstanden, d.h. sie verweisen unmittelbar auf das Bezeichnete, sei es eine Empfindung wie Schmerz, Freude usw. oder eine Geste, die die optische Information akustisch erst begleitete und dann ersetzte. Später haben sich dann vermutlich **ikonische Zeichen** entwickelt, bei denen der Lautkörper auf einen bestimmten Gegenstand oder ein bestimmtes Wahrnehmungsphänomen verweist. Dies, stellt man sich vor, mag sich zunächst lautmalerisch vollzogen haben, bis die Lautfolge durch zunehmende Abstraktion **symbolischen** Charakter annahm, also auf reiner Zuordnungsabmachung beruhte. Die Entwicklung der Sprache bis zu dem uns heute geläufigen kompletten Niveau mit Wortschatz und Grammatik war frühestens

Zunehmende Abstraktion

vor 125.000 Jahren, spätestens aber vor 50.000 Jahren abgeschlossen, als sich der Homo sapiens aufmachte, sein Stammgebiet in Afrika zu verlassen.

Sozialer Aspekt

Sprache ist somit ein kulturelles Erbe der Menschheit, das sich stets im Wandel befindet und durch den Kontakt der Menschen untereinander am Leben erhalten wird. Aber auch die Umkehrung scheint zuzutreffen, wie brutale Versuche an Neugeborenen in entfernter Vergangenheit gezeigt haben: Ohne Sprache – wie immer sie auch in Erscheinung treten mag – ist der Mensch einer Qualität beraubt, die ihn wesentlich definiert. Die soziale Mithilfe bei der Entwicklung sprachlicher Fähigkeiten trägt also auch wesentlich zur Entwicklung des Individuums bei.

1.1.3 Ontogenetischer Spracherwerb: Sprachentwicklung
(Ontogenetischer Spracherwerb: Erwerb der Muttersprache im Babyalter)

Entwicklung der einzelnen Sprachmodule

Phonologie	– prälinguistische Phase („Lallphase"): Beginn beim Wechsel von Vokallauten und einfachen Verschlusslauten vom vorderen zum hinteren Mundbereich und von stimmhaften zu stimmlosen Konsonanten: m vor n, b vor p, d vor t, g vor k
	– Abschluss der Lautentwicklung: 4. Lebensjahr
Morphologie	Analogbildungen, regelmäßige Bildungen vor unregelmäßigen
Syntax	– Einwortsatz – Zweiwortsatz – komplexe Konstruktionen – Abschluss des Syntaxerwerbs durch interne Regelbindungsprozesse: 10.–12. Lebensjahr
Semantik	abhängig von der Konfrontationsintensität und Differenzqualität der gehörten Sprache

Spracherwerbstheorien

Theorie	Vertreter	Beschreibung	Kritik/ Gegenargumente
Behaviorismus, Empirismus	B. F. Skinner C. E. Osgood	Nachahmungstheorie: Imitation und Verstärkung (Belohnung), Eltern reagieren positiv oder negativ auf kindl. Sprachäußerungen	– Erwachsenensprache wird von Kindern nur unwesentlich imitiert. – Kreativität der Kindersprache bleibt unberücksichtigt. – Mensch und Tier werden unterschiedslos gleichgesetzt.

Theorie	Vertreter	Beschreibung	Kritik/ Gegenargumente
Interaktionismus	J. Brunner C. Snow	Spracherwerb durch progressive soziale Interaktion zwischen Mutter und Kind, abhängig von Entwicklungsstand	keine Erklärung, nur Beschreibung der Erwerbsbedingungen
Nativismus **Innativismus** **Mentalismus**	N. Chomsky J. J. Katz	Nachahmung reicht nicht aus; Kind lernt syntaktische Regeln und begrenzten Wortschatz, bildet daraus neue Sätze; genetisch determinierter Spracherwerb: angeborene Ideen, Universalien	keine Betrachtung der Psychologie des Spracherwerbs, der Sprachverarbeitung und der Sprachevolution; Reduktion auf Syntaxerwerb
Kognitivismus **Konstruktivismus**	J. Piaget Genfer Schule G. Lakoff R. Langacker	Spracherwerb als Folge der (genetisch determinierten) kognitiven Entwicklung, Frage nach den jeweils notwendigen Denkleistungen	Spracherwerb lässt sich nicht monokausal aus kognitiver Entwicklung herleiten.
Konnektivismus	G. Siemens	Wechseleinfluss der sprachlichen Module, Mensch als vernetztes Individuum, Lernen als Verbindung verschiedener Informationsquellen (Knoten)	beschreibt nur den intellektuellen Vorgang, liefert keine Erklärung.

Fazit: Eine eindeutige und allgemein anerkannte Theorie des Spracherwerbs existiert nicht. Sie wird vermutlich so lange umstritten bleiben, bis geklärt ist, wie unser Gehirn im Hinblick auf Sprache und Denken funktioniert.

1.2 SPRACHGESCHICHTLICHER WANDEL

Jede natürliche, lebende Sprache ist mit der Zeit auch dem Wandel unterworfen, die gesprochene Sprache eher als die geschriebene. Die Gesamtentwicklung einer Sprache wird in ihrer Sprachgeschichte dokumentiert.

Entstehung der deutschen Sprache

Die deutsche Sprache zählt zu der großen **indoeuropäischen Sprachfamilie**, die in Europa neben den germanischen Sprachen auch die romanischen und slawischen Sprachen umfasst. Das heutige Deutsch hat sich aus dem Westgermanischen in mehreren Entwicklungsstufen über das Althochdeutsche, Mittelhochdeutsche und Frühneuhochdeutsche entwickelt. Dabei war und ist sie vielfachen fremden Einflüssen ausgesetzt, seien sie politischer, sozialer oder kultureller Natur, die ihre Spuren hinterlassen haben, vor allem:

- dem Lateinischen als römischer Besatzungssprache zu Beginn unserer Zeitrechnung,
- dem Französischen als führender Kultursprache des 18. Jahrhunderts
- und heute dem Angloamerikanischen als globaler Verständigungssprache.

Wird eine Sprache hinsichtlich eines solchen historischen Veränderungsprozesses untersucht, spricht man vom **diachronen** Ansatz.

Andererseits entstehen aber auch zur gleichen Zeit in den überaus heterogenen Gruppen der Sprachgemeinschaft auf allen Ebenen des Sprachsystems unterschiedliche Sprachvorlieben und -tendenzen, die einer neuen Phase der Sprachgeschichte den Grund legen können. Eine Untersuchung solcher zur gleichen Zeit bestehenden Sprachunterschiede nennt man eine **synchrone** Verfahrensweise.

Zur Untersuchung des Sprachwandels haben sich mehrere Theorien herausgebildet:

1.2.1 Übersicht: Sprachwandeltheorien

Theorie	Beschreibung	Kritik/Beurteilung
Stammbaumtheorie	Jede Sprache ist aufzufassen als Zweig einer Sprachfamilie, die wiederum gemeinsam einem Sprachstammbaum zugehören.	Grundlagenwissen
Superstrat-Theorie (superstrat: darübergestreutes)	Eine Sprache übernimmt in einer Unterlegenheitssituation Bestandteile der Sprache des überlegenen Volkes (Transferenzen).	Interessant für Latinismen, Gallizismen (18./19. Jh.) und Anglizismen (20. Jh.)
Substrat-Theorie (substrat: daruntergestreutes)	Eine dominante Sprache übernimmt Elemente der ihr unterlegenen Sprache.	Interessant für regionalsprachliche Varietäten (z. B. Übernahme von „Kanaksprach" in die dt. Hochsprache)

Theorie	Beschreibung	Kritik/Beurteilung
Wellentheorie	Zwischen verwandten Sprachen kommt es immer wieder zu Wechseleinflüssen.	Interessant z. B. für den Einfluss des Deutschen auf das Angloamerikanische bzw. Englischen
Stadialtheorie (stadial: stufenweise)	Jede Sprache entwickelt sich organisch in Stadien von einfacher zu komplexer Struktur.	Umkehrtendenz in heutiger Sprache beobachtbar: Pragmatismus (Telegrammstil, SMS-, Comic-Sprache)
Theorie der unsichtbaren Hand	Sprachwandel vollzieht sich evolutionär, d. h. ungeplant und unbeabsichtigt (Trampelpfadtheorie).	

1.2.2 Übersicht: Transferenz („Entlehnung")

Assimilation oder Nichtassimilation

Der Begriff Transferenz bezeichnet alles Lehngut einer Sprache, also allgemein alle Formen der Übernahme von fremdsprachlichen Elementen (phonetischer, orthografischer, morphologischer, semantischer oder syntaktischer Art) in eine Muttersprache. Diese Übernahmen können assimiliert, d. h., an die Muttersprache angepasst, oder nichtassimiliert sein. Während die assimilierten Formen (z. B. Fenster ← fenestra) schnell ihren Fremdcharakter verlieren und z. B. zu Lehnwörtern werden, bleibt bei nichtassimilierten der Fremdcharakter erhalten (Fremdwort). Am auffälligsten und häufigsten geschieht das im Bereich der Semantik.

Semantische Transferenzen differenziert man nach folgenden Formen von Lehnbildungen:

Begriff	Erläuterung	Beispiel
Lehnbedeutung	Bedeutungserweiterung eines muttersprachlichen Wortes durch Einfluss einer Fremdsprache	„Realisieren": eigentl. verwirklichen; Bedeutungserweiterung: wahrnehmen
Lehnschöpfung	Neuschöpfung eines muttersprachlichen Wortes unabhängig vom fremdsprachlichen Wort	Symbol (aus dem Griech.: etwas Zusammengefügtes) → Sinnbild

Begriff	Erläuterung	Beispiel
Lehnformung	Bildung eines neuen muttersprachlichen Begriffs in Abhängigkeit vom fremdsprachlichen Wort	
	Lehnübertragung: Lehnformung in assimilierter Form	Patria → Vaterland
	Lehnübersetzung: Lehnformung in Glied-für-Glied-Übersetzung	steam engine → Dampfmaschine
Scheinlehnwort	muttersprachliche Neubildung eines Wortes, das seine fremdsprachliche Herkunft nur vortäuscht	Mobile (engl.) → Handy (dt.)

Hauptelemente des modernen Sprachwandels

- **Transferenzen** treten im heutigen Gegenwartsdeutsch vor allem aus dem Angloamerikanischen auf in den Bereichen Wissenschaft, Technik, Sport, Mode, Musik und Medien. Häufig begründen sich diese Transferenzen nicht nur dadurch, dass die verwendeten Begriffe Internationalismen, also wie fachsprachliche Termini technici übersetzungslos in allen Sprachen verankert sind (z. B. „Videoclip"), sondern vor allem durch das Prestige des Angloamerikanischen in diesen Bereichen. Mit der Verwendung verbindet der Sprecher nicht selten Vorstellungen von Selbstwert, Macht, sozialem Ansehen und Aufstieg. Fragwürdig wird es dann, wenn fremdsprachlichen Ausdrücken ein völlig anderer Sinn unterlegt wird (z. B. „public viewing": Leichenschau [engl.] vs. öffentliches Fernsehen, Rudelgucken).
- **Die Mischung von Groß- und Kleinbuchstaben** dient sehr subjektiven Hervorhebungen.

Orientierung an Lautsprache

- Der Stil der Chats und Internet-Foren, gern mit dem unzutreffenden Begriff des **Parlando-Stils** bezeichnet, mit seiner sich an der Lautsprache orientierenden Schriftlichkeit wächst mehr und mehr auch in den normalen Sprachgebrauch hinein. Merkmale dieses Stiles sind Veränderungen am Wortkörper (Metaplasmen) durch Weglassungen am Wortanfang, in der Wortmitte oder am Wortende oder durch Zusammenziehung und Verschmelzung zweier Wortkörper (Kontraktion). Syntaktisch äußert sich dieser Stil vor allem in Auslassungen von Satzteilen, die in feuilletonistischen Kurz- oder sogar Einwortsätzen („Eben.") ihre Vorläufer haben. Das lässt sich aber auch schon unter die Tendenz zur Abbreviation fassen.
- **Abbreviationen** (Abkürzungen) bestimmen nicht nur in der deutschen Sprache den zeitgenössischen Sprachwandel. Sie treten vorwiegend im mündlichen und medialen Sprachgebrauch als Ausdruck der Ökonomie, des Pragmatismus und der Gruppenzugehörigkeit in folgenden Formen auf:

1.2.3 Übersicht: Abbreviationen

Bezeichnung	Beschreibung	Beispiel
Akronym	meist in Großbuchstaben geraffte Folge von Initialbuchstaben	ARD, CDU, LKW, IC, AB
Sigle, Emoticon (Smiley)	neudefinierte kleine Bildzeichen	☺ ☹
Symbol	Einzelwörter werden durch Begriffszeichen ersetzt.	&, %, Ziffern: 4teilen
Kurzwort	Kopfwort	Auto, Foto, Uni, Prof, Perso
	Doppel-Kopfwort	Trafo, Kita, Hiwi, Modem (*Mo*dulator + *Dem*odulator)
	Schwanzwort	Trockner, Bus, Rechner
	Rahmenwort	Brunch (*Br*eakfast + L*unch*) Motel (*mo*torist's ho*tel*)
	Verbalsubstantiv	Tanke, Flieger, Denke
Inflektiv	phonologisch beeinflusstes synthetisches Wort	stöhn, blabla, krächz
Metaplasmus	Veränderung des Wortkörpers	
Elision (Auslassung)	Aphärese: am Anfang	raus, ne < eine
	Synkope: in der Mitte	gehn
	Apokope: am Ende	nich, sonder
Ellipse	Satzverkürzung	Mach ich.
Kontraktion (Synalöphe)	Zusammenziehung zweier Wörter	hasse < hast du

In letzter Zeit wird die sich immer stärker in den digitalen Bereich verschiebende schriftliche Kommunikation (SMS, Twitter, E-Mail) durch sog. **Emojis** revolutioniert, die 1999 vom japanischen Kommunikationsdesigner Shigetaka Kurita entwickelt wurden. Dabei steht das *E-* für Bild und *moji* für Charakter. Ziel der Entwicklung dieser einfachen Bildzeichensprache, bestehend aus modernen Ikons in hieroglyphischer Aneinanderreihung, ist es, ein global einheitliches visuelles Verständigungsmedium zu schaffen, das von allen Menschen der Erde verstanden werden kann, ohne eine neue Sprache erlernen zu müssen (wie z. B. die Weltkunstsprachen Ito oder Esperanto).

1.2.4 Fokus: Mehrsprachigkeit

Man muss echte Multilingualität, in der Regel Bilingualität, also die alltägliche Verwendung von zwei ethnisch unterschiedlichen Sprachen, von der Diglossie, der Verwendung von zwei Varietäten derselben ethnischen Sprache, unterscheiden. Von **Diglossie** würde man also sprechen, wenn neben der normierten Hochsprache noch eine andere Sprachform benutzt wird, die sich im Niveau deutlich von der Hochsprache unterscheidet, wie z. B. der Dialekt. Umgangssprache, Jugendsprache, Soziolekt oder Idiolekt würden in ihrer relativ geringen Differenz zur Hochsprache nicht ausreichen, um von einer Diglossie zu sprechen. Anders ist es bei der „Kanaksprach“[1], der besonders von Migranten benutzten Mischsprache aus Deutsch und Elementen des Türkischen und der Balkansprachen **(„Türkendeutsch“)**. Hier liegen auf unterschiedlichen Ebenen so gravierende Abweichungen vor, dass es bereits einer besonderen Beherrschung dieser subkulturellen Kiez-Sprache bedarf. Das ist auch daran feststellbar, dass es Bestrebungen gibt, diese Sprachvarietät nicht abzuwerten, sondern als interkulturelle Kontaktsprache und Multi-Ethnolekt anzuerkennen, weil sie als sekundärer (d. h. nachgeahmter) oder sogar tertiärer (d. h. sich in den Medien spiegelnder) Ethnolekt auf die Ursprungssprache zurückwirkt (z. B. Übernahmen der „Kanaksprach“ in die Hochsprache).

Hochsprache und Dialekt

Echte Bilingualität ist häufig bei Kindern von Migranten oder verschiedensprachigen Eltern gegeben. Selten werden dabei beide Sprachen vollständig in Wort und Schrift beherrscht, zumeist dominiert eine. Die Identitäts- und die Kontrastivhypothese beleuchten unterschiedliche Probleme der Bilingualität. Nach der Kontrastivhypothese bereitet beim Erwerb einer Zweitsprache das Lernen unterschiedlicher Elemente besondere Schwierigkeiten, während identische Elemente leicht erlernbar sind. Dagegen geht die Identitätshypothese davon aus, dass es für den Erwerb keine Rolle spielt, welche Sprache zuerst erlernt wurde. Neuere Forschungen belegen jedenfalls, dass Bilingualität das Gehirn in den Bereichen des Hippocampus und des Cortex verändert und verbessert im Hinblick auf logisches Denken, Simultanität (Multitasking), Auffassungsschnelligkeit und die Entwicklung von Konfliktlösungsstrategien.[2] Die Erforschung dieses Phänomens ist bei Weitem noch nicht abgeschlossen.

Erlernte Mehrsprachigkeit

Erlernte Mehrsprachigkeit durch den Erwerb einer Fremdsprache z. B. in der Schule gewinnt in einer globalisierten Welt zunehmend an Bedeutung. So ist es im vereinten Europa ein seit 2003 in Barcelona erklärtes Ziel, dass in absehbarer Zeit jeder Bürger Europas neben seiner Muttersprache zwei weitere Sprachen beherrschen soll. Als Vorteile der so erlernten Mehrsprachigkeit werden immer wieder folgende vier Aspekte vorgetragen:

- **„Der kognitive Aspekt**: Mehrsprachigkeit fördert ein differenziertes Bewusstsein von Sprache, z. B. das metasprachliche Bewusstsein und andere Fertigkeiten, die auch das Erlernen weiterer Sprachen erleichtern. Sie schult außerdem differenziertes Denken.

---

1 Diese Wortschöpfung geht wahrscheinlich auf den deutschen Autor türkischer Herkunft Feridun Zaimoglu zurück.
2 The Power of the bilingual Brain, Time, Vol. 182, Nr. 30 vom 29. 07. 2013, S. 26–29.

- **Der psychologische Aspekt**: Für viele Menschen ist die Herkunftssprache (‚Muttersprache') ein Symbol ihrer Identität. Die Anerkennung der Muttersprache hebt das Selbstbewusstsein der Sprecher, das ist v. a. wichtig für Sprachen, die in unserer Gesellschaft bislang noch wenig Prestige besitzen.
- **Der pragmatische Aspekt**: Mehrsprachige haben eine differenziertere Sicht auf die Welt. Sie lernen durch die Brille der anderen Sprache andere Sichtweisen kennen und sind daher flexibler im Handeln. Ein Beispiel: Manche Sprachen drücken ein und denselben Sachverhalt ganz verschieden aus: z. B wenn ich vom Regen durchnässt bin, sage ich auf Italienisch *sono tutta bagnata* ‚ich bin ganz gebadet'. Oder es gibt viele Redensarten, die kulturelle Vorstellungen wiedergeben: Im Deutschen ist die Galle vor allem ein Sitz von Wut. Man sagt *mir läuft die Galle über, mir kommt die Galle hoch*. Im Türkischen ist damit vor allem Hunger verbunden. Man sagt *safra bastirmak* (‚Galle drücken'): ein bisschen etwas essen, um den Hunger zu unterdrücken usw.
- **Der kulturelle Aspekt**: Mehrsprachige, besonders Angehörige von Sprachminderheiten, haben eine Brückenfunktion als Vermittler zwischen verschiedenen Kulturen. Sie sind in verschiedenen Sprachen und Kulturen zuhause und können diese an uns vermitteln."[3]

---

3 Zit. nach: Claudia Maria Riehl: *Mehrsprachigkeit – ein Reichtum für alle*, http://www.laga-n-w.on.spirito.de/data/statement_zur_mehrsprachigkeit_claudia_maria_riehl.pdf (Stand: Februar 2016).

1.3 SPRACHVARIETÄTEN UND IHRE GESELLSCHAFTLICHE BEDEUTUNG

Unter dem Begriff Sprachvarietäten versteht man die synchron nebeneinander bestehenden, aber unterschiedlichen Erscheinungsformen einer Sprache.

1.3.1 Übersicht: Sprachebenen und Varietäten

Sprachebene	Beschreibung	Verwendung
Gehobene Sprache Dichtersprache	elitäre, gewählte Semantik	Kunst- oder kultureller Imponierstil: Literatur
Standardsprache Allgemeinsprache Hochsprache	überregional, mit semantischer, orthografischer und grammatischer Reglementierung vor allem bei der schriftlichen Kommunikation	Normsprache der sozial und kulturell herrschenden Oberschicht: Kommunikationsmedien
Umgangssprache	ungezwungene, mündlich allgemein benutzte Alltagssprache	Normalbürger
Regionalsprache	regional mundartlich gefärbte mündliche Umgangssprache	Identifikation und Gemeinschaft stiftende Sprache, z. B. Ruhrgebietssprache
Gemeinsprache Vulgärsprache	im Vokabular meist derbe, grammatikalisch oft restringierte mündliche Sprachverwendung in oft diskriminierender Absicht	Emotionsausgleich; z. T. auch soziale Unterschicht
Mundart	regional traditionell verwendete alte Sprachform mit meist eigener Semantik und Grammatik	kulturelle Tradition, z. B. Friesisch, Kölsch, Niederdeutsch (Plattdeutsch), Bayerisch
Fachsprache	wissenschaftliche Sprache mit fachlich besonders differenzierter, oft fremdsprachlicher Begrifflichkeit: „Fachchinesisch"	differenzierte Spezialverständigung, z. B. Sprache der Medizin, Psychologie etc.
Ethnolekt	spezielle Sprachverwendung einer fremden ethnischen Gruppe	Migrations- und Ghettosprache, z. B. Kanaksprach

Sprachebene	Beschreibung	Verwendung
Soziolekt Jargon	Sprachvorlieben einer sozialen Gruppe im Rahmen der Hochsprache: Jugendsprache, geschlechtsspezifische Sprachverwendung	Mittel der sozialen Distanzierung und Gemeinschaftsbildung, z. B. Männersprache, Frauensprache, Jugendsprache
Idiolekt	individuelle Sprachverwendung	

Beim Ethnolekt gilt es in Deutschland drei Ebenen zu unterscheiden: zu dem dargestellten primären Ethnolekt treten inzwischen auch der **sekundäre Ethnolekt** auf, der zumeist als unterhaltende Nachahmung des primären Ethnolekts Verwendung findet, und der **tertiäre Ethnolekt**, der in den Medien gespiegelte sekundäre Ethnolekt, der auf die gesamte Sprachgemeinschaft einwirkt.

1.3.2 Jugendsprache

Die Jugendsprache ist ein wesentlicher, sich historisch immer wieder verändernder Soziolekt. Er kennzeichnet sich unabhängig von der jeweils sprechenden Gruppierung zumeist durch:

- besondere Gruß- und Anredeformen: „Alter“, „Digger“, „Tussi“
- Verwendung einer Sonderlexik:
  - → Neologismen (Wortneuschöpfungen): „alken“ = sich hemmungslos betrinken
  - → lexikalische Mutation (Wortveränderung): „Randalo“ = Schlägertyp
  - → lexikalische Abbreviationen (Vereinfachungen): „Proggi“ = Programm
  - → semantisch Entlehnungen aus anderen Sprachen: „chillen“
  - → Internationalismen (fremdsprachliche Anleihen): „beachen“ = am Strand liegen
  - → phonologische Germanisierung (klangliche Eindeutschung): „abcoolen“ = sich beruhigen
  - → semantische Variationen (Bedeutungsverschiebung): „Bonsai“ = kleingewachsener Junge
  - → semantische Addition (Bedeutungserweiterung): „fett“ = voll in Ordnung
  - → semantische Subtraktion (Bedeutungsverengung): „Looser“ = Versager
  - → semantische Paradoxa (Bedeutungsumkehrung): „Massage“ = Prügel
  - → kreative Wortspiele: „labundig“ = lebenslustig
  - → Verwendung gemeinsprachlicher Ausdrucksformen: „Fressbrett“
- Verbalisierung von Substantiven: „müllen“ = dummes Zeug reden
- stark expressive, oft superlativ übersteigerte Adjektive: „megageil“
- Hyperbeln (Übertreibungen): „hunderttausend Leute“
- metaphorische (bildhafte) Ausdrucksweise: „Münzmallorca“ = Solarium
- häufiger Gebrauch abtönender Füllwörter: „irgendwie“, „oder so“
- Verwendung von Abbreviationen: „türlich“ = natürlich
- elliptische Syntaxverwendung: „klaro“ = versteht sich von selbst

- nachdrückliche Bestätigung: „ehrlich“, „echt ey“
- Rückversicherungsfloskeln: „weißt du“

Von „knorke“ bis „cool“

Besonders bei Fragen der Wertung ist die Jugendsprache lexalisch-semantisch aktiv, also bei Äußerungen der Wertschätzung oder Geringschätzung (z. B.: „knorke“, „tofte“, „jovel“, „spitze“, „klasse“, „super“, „geil“, „cool“ [in etwa historische Abfolge]; „grottig“, „sich einen Fetten machen“ = sich drücken) oder zum Ausdruck der Verwunderung oder Unzufriedenheit („ich denk, mich knutscht ein Elch“).

Jugendsprache ist zunächst abwertend betrachtet als „Halbstarken-Chinesisch“ stigmatisiert worden, ehe sie über „Teenagerdeutsch“ und „Schülerdeutsch“ als Jugendsprache auch wissenschaftlich ernst genommen wurde. Heute wird der Collage-Stil der Jugendsprache, der nach innen Solidarität und nach außen Distinktion vermittelt und sich einerseits aus der Mediensprache und andererseits aus der eigenen Sprachhaltung speist, als Quelle kultureller Entwicklungen betrachtet.

1.3.3 Genderlekt

Männersprache, Frauensprache?

Die Frage nach dem Genderlekt, der Frage nach der Männer- bzw. Frauensprache, ist im Wesentlichen keine Frage nach der Sprachdifferenz zwischen den Geschlechtern, als vielmehr die Frage nach einer geschlechtergerechten Sprache. Seit den 1970er Jahren des vergangenen Jahrhunderts sind im Rahmen der Emanzipationsbestrebungen der Frau Klagen über den Sexismus in der Sprache formuliert und zur Erlangung der auch sprachlichen Gleichberechtigung Forderungen aufgestellt worden, die den gängigen Maskulinismen in der deutschen Sprache den Kampf angesagt haben. Daraus haben öffentliche und amtliche Stellen ihre Lehren gezogen und bemühen sich heute in vielfacher Weise um Sprachgerechtigkeit. Dies geschieht überwiegend entweder durch die **Verdeutlichung** der beiden Geschlechter, indem man beide Geschlechtsgruppen direkt anspricht (Doppelanrede: „Schülerinnen und Schüler“) oder dadurch, dass man sich um eine **neutrale Ausdrucksweise** bemüht, was häufig bereits durch Pluralbildungen vollzogen werden kann („Studierende“ statt: Studenten, „alle, die zur Wahl berechtigt sind“ statt: jeder Wahlberechtigte; „Es ist nicht bekannt, wer das Werk verfasst“ hat statt: der Verfasser des Werks ist unbekannt; „Beratung der Kundschaft“ statt: Kundenberatung).

2. INHALTSFELD TEXTE

2.1 STRUKTURELL UNTERSCHIEDLICHE DRAMEN AUS UNTERSCHIEDLICHEN HISTORISCHEN KONTEXTEN UNTER BERÜCKSICHTIGUNG IHRER POETOLOGISCHEN KONZEPTE

2.1.1 Poetologische Konzepte: Gattungen

Ein dramatischer Text unterscheidet sich von anderen fiktionalen Textgattungen dadurch, dass er sich über die **figurengebundene Rede** definiert und von der Grundkonzeption her für eine Aufführung gedacht ist. Es gibt allerdings auch reine Lesedramen, die nicht für eine Aufführung geschrieben sind. Der Autor tritt also nur im sogenannten **Nebentext** in Erscheinung, fälschlicherweise oft auch Regieanweisungen genannt. Der Nebentext ist aber nicht nur eine Hilfe für einen möglichen Regisseur bei der Aufführung eines Dramas, sondern genuiner Bestandteil des Dramas. Zum Teil ist eine Dramenhandlung ohne den Nebentext nicht verständlich.

Für Aufführung gedacht

Innerhalb des Dramas, das man ganz allgemein auch **Schauspiel** oder **Stück** nennen kann, unterscheidet man vom Ausgang der Handlung her drei Gattungen:

Die drei Dramengattungen

- die **Tragödie**, bei der meist mindestens einer der Protagonisten stirbt.
- die **Komödie**, die für den oder die Protagonisten wider Erwarten gut ausgeht.
- die **Tragikomödie**, bei der ein Protagonist ein gutes und ein anderer ein schlechtes Ende findet.

Die deutschen Begriffe **Trauerspiel** und **Lustspiel** geben die klassischen Begriffe nicht ganz adäquat wieder, weil sie zum Teil falsche Erwartungen wecken. Auf weitere differenzierende Begrifflichkeiten z. B. der Komödie sei an dieser Stelle verzichtet.

Über diese Erscheinungsformen des klassischen oder aristotelischen Theaters hinaus unterscheidet man im modernen Drama im Allgemeinen vier Richtungen:

Vier Richtungen des modernen Dramas

- das epische Theater nach Bertolt Brecht,
- das dokumentarische Theater nach Peter Weiss oder Heiner Kipphardt,
- das absurde Theater nach Eugène Ionesco oder Wolfgang Hildesheimer und
- das experimentelle Theater.

2.1.2 Übersicht: Gestaltungsformen des klassischen Dramas

Aufbau	3-aktig: Exposition (Figureneinführung, Problementwicklung), Peripetie (Handlungsumschwung, Konflikthöhepunkt), Katastrophe (Problemlösung) 5-aktig: Exposition, steigerndes Moment, Peripetie, retardierendes (verzögerndes Moment), Katastrophe Drei Einheiten: des Ortes, der Zeit, der Handlung

Ziel	Katharsis: Reinigung von Gefühlen (Furcht und Mitleid)
Figuren	Protagonist (Hauptfigur), Antagonist (Gegenspieler)
Text	Haupttext: figurengebundene Rede: Monolog, Dialog, stichomythischer Dialog (kurze, kontrastive Wechselrede) Nebentext (Regieanweisungen)
Gesprächs-formen	Diskurs, Entscheidungs-, Enthüllungs-, Einschüchterungsgespräch, zerfallenes Gespräch, Verhör
Gesprächs-verhalten	symmetrisch vs. asymmetrisch; superior vs. inferior (über- vs. unterlegen); komplementär (ergänzend); Anredeformen
Sonder-formen	Epische Einblendungen: Botenbericht, Teichoskopie (Mauerschau), Figurenerzählungen (Rückblicke, Zusammenfassungen) verdeckte Handlung (Handlungselemente tauchen nur in der sprachlichen Darstellung auf)

2.1.3 Übersicht: Entwicklung des Dramas im Epochenumbruch 18./19. Jahrhundert

Epoche	Merkmale	Theorie
Sturm und Drang *(Urfaust)*	– freie Prosa – expressive, selbstbewusste Sprache als Ausdruck leidenschaftlichen Wollens – genialisch-kraftvolles Aufbegehren gegen jegliche Form der individuellen Beschränkung (Gelehrtendrama) – Kritik der Alltagsrealität	*Anmerkungen übers Theater* (J. M. R. Lenz)
Klassik	– geschlossene(re) Bauform – größere Formstrenge – Dominanz von Madrigalvers und Knittelvers – Ideendrama: Geschehen und Figurencharakter unterstehen einer Weltanschauung – Geschichtsdrama als Ideenkonflikt – analytisch-erzieherische Absicht	*Über epische und dramatische Dichtung* (Goethe und Schiller), *Die Schaubühne als moralische Anstalt betrachtet* (Schiller), *Über das Erhabene* (Schiller), *Über das Pathetische* (Schiller)

Aristoteles versus Shakespeare

Im 18. Jahrhundert wurden die Vorstellungen von einem Drama beherrscht von zwei unterschiedlichen Ansichten. Auf der einen Seite stand der an Regeln orientierte Traditionsstrang der Theorie, der sich von der antiken *Poetik* des Aristoteles bis zu den Werken der französischen Klassiker erstreckte, auf der anderen Seite stand die regelfreie und lebendige Theaterpraxis des ‚Genies' Shakespeare. Lessing hatte sich in seiner *Hamburgischen Dramaturgie* (1767/68) bereits um eine Entschlackung der Dramentheorie verdient gemacht und mit seinem bürgerlichen Trauerspiel den Weg bereitet. **Goethe und Schiller** vollendeten den Prozess. In ihren shakespearehaften Jugenddramen setzten sie sich über die strengen Vorschriften des herkömmlichen Theaters hinweg und gaben die drei Einheiten des Ortes, der Zeit und der Handlung sowie die strenge Versgebundenheit der Figurenrede auf. Sie verwendeten stattdessen eine kraftvolle, ausdrucksstarke Prosa, die geeignet war, die Leidenschaft des **genialischen Aufbegehrens gegen alle Formen der Unterdrückung des Subjektiven und Individuellen** zu fassen. Bei Schiller gerät dieser Stil, in dem er seine Zeitkritik formulierte, oft ins überzogen Schwülstige und Pathetische.

Sturm und Drang

Sich wandelnde Zielsetzung des Dramas

In der Folgezeit wandelt sich die Zielsetzung des Dramas:
- von der fiktionalen Ausmalung utopischer Ziele in der **Klassik**
- über eine schonungslose Darstellung der schockierenden Wirklichkeitsfakten und der Aufdeckung ihrer Ursachen im **Naturalismus**
- hin zu einer mehr analytischen Dramaturgie im **20. Jahrhundert**, die sich in immer unübersichtlicher werdenden Zeiten um die Erhellung des Wechselverhältnisses von individuellem Schicksal und gesellschaftlichem Umfeld (das zunehmend das menschliche Handeln bedingt und beeinflusst) bemüht.

Faust I als Beispiel für ein klassisches Drama?

Goethes *Faust I* ist dabei ein weniger geeignetes Beispiel für ein klassisches Drama als *Faust II*. Das liegt an seiner langen Entstehungsgeschichte, deren unterschiedlichen Stilformen Goethe am Ende bei Weitem nicht konsequent vereinheitlicht hat. Dieser Überarbeitungsprozess ist sogar recht flüchtig ausgefallen, und Goethe hat es auch gefallen, das Disparate so nebeneinanderstehen zu lassen. Flüchtigkeiten sind zum Beispiel daran erkennbar, dass die sprechenden Figuren manchmal ungenau bezeichnet werden (z. B. Chor vs. Hexenchor: Szene 21) und die Szenenbezeichnungen unsystematisch sind (z. B. Tageszeit: *Nacht* vs. Ort: *Vor dem Tor* vs. Handlung: *Spaziergang*), gelegentlich Auf- und Abtrittshinweise fehlen (Szene 8, 19, 21), Reimstellungen und Taktanzahl nach Bedarf gewählt werden und sogar Textkürzungsfehler erkennbar sind. Dieser Mangel an Ordnung verdeutlicht, dass der erste Dramenteil *Faust I* nicht als Vorzeigebeispiel für ein Drama der Klassik verwendbar ist. Oder andersherum zeigt dieser Dramenteil, dass dem Drama der Klassik in seiner Beschreibung zu wenige Varietäten zugestanden werden.

EPOCHENÜBERSICHT KLASSIK

Politischer Umbruch

Vom aufgeklärten Absolutismus zum Bürgerstaat
Französische Revolution (1789) – jakobinische Terrorherrschaft (1793/1794)
Kaiserkrönung Napoleons (1805)

Friedrich der Große (Regierungszeit 1740–1786) – Reichsdeputationshauptschluss (1803) – Ende des Heiligen Römischen Reiches deutscher Nation (1806)

Deutsche Kleinstaaterei

Ständestaat: Adel (Hofgesellschaften), Klerus, aufstrebendes Bürgertum
Merkantilismus – kapitalistische Wirtschaft
Beginn der industriellen Revolution

„Kopernikanische Umkehr"
Kants drei Kritiken (1781–1790)
Wiederentdeckung der klassischen Antike
Johann Joachim Winckelman (1717–1768)

Harmonisierung der Gegensätze
Organismusidee – Humanitätsideal
Erhabene Hochsprache

Schaubild 1: Klassik

2.1.4 Fokus: Johann Wolfgang von Goethe, *Faust I*[4]

Sozio-historischer Hintergrund

Übersicht:

Zeitspanne	1789 – 1848
Politische Entwicklung	Französische Revolution 1789 Befreiungskriege gegen Napoleon: Wiener Kongress 1815 Streben nach republikanischen Nationalstaaten
Wirtschaftliche Entwicklung	Beginn der industriellen Revolution Arbeiterproletariat: soziale Bewegung wirtschaftliche Einheit Deutschlands: Zollverein
Geistesgeschichtliche Entwicklung	philosophischer Idealismus schneller literarischer Epochenwechsel: Sturm und Drang: Künstlergenie, Leidenschaft des Herzens Weimarer Klassik: harmonischer Ausgleich, abstrakte Sittlichkeit Romantik: Verschmelzung von Realität und Irrealität, Ironie Biedermeier: genügsames klassisches Idyll Vormärz: publizistischer vorrevolutionärer Kampf

„Goethezeit"

Ältere Literaturgeschichten liebten es, Johann Wolfgang von Goethe dermaßen in den Mittelpunkt zu stellen, dass sie das gesamte Zeitalter die „Goethezeit" nannten. Diese würde demnach die Jahre von Goethes Geburt 1749 bis zu seinem Tod 1832 umfassen. Alternativ könnte man als Eckdaten für die Epoche auch die Französische Revolution 1789 einerseits sowie die Deutsche Nationalversammlung in der Frankfurter Paulskirche 1848 andererseits nehmen. Es ist die Zeit zwischen dem ersten großen eruptiven europäischen Aufbegehren **gegen die feudalaristokratische Epoche des Absolutismus** in Frankreich und dem ersten Versuch einer **Etablierung eines deutschen Nationalstaates**. Dazwischen lag eine wechselvolle und spannungsreiche historische Entwicklung, an der Goethe geistesgeschichtlich seinen Anteil hatte.

Von der Französischen Revolution bis zur Frankfurter Paulskirche

Die Französische Revolution resultierte aus den Ergebnissen der Philosophie der Aufklärung, die sich, ausgehend von einem natürlichen Selbstbestimmungsrecht des Menschen, gegen alle Formen staatlicher und kirchlicher Unterdrückung und Bevormundung wandte. Kants berühmte Definition der Aufklärung als „Ausgang des Menschen aus seiner selbst verschuldeten Unmündigkeit" und sein Aufruf „Sapere aude! Habe Mut, dich deines eigenen Verstandes zu bedienen!" wurden zur Losung dieser Epoche. In Konsequenz dieses Denkansatzes sollten an die Stelle der überkommenen, ständisch organisierten gesellschaftlichen Strukturen solche Systeme treten, die auf dem freien Willen der Individuen beruhten. In Frankreich lautete die Parole der revolutionären Bewegung: „Freiheit, Gleichheit und Brüderlichkeit".

„Freiheit, Gleichheit, Brüderlichkeit"

---

4 Ausführlich: Rüdiger Bernhardt: *Textanalyse und Interpretation zu Johann Wolfgang von Goethe, Faust I*. Hollfeld: Bange Verlag, 6. Aufl. 2015 (Königs Erläuterungen, Bd. 21).

Der **Erringung der individuellen wie nationalen Freiheit** galt das vorrangige Bemühen. Doch die Französische Revolution ertrank im Blut der jakobinischen Terrorherrschaft und ermöglichte Napoleons Eroberungskriegszüge in Europa, die in den **Befreiungskriegen** unter Friedrich Wilhelm III. erst 1813 in der Völkerschlacht bei Leipzig und dann 1815 mit Napoleons Niederlage in Waterloo ihr endgültiges Ende fanden. Der Wiener Kongress 1814/15 und die Karlsbader Beschlüsse 1819 stellten die alte repressive Ordnung in Europa wieder her, und es kam zur **Unterdrückung der demokratisch-liberalen und nationalen Bewegungen**.

Doch der Gedanke eines eigenen, in Bürgerfreiheit selbstbestimmten Nationalstaates ließ sich nicht mehr völlig zurückdrängen. Der Freiheitskampf in Griechenland 1821 weckte auch in anderen Ländern Begeisterung. Das Wartburgfest 1817, das Hambacher Fest 1832, die Juli-Revolution 1830 in Frankreich waren nur Vorspiele zu den aufständischen Bewegungen des Jahres 1848, die auch in Deutschland die Hoffnungen auf einen geeinten Nationalstaat bündelten. Wenn auch diese Hoffnungen zunächst nicht von Erfolg gekrönt wurden, so war Deutschland nach dem Aufgehen der 314 souveränen deutschen Kleinstaaten durch den Regensburger Reichsdeputationshauptschluss von 1803 und den Deutschen Bund von 1815 in letztlich nur noch 39 Einzelstaaten einen deutlichen Schritt zu seiner Vereinigung zum Deutschen Reich im Jahre 1871 vorangekommen.

Wirtschaftliche Veränderungen

Im wirtschaftlichen Bereich finden erst gegen Ende der Epoche bemerkenswerte Veränderungen statt. Aufgrund seiner weltweiten Handelsbeziehungen, gestützt auf Kapitalismus und Freihandel, und seiner technischen Fortschritte (Dampfmaschine, Spinnmaschine, mechanischer Webstuhl) breitet sich von England aus eine industrielle Revolution über Europa aus und lässt eine neue soziale Schicht heranwachsen: das Arbeiterproletariat.

Deutscher Idealismus

Geistesgeschichtlich wird dieser Zeitraum von der aus Frankreich kommenden Aufklärung und dem Deutschen Idealismus geprägt. Madame de Staël bezeichnete die Epoche später als die **Zeit der deutschen Dichter und Denker**. Auf den Aufklärer Immanuel Kant (1724–1804) folgen die idealistisch beseelten philosophischen Systementwürfe von

- Johann Gottlieb Fichte (1762–1814), der mit seinem Einheitsbestreben Kants scharfe Differenzierung von Subjekt und Objekt aufhebt und mit seinen *Reden an die deutsche Nation* in seinem Publikum eine Art deutsches Selbstbewusstsein wecken will,
- Friedrich Wilhelm von Schelling (1775–1854), der mit seiner Naturmetaphysik die Romantik untermauert,
- Georg Wilhelm Friedrich Hegel (1770–1831), der in seiner *Phänomenologie des Geistes* die Überlegenheit des Staates gegenüber dem Individuum begründet.
- Zu nennen sind auch der humanistische Idealismus Wilhelm von Humboldts (1767–1835) und Friedrich Ernst Schleiermachers (1768–1834).

Musikalisch wird diese Zeit geprägt von den Wiener Klassikern wie Joseph Haydn (1732–1809), Wolfgang Amadeus Mozart (1756–1791), Ludwig van Beethoven (1770–1827) und Franz Schubert (1797–1828). Aber auch deutsche Komponisten wie Carl Maria von Weber (1786–1826) mit seinen Opern, Mendelssohn-Bartholdy (1809–1847) und letztlich Robert Schumann (1810–1856), in dem die Musik der Hochromantik gipfelt, gewinnen Einfluss auf das europäische Musikschaffen.

Rascher Stilwandel

Dieser kurze Abriss verdeutlicht bereits, dass sich in dem fraglichen Zeitraum von etwa 60 Jahren mehrere verschiedene Stilepochen drängen. Das wird nirgends deutlicher als in dem Stilwandel innerhalb der Literatur: Sturm und Drang, Klassik, Romantik, Biedermeier und das Junge Deutschland, so lauten die literarhistorischen Epochen, die innerhalb dieser 60 Jahre nicht nur aufeinander folgen, sondern sich z. T. überschneiden und überlappen. Selbst die Autoren dieser Zeit vollziehen während ihres Lebens Entwicklungen, die sie an mehreren Epochen Anteil haben lassen, wenn sie sie nicht gar selbst geprägt haben wie Schiller und besonders Goethe.

Nach der vor allem von Gotthold Ephraim Lessing und Christoph Martin Wieland dominierten Aufklärung und der parallel zu ihr verlaufenden Empfindsamkeit (1740–1780), die in den religiös gefühlsbetonten Lyrikern Friedrich Gottlieb Klopstock und Matthias Claudius ihre Hauptrepräsentanten hatte, war es zunächst der **Sturm und Drang (1765–1785)**, der für eine revolutionäre Neuerung innerhalb der Literatur sorgte. Benannt nach dem gleichnamigen Schauspiel Maximilian Klingers, brach diese Epoche nicht nur mit allen Traditionen und Autoritäten. Sie erkühnte sich auch, parallel zu den naturphilosophisch begründeten staatspolitischen Neuansätzen und in Anlehnung an die Originalität Shakespeares, eine neue und eigene Ästhetik zu entwerfen, nach der das **Genie des Künstlers** in ungebundener Freiheit eine natürliche Gesellschaftsordnung für natürliche, d. h. ununterdrückte und ungekünstelte Menschen proklamierte. Der Nüchternheit des analytischen Verstandes der Aufklärung stellte es die **Leidenschaft und Kraft des Gefühls und Herzens** gegenüber. Goethes Ode *Prometheus* (1773), sein monologischer Brief- und Tagebuchroman *Die Leiden des jungen Werthers* (1774) und Schillers Drama *Die Räuber* (1781) sind wohl die leuchtendsten literarischen Beispiele ihrer jeweiligen Gattungen.

Goethe

Schnell wird jedoch erkennbar, dass diese Geste des Protestes wenig zukunftsfähig ist. Während die Französische Revolution an sich selbst scheitert, weitet in Deutschland die **Weimarer Klassik (1786–1805)** den Blick von einem noch wenig verfolgten Nationalstreben zu einem supranationalen Weltbürgertum, das sich auf die von Johann Winckelmann wiederentdeckten klassischen Ideale einer allgemeinen Humanität gründet. Kern dieser oft auch mit einer Italiensehnsucht verbundenen weltanschaulichen Perspektive ist nach der emotionalen Einseitigkeit des Sturm und Drang der **harmonische Ausgleich von Gefühl und Verstand** zu einer weltbürgerlichen Vernunft. Nach ihr paaren sich **Ästhetik und Moral zu einer Form von Sittlichkeit**, die dem ordnenden Gesetz gegenüber der individuellen Willkür den Vorzug gibt. Neben Friedrich Hölderlin und Jean Paul sind erneut Goethe und Schiller die wichtigsten Autoren dieser Epoche. Mit seiner Losung: „Edel sei der Mensch, hilfreich und gut!" vollzieht Goethe in seinem Gedicht *Das Göttliche* (1783) bereits die Veränderung, die dann in seinem Drama *Iphigenie auf Tauris* (1779–1786), das geradezu das Humanitätsideal der Klassik verkörpert, und in seinem Roman *Die Wahlverwandtschaften* (1807–1809) noch deutlicher zutage tritt.

Aufhebung der Dualismen

In diesem Roman ebenso wie mit seiner kleinen *Novelle* (1828) sind aber bereits Elemente vorhanden, die auf die nachfolgende vielschichtige Epoche der Romantik (1795–1840) verweisen, welche vor allem von der Dominanz des Poetischen gekennzeichnet ist. Hebt die Klassik den Dualismus von Rationalität und Emotionalität auf, so will die Romantik auch noch **Realität und Irrealität verschmelzen**. Der Romantiker versinkt allerdings nicht in dieser absoluten Allharmonie alles Denkbaren, sondern schafft sich in Form der **Ironie ein souveränes Distanzierungsmittel**. Die Enttäuschung über die Ergebnisse der Französische Revolution und die einsetzende Restauration in Europa lässt die sich in Jena konzentrierende frühromantische Literatur sich von den Alltagsproblemen abwenden und, ausgelöst von den Wanderungsempfindungen Wilhelm Heinrich Wackenroders und Ludwig Tiecks, in die unkontrollierbare und unendlich scheinende Sphäre der Verknüpfung von rationalen und irrationalen Kräften, von **Fantasie und Traum** entfliehen. Friedrich von Hardenberg, der sich Novalis nennt, erschafft mit dem Bild der „blauen Blume" nicht nur das lebenserfüllende Symbol der Romantik, sondern auch das Sinnbild der deutschen Germanistik. Im Heidelberger Kreis, dem Clemens Brentano und Joseph Freiherr von Eichendorff angehören, lösen die zeitgeschichtlichen Ereignisse eine Sehnsucht nach einer zuletzt im Mittelalter vermuteten nationalen Einheit aus, während die Dichter der Freiheitskriege, Arndt, Schenkendorff und Körner die national-vaterländische Richtung der Romantik vertreten. Im dritten Romantik-Kreis, der sich in Berlin um den Deutsch-Franzosen Adelbert von Chamisso und den Musiker-Dichter E. T. A. Hoffmann bildet, dominiert vor allem **das Phantastische und Groteske**, das sich bei Hoffmann bis in gespensterhafte Motive des Spuks und Grauens steigert.

„Blaue Blume"

Biografischer Bezug

60-jährige Entstehungszeit

Fast sechzig Jahre lang befasste sich Goethe mit dem literarischen Werk, das als sein Hauptwerk bezeichnet wird: das aus zwei Teilen bestehende Drama *Faust*. Die Arbeit am ersten Teil umfasste allein 28 Jahre. Allein aus dieser langen Zeitspanne seiner Entstehung ist ablesbar, dass es sich um ein Drama handeln muss, das nicht nur die Entwicklungen in Goethes Leben widerspiegelt, sondern auch die historischen Ereignisse und soziokulturellen Einflüsse dieser Zeit.

Folgenreiches Puppenspiel

Johann Wolfgang Goethe wurde 1849 als erstes Kind des Juristen und Kaiserlichen Rates Johann Caspar Goethe und seiner 21 Jahre jüngeren Frau Catharina Elisabeth, der Tochter des Bürgermeisters Textor, in Frankfurt am Main nahezu tot geboren. Fünf weitere Geschwister sollten folgen, doch nur seine ein Jahr später geborene Schwester Cornelia überlebte. Die Goethes sind wohlhabend und gebildet und lassen ihren Kindern Privatunterricht erteilen. Johann Wolfgang lernt leicht, unter anderem sechs Sprachen, und nimmt schnell die geistigen Anregungen seiner kulturell interessierten Mutter auf. Ein Puppenspiel, das die Großmutter dem Vierjährigen zu Weihnachten schenkt, übt großen Einfluss auf ihn aus und macht ihn schon in diesen Kindertagen mit dem damals beliebten und allgegenwärtigen Fauststoff bekannt. Seine ersten literarischen Versuche hat Goethe später größtenteils verbrannt. Das hat er danach noch dreimal getan und dabei auch umfängliche Teile einer vielleicht kompromittierenden Korrespondenz vernichtet.

Sechzehnjährig nimmt er auf Wunsch des Vaters das **Jurastudium in Leipzig** auf, wo er sich nicht nur in einen geckenhaften Rokokojüngling wandelt, sondern über die dort lebenden Autoren Gottsched und Gellert einerseits mit der Aufklärung und andererseits mit dem Pietismus vertraut wird. Aber beide Männer enttäuschen ihn, sodass er seine Entwicklung vor allem in der Entfaltung seiner Individualität sieht. Der damit verbundene exzessive Lebensstil, der eine Beziehung zur Gastwirtstochter Kätchen Schönkopf einschließt, mündet in Lebensüberdruss und gesundheitliche Probleme (Magengeschwüre, Lungentuberkulose, Blutsturz), die ihn 1768, also nach drei Jahren, wieder unter die elterliche Kontrolle nach Frankfurt zwingen. Dort befasst er sich unter pietistischem Einfluss mit der Mystik, der Alchemie und der Kirchen- und Ketzergeschichte. Die Erfahrung seiner ungehemmten studentischen Freizügigkeit findet später ihren literarischen Niederschlag in der Faust-Szene in *Auerbachs Keller*.

Beschäftigung mit Alchemie

1770 schickt sein Vater den inzwischen genesenen 21-Jährigen zur Vollendung seines Studiums nach **Straßburg**. Goethe schließt sein Studium ein Jahr später mit dem Lizentiat der Rechte ab. Zudem verliebt er sich in Friederike Brion, die blonde Tochter des Pfarrers zu Sesenheim, die ihn zu gefühlvollen Gedichten inspiriert. In ihnen schlagen sich auch die zum Geniebewusstsein und Irrationalismus anregenden Gedanken Herders nieder, mit dem er in Straßburg wiederholt Gespräche führt. Die Beziehung währt zehn Monate, bevor Goethe ohne Abschied entflieht.

Ab 1771 war der 22-jährige Goethe nun als Jurist praktisch tätig. Er absolvierte 1772 ein Praktikum am Reichskammergericht in Wetzlar, wo er sich zudem hoffnungslos in Charlotte Buff-Kestner verliebte, und eröffnete danach im Elternhaus eine Anwaltspraxis, von der aus er mit Unterstützung seines Vaters 28 Prozesse führte. Als er sich nach einer unglücklichen Schwärmerei für die verheiratete knapp 17-jährige Maximiliane von La Roche 1775 mit der erst 16-jährigen Frankfurter Kaufmannstochter Anna Elisabeth (Lili) Schönemann verlobt, scheinen die Weichen für ein normales bürgerliches Leben gestellt zu sein. Aber beide Elternhäuser sind gegen die Verbindung. Goethe entwickelt zudem erneut Bindungsangst und flüchtet sich zu literarischen Tätigkeiten, die immer stärker in den Vordergrund treten. Zunächst sind sie ganz dem Stil der Stürmer und Dränger verpflichtet. Die hervorragenden Werke dieser Lebensphase sind der Roman *Die neuen Leiden des jungen Werthers* (1774) und die frühe Fassung des *Faust*, der sogenannte *Urfaust* (1772–75).

Entstehung des *Urfaust*

Goethe ist 26 Jahre alt, als ihn der erst 18-jährige Herzog von Sachsen-Weimar-Eisenach 1775 zu sich in das mit rund sechstausend Einwohnern kleine thüringische Provinzstädtchen Weimar beruft. Da er sich mit dem jungen Herzog ebenso gut versteht wie mit dessen erst 36-jährigen, aber bereits verwitweten Mutter Anna Amalia, bleibt Goethe die nächsten elf Jahre bis 1786 an diesem Hofe, zu dessen kulturellem Kreis auch der bekannte Rokoko-Autor Christoph Martin Wieland zählt. Anfangs knüpft Goethe durchaus an seine wilden Jugendzeiten an und führt mit dem Herzog ein ausschweifendes Leben. Mit der Übernahme verschiedener Hofämter, die ihn letztlich sogar zum Regierungschef des Herzogtums machen, gewinnt er nicht nur Einsicht in das Verwaltungswesen des Bergbaus, Wegebaus, der Kriegsführung und Finanzverwaltung, sondern verändert unter dem Eindruck der wachsenden Pflichten auch seine Lebenseinstellung. Seit 1781 gehört er der Freimaurerloge an, die sich übernational auf humanitärer Basis für die individuellen Freiheitsrechte einsetzt, seit 1783 ist er Mitglied des Illuminaten-Ordens, einer kurzlebigen geheimen Vereinigung. Fleiß, Ordnung, Disziplin und Präzision sind die Eigenschaften, die er nun erwirbt und zu schätzen lernt. Unfreiwillig kommt die Entsagung hinzu, als er Zuneigung zu der sieben Jahre älteren, verheirateten Weimarer Hofdame Charlotte von Stein fasst, die ihm

Goethe in Weimar

fortan eine treue Freundin wird und einen ausgleichenden Einfluss auf ihn hat. Über 1.600 Briefe hat Goethe allein an sie gerichtet. Einen Ausgleich zur Last seiner Ämter, deren Anerkennung ihm 1782 die vom Herzog erwirkte Adelung einbringt, verschafft Goethe sich durch geologische und anatomische Studien (so entdeckt er 1784 den Zwischenkieferknochen), durch seine literarische Produktion und durch sein Engagement am Weimarer Liebhabertheater. Goethe gelingt es zudem, Herder als Generalsuperintendenten und andere Künstler und Schauspieler nach Weimar zu holen. Unter ihnen ist auch die Schauspielerin und Hofsängerin Corona Schröter, zu der Goethe ein Verhältnis nachgesagt wird. Als bekanntestes Werk dieser Phase dürfte wohl sein Schauspiel *Iphigenie auf Tauris* (1779/87) gelten, dessen Titelfigur viel der Frau vom Stein schuldet. Aber es existiert auch bereits der sogenannte ***Urfaust***, aus dem Goethe schon in Weimar der Hofgesellschaft vorliest und dessen Manuskript er dem Hoffräulein Luise von Göchhausen zur Abschrift überlässt.

Das Italien-Erlebnis

1786 begibt Goethe sich zur Kur ins böhmische Karlsbad**.** Aber statt von dort nach Weimar zurückzukehren, bricht er ankündigungslos nach Italien auf. Diese **erste italienische Reise** dauert fast zwei Jahre und führt ihn über Venedig, Rom und Neapel bis nach Sizilien und über Rom, Florenz und Mailand wieder zurück nach Weimar. Der Herzog billigt diese Reise unter Wahrung der Bezüge sogar im Nachhinein. Die Kunst der Antike und der Renaissance beeindrucken Goethe ebenso wie die Ungezwungenheit und Freiheit des südländischen Lebens. Er entdeckt die Kraft des Ursprünglichen, der Norm und des dauerhaft Gültigen. Während dieser Reise hält Goethe seine Eindrücke nicht nur in über tausend Zeichnungen fest, sondern verändert auch seinen Schreibstil. Er wechselt im Drama von der Prosa zu klassischen Versen und überarbeitet mehrere Dramen in dieser Weise. Auch der Faust wird überarbeitet; zudem fügt Goethe mit „**Hexenküche**" und „**Wald und Höhle**" zwei weitere Szenen hinzu.

Überarbeitung des *Faust*

Rückkehr nach Weimar

1788 kehrt ein gewandelter Goethe nach Weimar zurück. Seine Verhältnisse zu Charlotte von Stein und Herder lockern sich, er gibt fast alle Regierungsgeschäfte auf, beschränkt sich auf kulturelle und wissenschaftliche Aufgaben und leitet in den nächsten 26 Jahren das 1791 gegründete Weimarer Hoftheater. Er ist inzwischen der bestverdienende Einwohner Weimars, steht völlig auf der Seite der herrschenden Klasse und trifft sich mit nahezu allen bedeutenden Philosophen der Zeit. Seine Interessen gelten vertieft den Naturwissenschaften wie der Optik (Farbenlehre) und der Biologie (Urpflanze), um den **Gesetzen des Lebens und der Natur** auf die Spur zu kommen, hinzu kommen Reisen nach Venedig und Frankreich. Mit dem um zehn Jahre jüngeren Friedrich Schiller, der seit 1789 in Weimar wohnt, verbindet ihn eine persönliche und schriftstellerische Freundschaft, die bis zu dessen Tod im Jahre 1805 andauert. Auch privat tritt eine Veränderung ein. Goethe lebt seit seiner Rückkehr nach Weimar ohne Trauschein unstandesgemäß mit der Seidenblumennäherin Christiane Vulpius zusammen. Dieser Verbindung entspringen fünf Kinder, doch überlebt nur der Erstgeborene August (der 1830, also zwei Jahre vor seinem Vater, sterben wird). Es ist dem Drängen Schillers zu verdanken, dass Goethe in dieser Phase seines Lebens noch einmal am *Faust* arbeitet und das 1790 erschienene Fragment zwischen 1794 und 1797 immer wieder zur Hand nimmt. Und das, obwohl er sich seit 1790 mit einer schöpferischen Krise plagt. Im Jahre 1808 erscheint das Drama *Faust I* schließlich im Druck. Inzwischen hatte sich die Französische Revolution ereignet, das Heilige Römische Reich

Naturwissenschaftliche Studien

Faust. Ein Fragment (1790)

deutscher Nation ein Ende gefunden, hatte Napoleon vor den Toren Weimars, bei Jena und Auerstedt, die Preußen geschlagen, war Weimar von den Franzosen besetzt worden und hatte Christiane Vulpius Goethes Leben und sein Haus vor der Plünderung gerettet, wofür er sie aus Dankbarkeit nach 18 Jahren des Zusammenlebens endlich heiratete.

Biografische Bezüge zu *Faust I*

Die Summe der biografischen Bezüge zu *Faust I* auch nur annähernd darzustellen, ist unmöglich, daher sollen an dieser Stelle nur einige generelle Aussagen zu den persönlichen Fähigkeiten und Entwicklungen gemacht werden, die sich auch in der Erstellung des *Faust I* niedergeschlagen haben:

- Goethe war ein Mensch von seismografisch sensibler und detaillierter **Wirklichkeitswahrnehmung,**
- von extremer Weltoffenheit und nahezu **universalen Erkenntnisinteressen**, die er zudem zueinander in Beziehung zu setzen verstand, und unbegrenzten Ambitionen („Den lieb' ich, der Unmögliches begehrt."),
- von fast **enzyklopädischer Bildung** in Bezug auf die gesamte europäische Kultur und Literatur, die ihm beispiellose Verknüpfungen und Bezüge gestattete (seine Bibliothek umfasste über 6.000 Bände, seine naturwissenschaftliche Sammlung 23.000 Stücke und seine Kunstsammlung mehr als 26.000 Einzelwerke),
- von weit überdurchschnittlichem **Sprachvermögen** (sein aktiver Wortschatz von 90.000 Wörtern war viermal so hoch wie der Durchschnitt eines heutigen Muttersprachlers),
- und von einer präzisen und hochorganisierten naturwissenschaftlichen **Analysefähigkeit**, die es ihm erlaubte, sich auch neue und eigene Erkenntnisse von Gewicht zu erarbeiten,
- von nahezu unerschütterlichem **Selbstbewusstsein**, sodass auch kein Unrechtsbewusstsein ihn daran hinderte, Entliehenes nicht zurückzugeben (z. B. 100 Dürerzeichnungen) oder mit Plagiaten locker umzugehen.
- Goethe konnte auf zahlreiche Liebschaften und **erotische Beziehungen** zurückblicken, in denen er nicht selten die Frauen skrupellos seinem Ego opferte.
- Goethe hat in den 28 Jahren, in dem er sich insgesamt mit *Faust I* befasste, **wechselnde Lebenseinstellungen.**
- Dies bedingte auch eine Verlagerung der wesentlichen **Grundprinzipien des Lebens und der Gestaltung** vom Individuellen zum Typischen und vom Typischen zum gesetzhaft Gültigen
- sowie einen **Stilwechsel** von einem in Prosa verfassten Drama zum Versdrama.

Daten zum Text:

INFO

Textsorte	Tragödie: Doppeldrama: 1. Gelehrtendrama, 2. Gretchendrama
Entstehungszeit	Januar 1772 – April 1806
Veröffentlichung	1808 als 8. Band der *Werke* bei J. G. Cotta in Tübingen

Erstaufführung	13. 1. 1809 Hausaufführung einiger Szenen als chinesisches Schattenspiel in Weimar 24. 5. 1819 Teilaufführung der Berliner Hofgesellschaft im Schloss Monbijou (Leitung: Fürst Radziwill und Graf v. Brühl) 19. 1. 1829 stark gekürzte Aufführung durch August Klingemann im Nationaltheater Braunschweig 29. 8. 1829 Weimarer Erstaufführung
Quellen	s. den Aspekt „Intertextualität" bei der Inhaltsdarstellung
Einordnung	Klassik
Thema	Gelehrtendrama: Scheitern des Strebens nach absoluter Erkenntnis Gretchendrama: Scheitern des Strebens nach absolutem Gefühl und individueller Liebe
Zeit der Handlung	16. Jahrhundert: Renaissance
Hauptfiguren	– Gelehrtendrama: Heinrich Faust, sein Famulus Wagner, Mephistopheles, ein Schüler und Studenten – Gretchendrama: Faust, Mephistopheles, Margarete (Gretchen), ihre Nachbarin Marthe Schwerdtlein, ihr Bruder Valentin

Inhalt

Dreifaches Vorspiel

[Das dreifache Präludium (Vorspiel)]
Zueignung

Entstehung	24. Juni 1797
Form	vier Stanzen (klassische italienische Epik-Strophe): 8-zeilige Strophe im 5-füßigen Jambus mit dem Reimschema abababcc
Thema	Wiederaufnahme des Schaffensprozesses
Funktion	subjektives „Grußwort" des Dichters

Der Dichter und sein Werk

(1) Der Dichter erinnert sich vage der dramatischen Figuren. (2) An diese Figuren sind unterschiedliche Stimmungen geknüpft. (3) Teile des Werks haben sich bereits verselbstständigt. (4) Der Künstler erfährt ergriffen, dass durch ihn die Muse schafft.

Vorspiel auf dem Theater

Entstehung	zwischen 1795 und 1800
Form	Madrigalverse dominieren
Thema	Aufgabe und Funktion des Theaters
Funktion	Legitimation der im *Faust* verwendeten Dramaturgie Betonung der Fiktionalität des Theatergeschehens
Intertextualität[5]	Altes Testament, *Buch Hiob*
Figuren	Direktor, Dichter, lustige Person

Wozu Kunst?

Der *Direktor* vertritt einen ökonomischen Pragmatismus: Das Theater soll ausverkauft sein und der Publikumsgeschmack befriedigt werden (merkantiler Aspekt: Verdienst).

Der *Dichter* erhebt dagegen Protest und vertritt die idealistische Einstellung der ewiggültigen Kunst als Zugang zu kosmisch-göttlichen Zusammenhängen (elitärer Aspekt: Wahrheit).

Die *lustige Person* (Schauspieler) versucht pragmatisch zu vermitteln: Die Visionen des Dichters sollen in eine unterhaltsame bunte Bilderwelt gekleidet sein (sozialer Aspekt: Unterhaltung).

Am Ende fordert der Direktor dazu auf, alle Register der Bühnenkunst zu ziehen.

Prolog im Himmel

Entstehung	um 1800
Form	nach den Engelstrophen vor allem bei Mephisto Madrigalverse
Thema	Mephisto wettet, dem Herrn die Seele Fausts entreißen zu können.
Funktion	Schaffung des metaphysischen Rahmens für die gesamte Handlung des *Faust*
Figuren	Raphael, Gabriel, Michael; Mephistopheles, der Herr

Wette zwischen Gott und Teufel

(1) Die Engel preisen ohne Einschränkung die Harmonie des Weltganzen. (2) Mephisto sieht vor allem mit Blick auf die Menschen nichts Positives. (3) Gott geht auf die Person Fausts als Fallbeispiel ein. (4) Mephisto glaubt, Faust mit seinen Mitteln verführen und für sich, d. h. für den Genuss, gewinnen zu können; er schlägt dem Herrn eine Wette vor. (5) Der Herr ist sicher, Faust werde aus Sehnsucht nach Vervollkommnung und Wahrheit immer ein Strebender und Suchender bleiben. Er erlaubt Mephisto, mit Faust sein Spiel treiben zu dürfen.

5 Auf einen Nachvollzug der unzähligen philologischen Bestrebungen, den Dramentext positivistisch mit intertextuellen Bezügen zu unterfüttern, wird verzichtet. Nur gelegentlich wird auf für unverzichtbar gehaltene Verweise hingewiesen.

[Das Gelehrtendrama]

Entstehung	1773 – 1801
Inter-textualität	Tradition des Fauststoffes

Die folgenden Szenen werden zusätzlich in eckiger Klammer einer Zählung unterzogen, die im Drama selbst nicht vorkommt.

[1] *Nacht* (Vers 354–807)

Entstehung	1773 (Vers 354–597, 602–605), 1798 (Vers 606–807), 1800 (Vers 598–601)
Form	Knittelverse (Vers 354–385), jambische Vierheber (386–429), Madrigalverse (430–467), freie Rhythmen (468–479)
Thema	Sehnsucht nach Erfassung der Welt, Überdruss an der Begrenztheit der menschlichen Fähigkeiten
Figuren	Faust, Wagner, Geist

Faust stößt an seine Grenzen

(1) Selbsteinführung des Renaissance-Gelehrten Faust, der an seine Erkenntnisgrenzen stößt. (2) Entscheidungsmonolog zwischen lebendig-unmittelbarer und zeichenvermittelter Erkenntnis; Scheitern aus Ungeduld. (3) Fausts Versuch, in spiritueller Magie mittels des Makrokosmos-Zeichens den Weltgeist zu beschwören, scheitert an fehlender Ekstase. (4) Sein Versuch der Annäherung an den Erdgeist scheitert aus dem verfehlten Wunsch der Sichtbarmachung. (5) Faust kritisiert Wagners Versuche, sich durch Benennung von Forschungsgebieten weiterzufragen. (6) Faust zieht eine melancholische Bilanz angesichts seines Scheiterns als Übermensch und will durch Gift sterben. (7) Der Suizid scheitert an den seit der Kindheit vertrauten Tönen des Osterspiels.

[2] *Vor dem Tor* (Vers 808–1177)

Entstehung	zwischen 1798 und 1801
Form	Gesellschaftsrevue ähnlich einem italienischen Maskenzug; Soldatenlied, Schäferlied
Thema	Fausts Beziehung zu seiner Umwelt
Figuren	Faust, Wagner; 5 Handwerksburschen, Dienst- u. Bürgermädchen, 2 Schüler, 3 Bürger, Bettler, Soldaten; alter Bauer

(1) Die Bürger streben lebenslustig hinaus ins Freie. (2) Faust trägt Wagner einen Ostermonolog vor. (3) Unter einer Linde dankt ein alter Bauer Faust für seinen Einsatz bei der Pest. (4) Rast auf dem Stein: Faust relativiert sein Verdienst und träumt von einer Befreiung von den irdischen Beschränkungen. (5) Auf dem Heimweg, auf dem Faust sich seinen inneren Konflikt (zwei Seelen in seiner Brust) eingesteht, werden sie von einem Pudel begleitet.

Zwei Seelen wohnen in Fausts Brust

[3] *Studierzimmer* [I] (Vers 1178–1529)

Entstehung	um 1800
Form	Engelstrophen, Madrigalverse, zweihebige anakreontische Kurzzeile
Thema	Einführung des Teufels in Gestalt Mephistos
Figuren	Faust, Mephistopheles, Geister

(1) Faust zeigt seine aufgeklärte Frömmigkeit. (2) Er philosophiert über die richtige Übersetzung des Johannesevangeliums und gelangt über die Lehre der Theorie (Wort), über Philosophie (Sinn) und Metaphysik (Kraft) zur Anthropologie (Tat). (3) Faust beschwört den Pudel mit alter Magie. (4) Mephisto erscheint in Menschengestalt. (5) Er versetzt Faust mit Hilfe der Geister in Schlaf und verschwindet, nachdem er mit Hilfe einer Maus die Sperrwirkung eines Pentagramms aufhebt.

Mephisto taucht auf

[4] *Studierzimmer* [II] (Vers 1530–2072)

Entstehung	1772–1775: Verse 1868–2050 1788–1790: Verse 1770–1867, Verse 2051–2072
Form	Knittelvers, Madrigalvers, Geisterchor, pindarische Kurzzeile
Thema	Faust setzt in der Wette mit Mephisto sein Leben ein.
Figuren	Faust, Mephisto, Geisterchor; Schüler

(1) Faust steigert sich voller Verzweiflung in einen Todeswunsch. (2) In einem Anti-Dekalog verflucht er alle Tugenden und Werte. (3) Mephisto bietet Faust für den Preis von dessen Seelenheil seine Dienste an. (4) Es kommt zu einer asymmetrische Wette und einem Pakt, in dem Faust sein Leben einsetzt. (5) Faust verspricht, den Pakt zu halten, und malt seine neuen Zielsetzungen aus: Sinnlichkeit, Leidenschaft und den Erfahrungsschatz der gesamten Menschheit. (6) Schülerszene (Universitätssatire): Mephisto gibt sich als Faust aus und erläutert dem Schüler kritisch-ironisch die traditionellen Studienfächer. (7) Mephisto stellt Faust seine Pläne vor: Er zeigt ihm erst die kleine und dann die große Welt.

Mephisto bietet seine Dienste an

[5] *Auerbachs Keller in Leipzig* (Vers 2073–2336)

Entstehung	vermutlich 1775
Form	vier- bis sechshebige Verse, gesangliche Kurzverse
Thema	Plattheit und Leere der Studenten: zotige Anspielungen auf kirchliche, höfische und revolutionäre Verhaltensweisen
Funktion	Abschluss des Gelehrtendramas: Travestie Mephisto bietet Faust den ersten Lebensgenuss an: Trunksucht und zeigt als erste Antwort eines der Grundprinzipien dieser Welt auf: Bestialität; Mephisto hat Faust falsch eingeschätzt.
Figuren	Studentenquartett: Altmayer, Brander, Frosch und Siebel als Quartett der komischen Oper und Travestie des Gelehrtenquartetts: Faust, Wagner, Schüler, Mephisto

Mephistos erstes Angebot: die Trunksucht

(1) Vier gesellschaftskritische Studenten zechen lästernd in ihrer Kneipe und singen das Rattenlied. (2) Vergeblich versuchen sie Faust und Mephisto auszukundschaften. (3) Mephisto gelingt es, sie durch Höflichkeit, Geschick und den Vortrag des hochpolitischen Flohlieds (Floh als adeliger Blutsauger) für sich einzunehmen. (4) Mephisto beeindruckt die Gesellen mit einem dreifachen Weinzauber: Er lässt verschiedene Weine aus dem Tischrand fließen; (5) als Wein auf dem Boden sich in Flammen verwandelt, wollen die Gesellen Mephisto an den Kragen, (6) aber Mephisto blendet sie mit einem Traubenwahn und verschwindet mit Faust. (7) Die Gesellen erwachen aus der Verblendung und erkennen ihre Täuschungen.

[Gretchendrama]

Entstehung	1773–1775
Form	3-aktiges bürgerliches Trauerspiel: Überleitung: Szene 6; Akt I (Exposition): Szenen 7–13, Zwischenszene: 14; Akt II (Peripetie): Szene 15–21; Zwischenszenen: 22–23; Akt III (Katastrophe): Szenen 24–26
Intertextualität	– Akten zum Frankfurter Prozess gegen die 24-jährige Dienstmagd Susanna Margaretha Brandt wegen Kindsmord, eingekerkert 1771, hingerichtet am 14. 1. 1772 – 1783: Todesurteil gegen Anna Catherina Höhn aus Tannroda, von Goethe nach zehntägigem Aktenstudium bestätigt – Heinrich Leopold Wagner, *Die Kindermörderin* (1776)

[6] *Hexenküche* (Vers 2337–2604)

Entstehung	1788 in Rom
Form	Kurzverse, Madrigalverse, Alexandriner
Thema	Verjüngung Fausts
Funktion	Prolog des Gretchendramas; Mephisto bietet den zweiten Lebensgenuss an: Sinnlichkeit; er zeigt Faust die Welt als Frau
Inter-medialität	Pieter Brueghel d. Ä., *Versuchung des heiligen Jakobus*
Figuren	Faust, Mephisto, Kater und Kätzin; die Hexe

(1) Eingangsgespräch zwischen Faust und Mephisto: natürliche vs. magische Formen der Verjüngung. (2) Zwei Meerkatzen erläutern Mephisto die magische Funktion einer Kugel, eines Siebs und eines Topfs. (3) Faust erblickt im Zauberspiegel das Idealbild einer Frau. (4) Mephisto gebärdet sich wie ein König auf dem Throne: politische Allegorie. (5) Die Hexe kehrt heim und erkennt Mephisto nicht sofort. (6) Die Hexe verjüngt Faust mittels eines Zaubertrunks um 30 Jahre. (7) Mephisto weist auf die aphrodisische Wirkung des Zaubertranks hin.

Faust wird verjüngt

[7] *Straße* [I] (Vers 2605–2677)

Form	Knittelverse, Alexandriner (V. 2674)
Thema	Faust lernt Gretchen kennen.
Inter-textualität	G. E. Lessing, *Emilia Galotti*
Figuren	Faust, Margarete (Gretchen), Mephisto

(1) Faust spricht Gretchen erfolglos an. (2) In einem knappen Monolog bewundert er ihre äußere und innere Schönheit. (3) Faust erpresst Mephisto, ihm das Mädchen und ein Geschenk für sie zu verschaffen. (4) Mephisto ist einverstanden.

Faust begehrt Gretchen

[8] *Abend* (Vers 2678–2804)

Form	Knittelvers (Margarete); Madrigalvers (Faust, Mephisto)
Thema	dreifache Verführung Margaretes durch Sinnlichkeit, Gold und sozialen Aufstieg

Inter-textualität	J.-J. Rousseau, *Julie ou La Nouvelle Héloïse* (1761), *Pygmalion* (1770)
Figuren	Faust, Margarete, Mephisto

Ein Geschenk für Gretchen

(1) Gretchen geht die Begegnung mit Faust nicht aus dem Kopf. (2) Faust und Mephisto treten heimlich in Gretchens Zimmer: Faust erkennt im Monolog seine innere Veränderung anhand seiner sinkenden moralischen Bedenken. (4) Mephisto versteckt das Geschenkkästchen im Schrank. (5) Gretchen fühlt beim Wiederbetreten ihres Zimmers einen erotischer Schauer und fürchtet sich. (6) Sie singt die Ballade *Der König in Thule*: Der Kelch als Symbol (kirchlicher/moralischer) Treue. (7) Gretchen findet das Kästchen: Der Schmuck löst bei ihr Eitelkeit aus.

[9] *Spaziergang* (Vers 2805–2864)

Thema	Satire auf Kirche und Geistlichkeit: taktische Niederlage des Teufels, strategischer Sieg gegenüber Faust
Problem	Margarete ist eher gehorsam als ehrlich und noch unmündig.
Figuren	Faust, Mephisto

Neue Liebestaktik

Da das Geschenk aufgrund des Eingreifens der Mutter an die Kirche weitergegeben worden ist, möchte Faust, dass Mephisto ihr einen neuen Schatz verschafft und Kontakt zu Gretchens Nachbarin herstellt.

[10] *Der Nachbarin Haus* (Vers 2865–3024)

Thema	Emanzipationsprozess Margaretes
Problem	Margarete unterschlägt das zweite Geschenk, ihres Unrechts sich bewusst, ist neugierig auf den Spender und vom Reichtum geblendet.
Inter-textualität	Hans Sachs, *Der fahrendt Schuler im Paradeiß* (1550)
Figuren	Margarete, Marthe, Mephisto

Umweg über die Nachbarin

(1) Marthe zeigt eine zweifelhafte Sorge um das Schicksal ihres Mannes. (2) Gretchen weiht Marthe in das Geheimnis ihres erneuten Geschenks ein. (3) Mephisto schmeichelt Gretchen, indem er vorgibt, sie für ein Fräulein zu halten. (4) Mephisto erzählt Marthe, ihr Mann sei wegen seiner Laster (Wein, Weib und Spiel) mittellos in Padua gestorben. (5) Mephisto kündigt Marthe an, Faust als Sterbezeugen ihres Mannes einzuführen.

[11] *Straße* [II] (Vers 3025–3072)

Thema	Mephisto korrumpiert Fausts Moral.
Problem	Voraussetzung einer Liebesenttäuschung: Faust reflektiert zuvor, was ihn spontan hätte glücklich machen können.
Figuren	Faust, Mephisto

Mephisto nutzt Fausts Sehnsucht nach Gretchen, um ihn moralisch zu korrumpieren. Er zeigt ihm auf, dass er als Wissenschaftler gelogen hat, um sich mit Gelehrsamkeit zu brüsten, dass er Marthe belügen wird, um an Gretchen heranzukommen, und dass er Gretchens Gefühle belügen wird, um seinen Sinnen Befriedigung zu schaffen. So verleitet er ihn dazu, gegenüber Frau Marthe ein falsches Zeugnis abzulegen.

Mephisto hält Faust den Spiegel vor

[12] *Garten* (Vers 3073–3204)

Form	menuettartiger Reigen: jedes Paar tritt dreimal auf künstliche Form der Rokoko-Konversation
Funktion	Faust bindet Gretchen an sich, aber sich nicht an sie, vermeidet den „glücklichen" Augenblick und erlebt erstmalig die Kraft der Wonne, die er nicht wieder verlieren will.
Inter-textualität	Molière, *Dom Juan* (1665)
Figuren	Faust, Margarete; Mephisto, Marthe

(1) Gretchen kokettiert um Fausts Gunst. (2) Mephisto täuscht Marthe Heiratsabsichten vor. (3) Gretchen schildert Faust ihr aufopferndes, altruistisches Leben für ihre Mutter und die verstorbene Schwester sowie ihren schweren Arbeitsalltag. (4) Mephisto missversteht bewusst Marthes Annäherungsversuche, um sich sprachlich zu entziehen. (5) Gretchen gesteht, dass sie Faust übel genommen hat, dass er ihren Leumund gefährde, bringt aber durch das Blumenorakel mit einer Margerite Faust zu einem indirekten Liebesgeständnis. (6) Marthe bricht mit Rücksicht auf ihren guten Ruf den Rundgang ab, um nicht ins Gerede der Leute zu kommen.

Man kommt sich näher

[13] *Ein Gartenhäuschen* (Vers 3205–3216)

Form	Knittelvers (Margarete), Alexandriner
Thema	einzige Liebesszene zwischen Faust und Gretchen

Problem	Das Gartenhäuschen ist als „Lusttempel" ein Ort der gefährdeten Idylle, der Bedrohung bürgerlicher Tugend und Symbol der Möglichkeit zu sozialem Aufstieg.
Figuren	Faust, Margarete, Mephisto

Gretchens Liebesgeständnis

Nach einem Kuss offenbart Gretchen Faust ihre Liebe. Mephisto und Marthe drängen zum Abschied.

[14] *Wald und Höhle* (Vers 3217–3373)

Entstehung	wohl 1787–1790
Form	Blankvers
Thema	Mephisto hindert Faust daran, der Wirklichkeit zu entfliehen; Faust ringt sich zu bedingungsloser Liebe durch.
Funktion	Teilung der Gretchenhandlung: Nach dem aufsteigenden Ast der Liebesbeziehung zur Liebeserfüllung (göttliche Hälfte) folgt nun der absteigende Ast ins Liebesleid (teuflische Hälfte).
Figuren	Faust, Mephisto

Faust kennt keine Skrupel mehr

(1) Hymnischer Dank Fausts an den Erhabenen Geist. (2) Er preist die emotionale Lebensform, ist aber wegen des Dilemmas von Genuss und Begierde unzufrieden. (3) Mephisto kommt hinzu und macht sich über Fausts Zurückgezogenheit und sein sexuelles Verlangen lustig. (4) Er analysiert Fausts Selbstbetrug. (5) Dann stachelt er Faust an, indem er von Gretchens Sehnsucht berichtet. (6) Fausts Begierde ist stärker als seine Skrupel; bedingungslos wünscht er die Liebeserfüllung. (7) Mephistos Kommentar.

[15] *Gretchens Stube* (Vers 3374–3413)

Form	zehn vierzeilige Strophen: volksliedhafte Opernarie in Rondoform: Die ungleichmäßigen Wiederholungen verdeutlichen Gretchens Unruhe.
Thema	Gretchen gesteht sich ihre bedingungslose Liebe zu Faust ein.
Problem	Gretchen löst sich aus ihren bürgerlichen Bindungen.
Funktion	aus Margarete wird Gretchen: namentliche Entehrung trotz sympathetischer Näherung
Intertextualität	Altes Testament, *Das Hohelied Salomons*
Figuren	Gretchen

Gretchen singt am Spinnrad ein Lied, das ihre Sehnsucht nach Faust und die Ernsthaftigkeit und Bedingungslosigkeit ihrer Liebe verdeutlicht. Gretchens Lied

[16] *Marthens Garten* (Vers 3414–3543)

Form	Madrigalverse (Gretchen), freimetrische Pindarverse (Faust)
Thema	Gretchen fragt nach Fausts religiöser Einstellung.
Problem	doppelter Ersatz der traditionellen Religion: Gretchen: gefühlsgegründete Liebesreligion (Pietismus), Faust: pantheistische Position
Figuren	Margarete, Faust, Mephisto

(1) Gretchen stellt Fausts Kirchenferne fest und fragt ihn nach seinem Glauben („Gretchenfrage"). (2) Faust offenbart Gretchen sein pantheistisches Gottesbild (Sturm und Drang), indem er sich in hymnischer Darstellung zu einer freien Religiosität bekennt. (3) Gretchen gesteht Faust ihre instinktive Ablehnung Mephistos. (4) Faust gibt Gretchen ein Betäubungsmittel für die Mutter; beide verabreden sich zu ihrer ersten Liebesnacht. (5) Mephisto kommentiert sarkastisch Gretchens Verhalten. Gretchenfrage

[17] *Am Brunnen* (Vers 3544–3586)

Form	Knittelvers
Thema	soziale Reaktion auf außereheliche Sexualität
Funktion	Peripetie des bürgerlichen Trauerspiels; Konflikthöhepunkt: Emanzipation der Liebe vs. Tradition der Moral
Figuren	Gretchen, Lieschen

(1) Lieschen erzählt schadenfroh, was sie von Sibylle vom Schicksal des Bärbelchens erfahren habe: (2) Diese erwartet ein uneheliches Kind. (3) Lieschen hält die zu erwartenden sozialen Sanktionen für gerecht. (4) Gretchen benennt in einem Kommentar deren Hybris, hat Mitleid und erkennt sich in der gleichen Situation. Die Geschichte von Bärbelchen

[18] *Zwinger* (Vers 3587–3619)

Form	acht-strophiges Gebet: Da-capo-Arie aus dem Singspiel: Rhythmuswechsel nach dem Gebet (Strophe 1–3)
Thema	Anrufung der Gottesmutter Maria als Helferin in größter Not
Funktion	Bitte um metaphysische Lösung eines irdischen Problems
Figuren	Gretchen

Gretchen sucht Trost im Gebet

Gretchen ahnt ihr eigenes Schicksal und sucht Trost im Gebet.

[19] *Nacht* (Vers 3620–3775)

Entstehung	wahrscheinlich 1773, Endfassung 1806
Form	Knittelverse (Valentin, Gretchen, Marthe), Madrigalverse (Faust, Mephisto)
Thema	misslungene Rache des Bruders
Funktion	Faust muss fliehen, Gretchen ist verfemt.
Figuren	Faust, Mephisto, Valentin; Marthe, Gretchen, Volk

Versuch eines Ehrenmordes

(1) Valentin, Gretchens Bruder, beklagt, dass Gretchen, das einstige Vorbild an Tugend, jetzt die Familie entehrt habe. (2) Faust und Mephisto gehen ihren Sehnsüchten nach: Mephisto träumt von der bevorstehenden Walpurgisnacht, Faust ist beruhigt, eine Perlenschnur für Gretchen als Geschenk zu wissen. (3) Mephisto singt ein ironisches Lied, in dem die Mädchen gewarnt werden, sich vor der Ehe sexuell einzulassen. (4) Als Valentin die beiden stellt, kommt es zu einem Degengefecht, bei dem Faust Valentin niedersticht. Mephisto und Faust fliehen. (5) Gegenüber der herbeiströmenden Menge malt der sterbende Valentin die Zukunft seiner Schwester als Hure und verflucht sie ebenso wie Marthe als Kupplerin.

[20] *Dom* (Vers 3776–3834)

Form	freie Rhythmen ohne Endreim; lateinische Vierheber
Thema	mentaler Strafprozess Gretchens anlässlich des Totenamts für Valentin und/oder Mutter
Problem	dreifache Schuld Gretchens: Tod von Mutter (infolge des verabreichten Betäubungsmittels) und Bruder, uneheliche Schwangerschaft
Funktion	erster Teil von Gretchens Untergang: Ihr Körper wehrt sich (Ohnmacht) gegen die Preisgabe aller Hoffnung auf Rettung.
Figuren	Gretchen, böser Geist

Gretchens Verzweiflung

Gretchen besucht eine Totenmesse. Sie ist über den von ihr verschuldeten Tod der Mutter ebenso verzweifelt wie über ihre uneheliche Schwangerschaft und die harte Reaktion ihrer Mitmenschen. Ihr Gewissen setzt ihr in Form eines bösen Geistes so sehr zu, dass sie in Ohnmacht fällt.

[21] *Walpurgisnacht* (Vers 3835–4222)

Entstehung	zwischen 1797 und 1805
Form	Hexenoper in Stationen
Thema	Nacht zum 1. Mai, in der sich nach altem Glauben die Hexen am Brocken/Blocksberg treffen
Problem	Versuch Mephistos, Faust von Gretchen abzulenken und der unmittelbaren sexuellen Sinnlichkeit zuzuführen, misslingt angesichts der abstoßenden Fleischlichkeit der Hexen.
Funktion	Gegenbild zum *Prolog im Himmel* und zur Szene 12 *Garten*
Intermedialität	Matthäus Merian d. Ä., *Zauberey* (1626), Radierung nach einem Entwurf von Michael Herr (1620)
Figuren	Faust, Mephisto, Irrlicht; Hexen, Hexenmeister, Halbhexe, Chöre, Stimmen; General, Minister, Parvenu, Autor, Trödelhexe; die Schöne (Hexe), die Alte (Hexe), Proktophantasmist, Servibilis

Faust bei den Hexen

(1) Mephisto steigt mit Faust zum Brocken hoch. (2) Das Irrlicht leuchtet Faust und Mephisto den Weg in eine zunehmend fantastischere Landschaft. (3) Die Hexen schweben ein. (4) Faust erscheint das Geschehen einer Ausstellung (Messe) zu gleichen. (5) Faust tanzt mit der jungen Hexe Lilith. Aber eine rote Maus, die ihr aus dem Mund springt, und eine ähnliche Gestalt wie Gretchen lassen ihn den Tanz beenden. (6) Faust glaubt, in Meduse Gretchen zu sehen und wird so auf ihr Ende vorbereitet. (7) Mephisto lenkt Fausts Aufmerksamkeit auf ein Dilettantentheater.

[22] *Walpurgisnachtstraum* (Vers 4223–4398)

Entstehung	Nicht im Zusammenhang mit der Faust-Dichtung: kaum kontextuelle Anbindung. Auf fragwürdige Anregung Schillers in das Drama integriert.
Form	44 epigrammatische Vierzeiler in der Chevy-Chase-Strophe (Balladenstrophe)
Problem	ironische, z. T. skandalträchtige Kritik an zeitgenössischen Schriftstellern und schriftstellerischen Produkten
Funktion	retardierendes Moment: Themenkondensat: Anspielung auf alle Faust-Themen; ohne genaueste Kenntnis der Zeitliteratur kaum verständlich
Intertextualität	William Shakespeare, *Ein Sommernachtstraum* (1596); Goethe u. Schiller, *Xenien* (1797)
Figuren	Oberon, Titania, Puck, Ariel; Theatermeister, Kapellmeister, Tanzmeister, sowie 30 weitere Figuren

Literaturkritisches Zwischenspiel

(1) Einleitung: Versöhnungsfest zwischen Oberon und Titania: 7 Strophen, (2) musikalisches Zwischenspiel: zwei Strophen, (3) Ästhetik: acht Strophen, (4) musikalisches Zwischenspiel: drei Strophen, (5) Erkenntnistheorie: sieben Strophen, (6) musikalisches Zwischenspiel: drei Strophen, (7) Weltanschauung/Philosophie: fünf Strophen, (8) musikalisches Zwischenspiel: eine Strophe, (9) Psychologie/Politik: fünf Strophen, (10) Schluss: Aufhebung des Festes: drei Strophen.

[23] *Trüber Tag – Feld* (S. 127 f., 39 Zeilen)

Form	einzige Szene in Prosa
Thema	Faust sucht vergeblich, seine Verantwortung und Schuld auf Mephisto abzuwälzen.
Problem	Egozentrik Fausts: Er nennt Gretchen nicht beim Namen, trauert mehr um sich als um sie und will sein menschliches Versagen nicht akzeptieren.
Funktion	schwacher Ansatz für eine positive Problemlösung für Gretchen
Figuren	Faust, Mephisto

Faust will Gretchen retten

(1) Faust erfährt, dass Gretchen wegen Kindsmord eingekerkert ist. Er hadert mit Mephisto um die Frage von Verantwortung und Schuld. (2) Faust will, dass Mephisto Gretchen rettet oder aus dem Kerker befreit. (3) Mephisto bekennt die Grenzen seiner Macht, will aber bei einer Entführung Gretchens behilflich sein.

[24] *Nacht – offen Feld* (Vers 4399–4404)

Form	balladenartig
Thema	Hexen umtanzen eine Hinrichtungsstätte
Problem	Faust ist völlig vom Mephisto abhängig.
Funktion	Vorausdeutung einer negativen Problemlösung für Gretchen
Intertextualität	Shakespeare, *Macbeth* (1606)
Figuren	Faust, Mephisto

Böse Vorzeichen

Mephisto und Faust reiten auf schwarzen Zauberpferden an einer Hinrichtungsstätte vorbei.

[25] *Kerker* (Vers 4405–4612)

Form	Faust: jambisch alternierend; Margarete: ein- bis fünfhebig, zunehmend reimlos
Thema	Errettung Gretchens und Flucht Fausts
Problem	Faust erlebt sein Scheitern in der Liebe; Margarete findet zu einer integrierten Naturreligion des Lebens und Liebens.
Funktion	Katastrophe des bürgerlichen Trauerspiels: Margarete zieht die Bestrafung durch die irdische Gerichtsbarkeit der von Faust angebotenen Scheinfreiheit vor. Durch diese Sühne ist ihre Seele gerettet.
Intertextualität	Gebr. Grimm, *Märchen vom Machandelbaum*
Figuren	Faust, Mephisto, Margarete, Stimme

(1) Faust hat Angst vor der Wiederbegegnung mit Gretchen im Kerker. (2) Gretchens Lied des Wahnsinns. (3) Gretchen glaubt, Faust sei der Henker, der zu früh komme. (4) Gretchen will mit Faust, den sie noch nicht erkennt, gemeinsam beten. (5) Sie erkennt Faust an der Stimme und glaubt, sie sei gerettet. (6) Das veränderte Verhalten Fausts macht Gretchen deutlich, dass ihre Liebe zu Faust keine Zukunft hat. (7) Sie bittet Faust, für die Gräber der Toten, einschließlich des von ihr ertränkten Kindes, zu sorgen. (8) Sie verweist Faust an seine indirekte Mitschuld am Tode ihres Kindes. (9) Sie weigert sich, von Faust gewaltsam befreit zu werden, und wartet auf ihre Hinrichtung. (10) Mephisto drängt zum Aufbruch und verschwindet mit Faust, Gretchen lassen sie zurück.

Gretchen möchte nicht befreit werden

Figurenkonstellationen

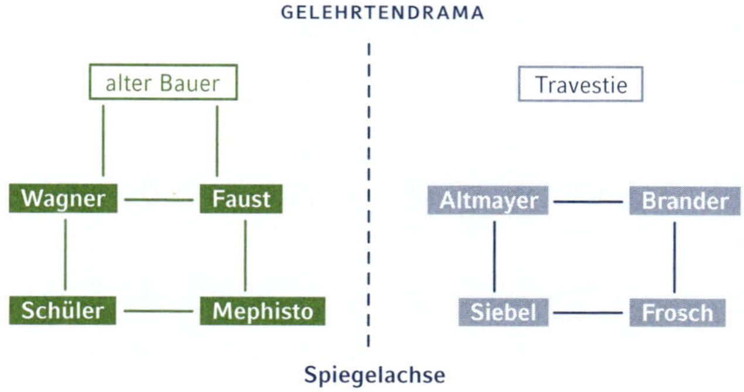

Schaubild 2: Gelehrtendrama

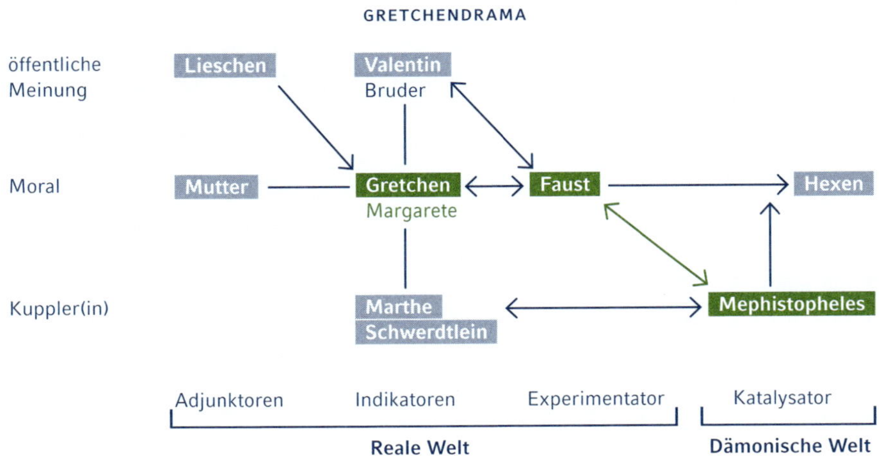

Adjunktoren: beigeordnete Einflussfiguren
Indikatoren: die Wirkung einer Handlung anzeigende Figuren
Katalysator: Figur, die Handlungen bewirkt

Schaubild 3: Gretchendrama

Übersicht: Analyse

Bauform	Doppeldrama: Gelehrtendrama: offenes Mono-Drama; Gretchendrama: geschlossenes dreiaktiges Drama; insgesamt kein traditionell aristotelisches Drama: eher Stationendrama oder Bilderfolge
Dramentyp	Gelehrtendrama: Warndrama, Anti-Heiligendrama Gretchendrama: Tragödie
Gliederung	Faust und Mephisto als integrative Figuren der beiden Dramenteile **Aufbau**: drei Prologe; Gelehrtendrama (vier Szenen, Verbindungsszene: *Auerbachs Keller*); Gretchendrama (Verbindungsszene: *Hexenküche*, sieben Szenen (I. Akt. Exposition), Mittelszene: *Wald und Höhle*, sechs Szenen (II. Akt: Peripetie), zwei Zwischenszenen: *Walpurgisnacht* u. *-traum*, drei Szenen (III. Akt: Katastrophe)
Textform	poetischer Text in variabler Reimbindung: dominant: Madrigalvers, Knittelvers, eingestreute Ballade und Lieder; Prosa-Ausnahme: Szene 23: *Trüber Tag. Feld*
Redeformen	– Gelehrtendrama: vier **Monologe**: Faust: Szene 1 (zwei M.), Szene 2, Szene 3 – Gretchendrama: elf **Monologe**: Margarete (fünf M.): Szene 8 (zwei M.), 15, 18, 20; Faust (vier M.): Szene 7, 8, 14, 25; Marthe (ein M.): Szene 10; Valentin (ein M.): Szene 19

	– fünf **Szenenschlusskommentare**: Faust (ein K.): Szene 3; Mephisto (zwei K.): Szene 7 und 9, Gretchen/Margarete (zwei K.): Szene 13 und 17 – **epischer Bericht**: Mephisto: Szene 9, 14; Gretchen: Szene 12; Lieschen: Szene 17 – **Beiseitesprechen**: Szene 5, **Gebet**: Szene 18; **Zauberspruch**: Szene 3, 7 – **musikalische Formen: Chor:** Szene 1, 3, 4, 20, 21; **Lied**: Szene 2, 5, 8, 15, 19, 21, 22, 25
Figuration	kein Held; gebrochene Figuren, Schuldzusammenhang der Figuren
Gestaltungsprinzipien	**Dominanz:** Monologe Fausts im Gelehrtendrama, Monologe Gretchens in Gretchendrama **Kontrast:** **a) Figuren**: *Qualitätskontrast*: Gelehrtendrama (männlich) vs. Gretchendrama (weiblich), Theaterdirektor vs. Servibilis, Herr vs. Mephisto, Faust vs. Wagner, Schüler; Gelehrtenquartett vs. Studentenquartett, Faust (humorlos; will das Gute, kann das Böse aber nicht vermeiden: 1048) vs. Mephisto (satirisch; will das Böse, kann das Gute aber nicht verhindern: 1336), Faust: zwei Seelen (1112), Faust (Adeliger) vs. Margarete (Bürgerliche), Margarete (kirchlich orientiert) vs. Gretchen (sinnlich orientiert), Margarete vs. Marthe, *Quantitätskontrast:* Szene 1 (1 Pers.) und 2 (12 Pers.) **b) Szenen**: *Qualitätskontrast*: Prolog im Himmel vs. Walpurgisnacht, Garten vs. Walpurgisnacht, kontemplative Szenen (Szene 1, 3, 14, 15, 18) vs. Aktionsszenen (2, 5, 6, 19, 21), männlich (Szene 9, 11, 14, 23, 24) vs. weiblich (15, 17, 18, 20), *Quantitätskontrast*: Szene 21 (388 Verse) vs. Szene 24 (6 Verse) **c) Orte**: geistiger Kerker (398) vs. physischer Kerker (Szene 25), Gelehrtendrama: drinnen (Szene 1, 3, 4, 5) vs. draußen (Szene 2), Gretchendrama: drinnen (Szene 6, 8, 10, 13, 15, 20, 25) vs. draußen (Szene 7, 9, 11, 12, 14, 16, 17, 18, 19, 21, 22, 23, 24) **d) Handlung:** himmlische Gerechtigkeit (Begnadigung Gretchens) vs. irdische Gerechtigkeit (Todesurteil), Visionen (Faust) vs. Halluzinationen (Gretchen) **e) Modalität**: Realszenen vs. magische Szenen (Gelehrtendrama: 1, 3, 4, 5, 6, 7, Gretchendrama: 21, 24), echte Tiere (Vögel: 1095–1099, Meerkatzen, 4251–4254) vs. metaphorische Tiere (2079, 2113, 2126 ff., 2156, 2164, 2208 ff., 2285, 2294), Hexen (Szene 7 u. 21) vs. metaphorische Hexen (877), gesprochene vs. musikalische Versdramatik **f) Licht:** hell (*Prolog im Himmel*, 911, 1195) vs. dunkel (*Nacht*, 918, 1179); 1350 **g) Thematik:** pythagoräisches Weltbild (243 ff.) vs. kopernikanisches Weltbild (252), Sexualität (4118 ff., 4128 ff.) vs. Liebe (4184–4205), Püppchen (2651) vs. Engel (2659, 3494), geheimnisvolle Natur (3871–3911) vs. chaotische Natur (3938–3955), Rationalität (Gelehrtendrama) vs. Emotionalität (Gretchendrama)

	h) Sprache: Versform vs. Prosa (Szene 23), religiös (Szene 18, 20) vs. obszön (Szene 21), Liebenswürdigkeiten (4295) vs. Unfreundlichkeiten (4299–4302), Polysyndeton (4016–4018) vs. Asyndeton (4058) **Proportionalität:** Redeanteil 1:1 (Faust-Mephisto: Szene 11, Faust-Margarete: Szene 16), Redeanteil 2:1 (Mephisto-Faust: Szene 7, Faust-Mephisto: Szene 8, Mephisto-Faust: Szene 14), Redeanteil 3:1 (Mephisto-Faust: Szene 3), Redeanteil 4:1 (Mephisto-Faust: Szene 9, Gretchen-Faust: Szene 25) **Ballung**: zehn Flüche (Faust: Vers 1587–1606), sieben Antinomien (Faust: 1678–1687), fünf Konsequenzen (Faust: 1701–1705), fünffache Figura etymologica (Mephisto: 1996–2000), zehn Fragen (Faust: 3432–3450), sechs Verwünschungen (Valentin: 3754–3763), drei Wandlungsbitten (Faust: Szene 23: Zeile 16–23), drei Befreiungsbitten (Szene 23: S. 128, Zeile 30 – S. 129, Zeile 5) **Rhythmus**: Ortswechsel im I. Akt des Gretchendramas, Szenenumfang Gretchendrama (Ausnahme Walpurgisnacht) **Progression**: Figurenanzahl (Szene 3, 4, 5), argumentativer Dreischritt (Dichter: 140–157, Lustige Person: 158–183, Menge (Vers 37) – Volk (43) **Reihung:** Szene 3 und 4: Studierzimmer; drei Vögel (1095–1099), vier Tugenden (1604–1606) **Symmetrie:** Personenanzahl (Szene 11–14) **Gruppierung**: Szene 12 und 22 **Streuung**: Szene 2 und 21 **Vorausdeutung**: Vers 1074, 1122, 2590, 2604, Szene 17, 4204 **Komik**: Szene 4, 10, 22; Vers 1827 (grotesk) **Symbol**: Sternblume (Szene 12), Kranz (4436, 4583)
Motive	**Ächtung** (3568 f., 3575 f., 3750 ff.), **Atmosphäre** (2671, 2721, 2753, 3493, 3538, 4601), **Besitzgier** (1810 ff.), **Bruderrache** (Valentin in Szene 19), **Engel** (243–270, 737–741, 757–761, 797–807, 2659, 2712, 3124, 3163, 3494, 3510, 4608), **Ekel** (1748, 3469, 4179, Szene 23, S. 128, Z. 25), **Entbehrung** (1549), **Fluch** (399, 1588–1606, 2806, 2997, 4051, 4194, Szene 23: S. 128, Z. 30), **Freude** (436, 738, 790, 1663, 1765, 1819, 1859, 2053, 2648, 2670, 3345), **Geld** (374, 1877, 2351, 2398, 2938, 3915, 3933), **Gold** (1079, 1536, 1679, 2762, 2802 f., 3156, 3756, 3929), **Kerker** (398, 1194, 2694, 4405), **Komik** (2834–2840, Dialog Mephisto – Marthe in Szene 12), **Liebe** (160, 196, 347, 758, 771, 802, 1114, 1184 f., 1469, 1604, 1800, 2431, 2662, 2689, 2723, 2805, 2870, 2921, 3056, 3183 ff., 3206, 3289, 3306 f., 3314, 3454, 3490, 3884 f., 4196, 4451, 4469, 4495 f.), **Magie** (377, 1158, 2289), **Natur** (455, 461, 2711, 3220–3231, 3838–3847, 3871–3911, 3938–3955), **Pakt** (1414), **Religion** (*Prolog im Himmel*, 432, 737, 1202, 1222, 1395 f., 2699, 2820, 3432 ff., 4453, 4585), **Schelm** (2515, 2985, 3205, 3481, 4414), **Schuld** (1508, 2624, 2960, 3007, 3102, 3777, Szene 23: S. 128, Z. 17 u. 37 u. S. 129, Z. 1), **Sorge** (644, 2572, 4522), **Streben** (317, 328, 560, 697, 716, 767, 912, 1075, 1676, 1742,

	1858), **Todessehnsucht** (690 ff., 1571), **Träne** (29, 777, 784, 1027, 1555, 3609, 3771), **Vision** (1447–1505, 2429–2440), **Wissen** (364, 371, 396, 601, 1062, 1582, 1749, 1768, 1840, 1851, 1901, 1984, 2015, 2351, 2370, 2568, 3037, 3215), **Wort** (214, 275, 385, 553, 1224 f., 1328, 1718, 1728, 1953, 1990 f., 2000–2013, 2565, 3005, 3063, 3079, 4488), **Wurm** (403, 498, 605, 653 ff., 707, Szene 23: S. 128, Z. 6), **Zauberspiegel** (2430)
Nachlässigkeiten/Fehler	**fehlende Auf- und Abtrittskennzeichnungen**: *Prolog im Himmel*: Auftritt Mephisto; Szene 8: Auftritt Mephisto; Szene 19: Abgang Mephisto und Faust; Szene 21: Abtritt Irrlicht. **Handlung**: Ein Requiem wird vom Priester durchgeführt, nicht vom Gläubigen gebetet (2942), die Hinrichtungsstätte Rabenstein liegt außerhalb der Stadt, während Gretchen auf dem Marktplatz hingerichtet werden soll. **Anachronismen**: Anrede „Madam" (17. Jh.), Beichtstuhl (17. Jh.), Tobak (1620), Perücke (1640), Champagner (1670), Totenschein und Wochenblättchen (18. Jh.), Heißluftballon (1783).

FORMALE STRUKTUR VON *FAUST I*

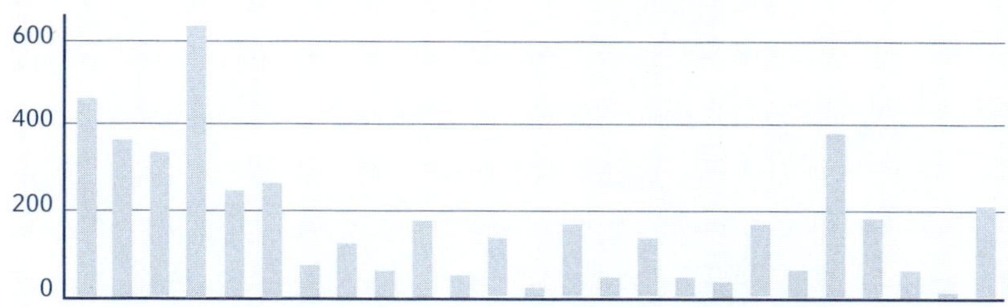

454	370	352	527	264	268	73	127	60	160	48	131	12	157	40	130	42	31	156	58	388	176	62	6	207	Versanzahl
1	**2**	**3**	**4**	**5**	**6**	**7**	**8**	**9**	**10**	**11**	**12**	**13**	**14**	**15**	**16**	**17**	**18**	**19**	**20**	**21**	**22**	**23**	**24**	**25**	**Szene**
5	4	2	3	3	2	3	5	1	3	1	6	4	2	1	2	1	1	3	1	5	1	1	1	2	Teilszenen
Gelehrtendrama					Gretchendrama																				
■		■	■	■	■		■		■			■		■					■					■	außen/innen
	■																								Volk
				■																					Studenten
			■																						Schüler
■	■																								Wagner
		■	■	■	■	■	■	■	■	■	■	■	■		■			■		■		■	■	■	Mephisto
■	■	■	■	■	■	■	■	■		■	■	■	■		■			■		■		■	■	■	Faust
						■	■		■		■	■		■	■	■	■	■	■					■	Gretchen
									■		■	■						■							Marthe
																		■							Valentin
																■		■							Volk
					■															■					Hexen

Schaubild 4: Formale Struktur von *Faust I*

INHALTLICHE STRUKTUR VON *FAUST I*

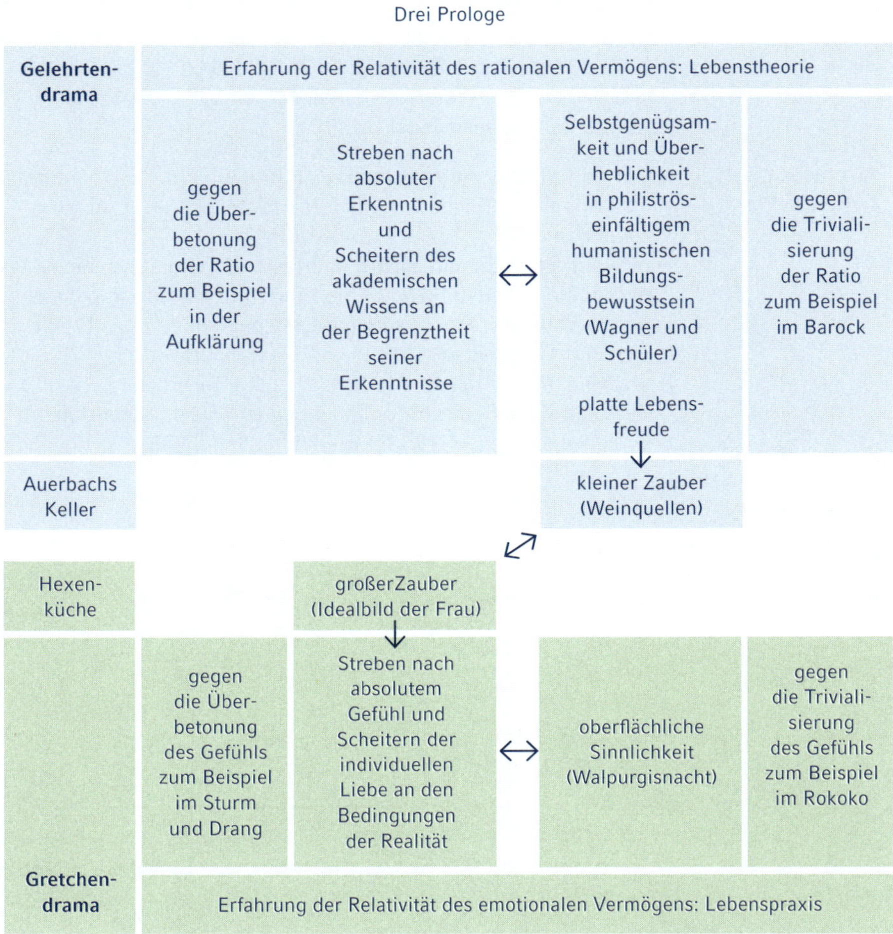

Schaubild 5: Inhaltliche Struktur von *Faust I*

Übersicht: Tradition des Faust-Stoffes

Historische Person:

Wandermagier, Mediziner und Alchimist

Georgius Sabellicus, genannt Johann(es) Faustus (um 1480 in Knittlingen, Württemberg – 1540 bei Staufen, Breisgau); Wandermagier und Scharlatan; Aufenthalt in den Universitätsstädten Wittenberg, Erfurt, Ingolstadt; angeblich: Studium der Medizin, Astrologie, Alchimie (Wittenberg) und Magie (Krakau), Flugversuch in Venedig; nachweislich: 1507 Schulmeister in Kreuznach, 1513 Aufenthalt in Erfurt, 1520 Honorar für ein Horoskop vom Fürstbischof von Bamberg, 1528 in Ingolstadt ausgewiesen, 1532 Einlassverweigerung in Nürnberg; Tod angeblich bei der Explosion während eines Experiments; aufgrund des Geruchs nach Pech und Schwefel entsteht das Gerücht, er habe mit dem Teufel im Bunde gestanden, aufgrund dessen dieser ihm nach 24 Jahren das Genick umgedreht habe.

Überlieferung bis Goethe:

1587 (Nicodemus Frischlin?), *Historia von D. Johann Fausten*, Volksbuch, Frankfurt/Main
1589 Christopher Marlowe, *Tragical History of Doctor Faustus* (Vorlage der Puppenspiele)
1593 Leben Christoph Wagners
1599 Bearbeitung von Georg Rudolf Widmann, 3 Bände
1674 Bearbeitung von Johann Nikolaus Pfitzer (von Goethe 1801 aus der Weimarer Bibliothek entliehen)
1684 William Mountfort, *Life and Death of Doctor Faustus*, Farce
1715 J. Stranitzky, *Leben und Tod Fausts*
1724 *Arlequin Doctor Faustus*, Pantomime
1725 Fassung des „Christlich Meynenden“, Kurzfassung (war Goethe bekannt)
1746 Puppenspiele zur Person Fausts (sah Goethe in seiner Jugend)
1759 G. E. Lessing, *Dr. Faust*, Dramen-Fragment (Goethe seit seiner Jugend bekannt)
1775 Paul Weidmann, *Johann Faust. Allegorisches Drama*
1776 A. Hamilton, *History of the Magician Faustus*
1776 Friedrich Müller, Maler, *Situation aus Fausts Leben*, Fragment
1777 Lenz, *Die Höllenrichter*, Fragment
1791 Friedrich Maximilian Klinger, *Fausts Leben, Taten und Höllenfahrt*, Roman

Namenssymbolik

Faust	Übernahme des Namens von der historischen Figur
	Symbol: Durchsetzungswille, Energie
Mephistopheles	Übernahme des Namens von der Tradition des Fauststoffes: Mephostophiles
	Symbol: (hebr.:) Der das Licht nicht liebt; Zerstörer des Guten; Lügner; vielleicht auch: Freund (gr.: philos) der schädlichen Ausdünstungen der Erde: Schwefelquellen (lat.: mephitis): Teufel; vgl. 4601 Vgl. Definition des Herrn: 338 ff. u. Selbstdefinition: 1335 ff.
Margarete	Anlehnung an den Namen der historischen Kindsmörderin Susanna Margaretha Brandt
	Symbol: (lat.:) Perle; Margerite: Sternblume (S. 92) Intertextualität: Hl. Margareta von Antiochia (wegen Verweigerung einer Heirat aus Glaubensgründen zum Tode verurteilt und im Alter von 15 Jahren hingerichtet, besiegt eingekerkert den Teufel in Form eines Drachens), Hl. Margareta von Cortona (bußfertige Mystikerin und unverheiratete Mutter; Schutzpatronin der reuigen Prostituierten)
Gretchen	Koseform von Margarete

Symbol: kindliche Unselbstständigkeit und Abhängigkeit; Verniedlichung als Ausdruck emotionaler Intimität;
im 18. Jh.: pejorative Bezeichnung eines „leichten Mädchens"

Ausblick auf *Faust II*

Offenes Ende von Faust I

Es ist vielfach zu Recht angemerkt worden, dass eine Beschränkung des Dramas auf den ersten Teil dessen Verständnis verzerrt, wenn nicht gar verstellt. Schließlich ist das Werk auf zwei Teile angelegt. Am Ende des ersten Teils ist weder geklärt, wer von den beiden, Faust oder Mephisto, die Wette gewinnen wird, noch ob sich die von Mephisto im *Prolog im Himmel* dem Herrn gegenüber geäußerte Zuversicht erfüllt, ihm die Seele Fausts entreißen zu können. Selbst das weitere Schicksal der Titelfigur lässt das Stück offen. Letztlich bleibt auch die Sinnfrage des Doppeldramas unbeantwortet.

Es ist deshalb sinnvoll, Inhalt und Funktion auch des zweiten Dramenteils zumindest im Überblick darzustellen:

FAUST II

Drei Prologe

Helena-Tragödie	**Ausgangspunkt:** Erkenntnis der Welt als Abbild des Seins	**I. Akt**	Versuch der oberflächlichen Annäherung an das Sein durch **Teilhabe am repräsentativen Schein der Zeit:** Erfahrung des Scheiterns in der Inflation (Papiergeld) und der Selbsttäuschung (Helena)
	Versuch der **theoretischen** Annäherung an das Sein durch den idealen Entwurf einer **künstlich gestalteten** Welt …	**II. Akt**	a)… im physischen Bereich der Natur: symbolische Erfahrung des Scheiterns im Nachvollzug einer hierarchisch idealen Seinsordnung an der Unbeherrschbarkeit elementarer kreatürlicher Prozesse (Homunculus)
		III. Akt	b) … im intellektuellen Bereich der Kultur: symbolische Erfahrung des Scheiterns der **unbedingt freien Individualität** an der Unbeherrschbarkeit idealistischen Wollens (Euphorion)
Herrscher-Tragödie	Versuch der **praktischen** Annäherung an das Sein	**IV. Akt**	a) … im Bereich des institutionalisierten Ständestaates: Erfahrung des Scheiterns amtlicher Autorität an der Macht militärischer und politischer Gewalt (Motiv: Gegenkaiser; Symbol: Gebirge)
	durch **tatkräftige Gestaltung** der Realität …	**V. Akt**	b) … im Bereich neuzeitlich merkantil und technisch orientierter Herrschaft: Erfahrung des Scheiterns **sozialer Verantwortung** an den Verführungen der Besitzgier (Motiv: Philemon und Baucis; Symbol: neugewonnenes Marschland)
	Endpunkt:		Anerkennung der Realität des eigenen Seins: **der scheiternde Mensch als Teil eines ewig strebenden Willens**

Schaubild 6: Faust II

Schaubild 7: *Faust I* und *II*: Gesamtstruktur

Übersicht: Interpretationen

Aspekt	Thematik
Biografie	Widerspiegelung eigener Erlebnisse und Erfahrungen: Puppenspiel (Faust-Thematik), Liebesbeziehungen (Gretchen), naturwissenschaftlicher Forschungsdrang (Faust), esoterische Interessen (Magie), allgem. weltanschaulichen Fragen
Wirklichkeitsbezug	Faust-Tradition, Kindsmörderin-Prozesse (Susanna Margaretha Brandt)
Intertextualität	Bezüge zur gesamten europäischen Literatur von der Antike bis zum 19. Jahrhundert
Ästhetik	„Fragmentisten": Konglomerat widersprüchlich und willkürlich zusammengestellter Teile vs. „Unitarier": Brüche und Widersprüche sind Teil des Kunstwerks: modern anmutende poetologische Grundkonzeption gattungsübergreifende Universalpoesie (vgl. *Vorspiel auf dem Theater*): 1. Schauspiel: Schwank (Marthe-Mephisto), Mysterienspiel (Prolog im Himmel), Warndrama (Gelehrtendrama), Bürgerliches Trauerspiel (Gretchendrama); 2. Singspiel: Oper, Oratorium (Erzengelterzett), Chorwerk, Lied
Religion	historische Abfolge religiöser Einstellungen: alttestamentarische Kosmotheologie (Raphael), neutestamentarische Offenbarungsreligion (Michael), pietistische Liebesreligion (Gretchen), Pantheismus (Faust); Faust und Mephisto arbeiten mit an der göttlichen Entelechie der Welt.
Magie	von jeher okkult-esoterischer Versuch des Menschen, durch Übersinnliches die natürlichen Grenzen zu überschreiten (Faust: weiße und schwarze Magie, Gretchen: Blumenorakel)

Wissenschaftslehre (Epistemologie)	Streben als den Menschen definierender geistiger Trieb; Darstellung des menschlichen Scheiterns beim Versuch, zur absoluten Erkenntnis (Wahrheit) zu gelangen bzw. ein absolutes Ideal zu verwirklichen; gegensätzliche Wissenschaftsvorstellung von Faust und Wagner
Anthropologie	Faust als zeitenthobener männlicher Archetypus, Repräsentant und Symbolfigur des in die Zukunft aufbrechenden europäischen Menschen; der platonische Eros als Fausts Doppelseele: Vernunft und Gefühl
Naturphilosophie	gottgleiche Natur als Einheit aller Widersprüche: Leben und Zerstörung, Ordnung und Chaos (Szene 14: *Wald und Höhle*, Szene 21: *Walpurgisnacht*); die Unbeherrschbarkeit der Zeit
Psychologie	Schwäche und Verführbarkeit des Menschen bei der Hoffnung auf Wissens- und Machtüberlegenheit (Gelehrtendrama) bzw. Besitz, sozialen Aufstieg und emotionale Anerkennung (Gretchendrama); Gespaltenheit der Figuren Faust und Gretchen
Soziologie	sozio-moralische Analyse der unaufgeklärt repressiven Situation des Bürgers zur Mitte des 18. Jahrhunderts (Szene 2: *Vor dem Tor*, Szene 5: *Auerbachs Keller*, Szene 17: *Am Brunnen*, Szene 19: *Nacht*), Darstellung ihrer individuellen Folgen: Dramaturgie des Leids
Politik	weitgehend entpolitisiert: Verhältnisse zur Französischen Revolution nur in Andeutungen, zeitgenössische patriotische nachnapoleonische Zeitströmungen fehlen; gleichwohl in der Rezeption zur nationalpolitischen Leitfigur instrumentalisiert (wilhelminischer und nationalsozialistischer Imperialismus)
Geschichte	symbolische Entwicklungsgeschichte (Religion, Wissenschaft) des Menschen bis zum Eintritt ins technische Zeitalter (*Faust I* und *II*)
Gender	männliche Dominanz: trotz moralischer Bedenken letztlich rücksichtslose Durchsetzung eigener Interessen; weibliche Unterlegenheit: opferhafte Gefangenheit im traditionellen religiösen und sozialen System
Literaturepoche	– Sturm und Drang: unbegrenztes Fühlen und Wollen (z. B.: Szene 23: *Trüber Tag. Feld)* – Klassik: Einsicht in die menschlichen Grenzen – Romantik: universalpoetische Formenvielfalt der Gestaltung

Gemeinsamer Kern aller *Faust*-Deutungen

Es ist erstaunlich, dass sich die unüberschaubare Zahl der Interpretationen hinsichtlich der Gesamtinterpretation von *Faust I* im Grunde einig ist: Das Gelehrtendrama zeigt das Scheitern des Menschen in seinem grenzenlosen Streben nach Wissen, und das Gretchendrama verweist auf die Problematik der Kindsmörderin Margarete, die – um es mit Mephisto zu sagen – die Liebe als das Gute will, doch dabei das Böse schafft:

Vergiftung der Mutter, Ertränkung des Kindes, Tod des Bruders. Es ist der Goetheschen poetischen Gerechtigkeit zu verdanken, dass Gretchen im religiösen Rahmen des Dramas letztlich gerettet wird.

Gleichwohl wuchern die Deutungen und Darstellungen zu Goethes *Faust* ungehemmt. Das liegt vor allem an der Vielschichtigkeit von Goethes poetologischem Zugriff, die immer wieder Neues entdecken lässt oder bereits Entdecktes in ein neues Licht rückt.

Biografischer Aspekt

Der **biografische Aspekt** erhellt, in welchem Maße Erlebnisse und Erfahrungen in Goethes Werk vom Dichter verarbeitet worden sind, und umgekehrt, in welcher Weise das Werk Aufschluss gibt über das jeweilige Bewusstsein und die Denkweisen des an dem Werk arbeitenden Dichters. Dieser Aspekt ist wie der der **Wirklichkeitsbezüge** eher positivistischer Natur (d. h., er beschränkt sich auf Fakten und Dokumente) und für die philologische Forschung zwar von Interesse, spielt aber für die Schule erfahrungsgemäß eine geringere Rolle. Generalisierend kann man sich aber wohl dem Urteil Gerhart Hauptmanns anschließen, der meinte: „Goethe ist Faust, (…), wenn auch Faust nicht überall identisch mit der Persönlichkeit Goethe ist.“[6]

Intertextuelle Bezüge

Wissenschaftlich von eminenter Bedeutung sind die **intertextuellen Bezüge** des Dramas, an denen man erkennen kann, inwieweit es mit der europäischen Literatur vernetzt ist. Dieses Bezugsnetz ist von Goethe dermaßen fein und weit gesponnen, dass es sich – von wenigen begrenzten Ausnahmen abgesehen – einem schulischen Zugang entziehen dürfte, während es ein ergiebiges Arbeitsfeld der vergleichenden Literaturwissenschaft darstellt.

Ästhetischer Aspekt

Interessanter für eine schulische Betrachtung ist der **ästhetische Aspekt** mit der Fragestellung, inwieweit das von Goethe angewandte poetologische Konzept im Einklang steht mit der dramaturgischen Tradition. Es gilt festzustellen, dass Goethe sich sehr weit vom strengen Konzept des aristotelischen Theaters mit seinen drei Einheiten, wie es von der französischen Dramaturgie eines Nicolas Boileau (*Art poétique*, 1669–74) festgeschrieben war, gelöst hat und mit den dramaturgischen Freiheiten spielt, mit denen Shakespeare das europäische Theater revolutioniert hat. So kommt es einerseits zu einer Mischform, der sowohl Elemente der alle Regeln verwerfenden Genialität des Sturm und Drang zuzuordnen sind, als auch, vor allem in der Sprachform des Verses, unübersehbare Merkmale der Klassik. Die vielen unterschiedlichen Zugriffe, die Goethe im Laufe seiner Auseinandersetzung mit dem Drama getätigt hat und die ihn das Werk auch als Libretto für eine Oper betrachten lassen wollten, haben eine einheitliche Oberflächengestaltung verhindert, so Goethe sie denn je verfolgt haben sollte. Schließlich hat er die synkretistische (vermischende) Not der Unterschiedlichkeiten und Unabgestimmtheiten zur Tugend erklärt und selbst das so belassen, was er selbst als sperrig und widersprüchlich erkannt hat. Das legt die eine Gruppe der Interpreten als Makel aus („Fragmentisten“), während die anderen das Werk, so wie es ist, als Kunstwerk akzeptieren („Unitarier“). Diese Wertdiskussion ist für die Schule weitgehend obsolet. Interessant ist es aber herauszustellen, dass Goethe im *Faust* bereits viele Elemente entwickelt hat, die das Gesicht des heutigen, modernen Theaters prägen: Stationendrama, Bilderfolge, anachronistische Verschnittformen, postmoderne Stilmischungen etc.

---

6 Gerhart Hauptmann: *Goethe* (Rede, gehalten an der Columbia-Universität zu New York am 1. März 1932). In: Ders.: Sämtliche Werke. Hrsg. von Hans-Egon Hass, Bd. VI, Berlin: Propyläen, 1966, S. 836–858, hier S. 840.

Religiöser Aspekt

Inhaltliche Deutungen ergehen sich häufig in Teilaspekten. Einer davon ist **der religiöse Aspekt.** Goethe entzieht sich der Gefahr, in seinem Werk auf eine religiöse Einstellung festgelegt zu werden dadurch, dass er mehrere religiöse Haltungen unverbunden und unverglichen nebeneinanderstellt, ja sie in gewisser Weise sogar historisch ordnet und damit so etwas wie eine Entwicklungsgeschichte des menschlichen Gottesbezuges nachzeichnet:

- ausgehend von den archaischen Vorstellungen einer Naturreligion, in denen der Gottesbegriff vor allem dazu diente, die Ordnung des Kosmos zu erklären,
- über die alttestamentarische Gesetzreligion, in der ein auserwähltes Volk Unterwerfung und Gehorsam schuldet,
- und den neutestamentarischen Offenbarungsglauben an die Erlösung des gläubigen Individuums
- bis hin zu der im Sturm und Drang als Gegenbewegung zur nüchternen Reformation aufflammenden Empfindungsreligion des Pietismus, die das eigene Gefühl zum göttlichen Erlebnis werden lässt,
- und dem sich im Zuge der Aufklärung von der Institution der Kirche lösenden Pantheismus, nach dem der Mensch sich als Teil eines überall in der Natur wirkenden Gottes begreift.

DER ASPEKT DER RELIGION

Religionsart	Religionsform	Religionsinhalt
Naturreligion	Animismus primitiver Völker	Götter und Geisterkräfte erklären die Naturphänomene.
Gesetzreligion	Altes Testament	Ein übermächtiger „Herrgott" verlangt Gehorsam gegenüber seinen Gesetzen.
Offenbarungsreligion	Neues Testament	Gott offenbart sich dem Gläubigen unmittelbar.
	Pantheismus	Gott offenbart sich in der Natur.
	Pietismus (Sturm und Drang)	Gott offenbart sich in der Liebe.

Schaubild 8: Der Aspekt der Religion

Auf der höheren Ebene des Prologs im Himmel enthüllt sich ein weiterer optimistischer religiöser Aspekt: **Mephisto** ist der Diener des Herrn, das Böse ist notwendiger Bestandteil des prästabiliert Guten[7], weil es durch seine zerstörerische Kraft Veränderung, Entwicklung und Neubeginn ermöglicht. An diesem Prozess sind auch Menschen wie Faust beteiligt, weil sie trotz ihrer – auch religiösen – Irrungen und Fehlschläge durch ihr unermüdliches Streben an der göttlichen Entelechie (Selbstvollendung) der Welt mitwirken.

---

7 Prästabilierte Harmonie: nach Leibniz von Gott im Voraus festgelegte harmonische Übereinstimmung von Körper und Seele.

Eng mit dem religiösen Aspekt ist der der **Magie** verbunden. Wo die Wunder der himmlischen Mächte nicht ausreichen, werden die dunklen Wirkungsmächte beschworen, seien es die Kräfte der Natur und des Kosmos, die man sich in anthropomorpher Analogie zu den Geistwesen der Engel als dämonenhafte Geister vorstellt (weiße Magie), seien es die obskuren Mächte des Bösen, die in Teufels- und Hexengestalt ihre Zauberkraft entfalten. Auch das scheinbar unschuldige Blumenorakel, dem Gretchen sich unterwirft, ist letztlich eine Anrufung okkulter Kräfte, die mehr wissen und bewirken können als der Mensch.

Magie

Damit ist die Problematik des Dramas angesprochen, die sich unter dem **Aspekt der Erkenntnistheorie** und der **Wissenschaftslehre** verbirgt. Seit Adam und Eva der biblischen Geschichte nach den Apfel vom Baum der Erkenntnis gegessen haben, strebt der Mensch nach Erkenntnis. Das Streben nach Wissen ist gleichsam der **den Menschen selbst definierende geistige Trieb**, und der Besitz von Wissen eine den Menschen in seiner Gesellschaft verortende Macht. Die Begrenztheiten des Menschen, die Kürze seiner Lebensdauer, die Unvollkommenheit seiner intellektuellen Fähigkeiten und die mit jedem Erkenntnisgewinn anwachsende Menge des weiterhin zu erwerbenden Wissens lassen ihn bei dem Versuch scheitern, in den Besitz der Wahrheit zu gelangen, sowohl des qualitativ absoluten Wissens als auch des quantitativ absoluten Wissens. An dieser Aporie droht der gelehrte Wissenschaftler Faust psychisch und physisch zu zerbrechen. Sein verbissenes Streben nach einer übermenschlichen Größe des Wissens ist aber auch Ausdruck eines Egoismus, der sich in Selbsttäuschung verirrt und selbst vergöttert. Andererseits weiß Faust aber auch, dass eine Rückkehr zu der voraufklärerischen Problemlosigkeit und fraglosen Akzeptanz des Bestehenden, die ihn für Augenblicke in der Erinnerung an seine Jugend emotional beheimaten, nicht mehr möglich ist. Als er sich damit abfindet, braucht er allerdings einen neuen Sinn des Lebens, ein neues absolutes Ziel. Das glaubt Mephisto irrigerweise, ihm im sinnlichen Genuss aufzeigen zu können.

Wissenschaftslehre (Epistemologie)

Fausts Schüler Wagner repräsentiert demgegenüber den noch eher im mittelalterlichen Denken verhafteten rational-kalten Gelehrtentypus des Humanismus, der selbstsicher, unkritisch und von Erkenntnisoptimismus beseelt, einem rein deduktiven Wissenschaftsbild verhaftet ist.

VERGLEICH DER WISSENSCHAFTSEINSTELLUNGEN

Kriterium	Faust	Wagner
Einstellung zur Wissenschaft	kritisch bis skeptisch	überzeugt und genügsam
Einstellung zur Methodik	Erkenntnisgewinn über Experiment und Naturforschung	Erkenntnisgewinn über das Studium vorhandener Texte
Einstellung zur Rhetorik	erkenntnishemmendes Sprachdekor	erkenntnisfördernde Sprachform
Einstellung zur Moral	nicht durch Texte lehrbar	durch Texte lehrbar
Motivation	Erforschung des Unbekannten	Aneignung des Vorhandenen
Ziel	Ausdehnung und Überschreitung der bisherigen Wissensgrenzen	vollständige Aneignung des tradiert vorhandenen Wissens

Schaubild 9: Vergleich der Wissenschaftseinstellungen

Anthropologischer Aspekt

Die weitaus geläufigste Deutung des *Faust* legt einen **anthropologischen Aspekt** an. Faust ist in Goethes Drama nicht mehr (nur) der historische Quacksalber des 16. Jahrhunderts, sondern repräsentiert den gebildeten europäischen Menschen seiner Zeit. Da er aber nicht auf die Zeit der Renaissance festgelegt ist, sondern aller Zeiten enthoben scheint, wird er zur männlichen **Symbolfigur des in die Zukunft aufbrechenden Menschen** schlechthin. Es ist der ambitionierte Mensch, der sich verwirklichen will, seine Möglichkeiten bis an die Grenzen ausschöpfen, sie sogar überschreiten will. Es ist der ruhelose Mensch, der hinter jedem erreichten Ziel ein neues ausmacht, hinter jedem Horizont einen neuen entdeckt und nie an einen befriedigenden Endzustand gelangt. Deshalb ist dieser abstrahierte Mensch auch kein vollkommener Mensch, sondern einer, der nach Vollkommenheit strebt, ohne sie je zu erreichen. Und das macht die zentrale Erfahrung seines Lebens aus: dass es für den Menschen **keine Vollkommenheit** gibt. Faust erfährt dies in insgesamt siebenfacher Weise, die gemeinsam die Conditio humana, die menschlichen Grundbedingungen, erhellen; nur zwei davon, die anthropologisch analytischen, werden im ersten Teil des Dramas zur Sprache gebracht. Diese beiden – Faust nennt sie die „zwei Seelen“ (1112) in seiner Brust – sind nicht dem traditionellen religiös orientierten Dualismus entsprechend Leib und Seele, sondern in aufgeklärt anthropologischem Zugriff **Verstand und Gefühl** und bilden in komplementärer Einheit die binäre Grundopposition des Menschen. Faust erlebt die in beiden Bereichen treibende Kraft, die Platon identisch **„Eros“** nannte: das intellektuelle Streben und den emotionalen Trieb. Es ist der Antrieb, der den Menschen in der Geschlechtsliebe zum Schönen führt und im Geistigen sich nach Wahrheit, Selbstvervollkommnung und Unsterblichkeit sehnen lässt. Da Faust aber beides in absoluter Totalität will, erfährt er im ersten Teil des Dramas sowohl die Unvollkommenheit der menschlichen Erkenntnisfähigkeit (Gelehrtendrama) als auch die Unvollkommenheit des Glücksgefühls (Gretchendrama). Der Grund für dieses Unvollkommenheitserlebnis liegt in der Vermessenheit des Ehrgeizes (Hybris), der Gier nach Wachstum, in dem Stolz, selbst das Unmögliche und Trans-Intelligible (dem menschlichen Intellekt sich Entziehende) herausfordern zu können, und in dem Mangel an demütiger Bescheidung, die unsere Erfolge in Niederlagen wandeln und unsere Leistungen in Versagen. So lernt Faust das **Scheitern als ein wesentliches Kennzeichen menschlicher Tätigkeit** kennen, auch wenn es ihm zunächst gelingt, mit Mephistos Hilfe den Konsequenzen dieser Erkenntnis auszuweichen, indem er sich wiederholt einer völlig anders gearteten Herausforderung stellt.

DIE ROLLE DES EROS (STREBENS)

Eros (Platon)	Form	Ziel	Faust I
rational	Streben nach Wissen und Erkenntnis	Wahrheit Vervollkommnung	Gelehrtendrama
emotional	Streben nach Empfindung und Gefühl	Liebe (Ästhetik) Erfüllung	Gretchendrama

Schaubild 10: Die Rolle des Eros (Strebens)

Dieser anthropologische Aspekt ist eng verknüpft mit dem **Aspekt der Naturphilosophie**. Fausts Naturverständnis schwankt zwischen einer mittelalterlichen Auffassung, nach der die sich selbst produzierende **Natur sichtbar auf Gott verweist**, falls sie nicht selbst Gott ist (Pantheismus), und einem Naturverständnis, das bereits romantisch gefärbt ist. Dieses Verständnis zeichnet eine Natur, die alle Phänomene auch in ihrer Gegensätzlichkeit von Leben und Zerstörung, Ordnung und Chaos ausgleicht und vereint und die über das Atmosphärische ihrer Erscheinung nicht nur rational, sondern auch über Empfindungen, Visionen und Imaginationen erfahren werden kann. Das macht zweierlei erklärbar: Erstens, warum Faust, der den Menschen als Teil der Natur sieht, gerade über die Beschwörung der Naturgeister glaubt, in Erfahrung bringen zu können, „was die Welt im Innersten zusammenhält" (382 f.). Und zweitens, warum Faust als Repräsentant der höchsten Entwicklungsstufe der organischen Schöpfung ein so **sympathetisches Naturgefühl** besitzt und selbst eine so lebendige und kraftvolle Verkörperung der Natur darstellt.

Aspekt der Naturphilosophie

Ein weiterer philosophischer Aspekt beleuchtet Fausts **Verhältnis zur Zeit.** In der Beschwörung des Erdgeistes erfährt Faust, dass auch eine objektive Erfahrung der Zeit, wie er sie sich wünscht, für den Menschen nicht möglich ist. Der Mensch bleibt auf ein subjektives Zeiterleben begrenzt, auf eine zeitliche Momentaufnahme, da er weder die Vergangenheit noch die Zukunft zeitlich erleben, sondern sie nur als Projektionen seiner momentanen Situation entwerfen kann. Auch von Mephisto kann Faust keine Hilfe erwarten, da es dessen Interesse ist, alles wie in einer Entropie (nichtumkehrbarer Verfallsprozess) zu Grunde gehen zu lassen (1339 ff., 1357 f.). Da Mephisto aber ebenfalls nicht über die Zeit verfügen kann, muss er sich darauf beschränken, ihr inhaltliches Geschehen zu entwerten. Damit verfolgt er genau das umgekehrte Ziel, das Faust anstrebt, der in seiner Wette mit Mephisto den leiblichen Tod nur in Kauf nimmt, falls ihm eine Art intellektueller Tod vergönnt ist, d. h. falls sein Erlebniswille ersterben und seine Neugier auf die vermuteten Werte des Erlebenkönnens zum Erliegen kommen sollte.

Aspekt der Zeit

Man könnte annehmen, der **psychologische Aspekt** sei von geringerer Bedeutung: Goethe zeichnet seine Hauptfigur vornehmlich als Mann ohne besondere individuelle Eigenschaften. Auch Gretchen und Marthe werden mehr geschlechtsspezifisch als individuell charakterisiert. Hier spürt man deutlich Goethes Absicht zur Verallgemeinerung, Stilisierung und Typisierung. Aber genau das enthebt sie auch aller Zeitgebundenheit. Sie bleiben glaubhaft und nachvollziehbar, weil sie keine Idealfiguren sind, sondern allzumal gebrochene Figuren. Allen gemeinsam ist ihr **Mangel an innerer Stabilität**. Sie sind alle verführbar und erliegen ihren Interessen.

Psychologischer Aspekt

- Faust ist bereit, sein Leben für die Befriedigung seiner Interessen hinzugeben (Teufelspakt), und wirft für die Befriedigung seiner sexuellen Lust alle moralischen Bedenken hinsichtlich der Konsequenzen für Gretchen und ihre Mutter über Bord. Sein Streben nach Selbstverwirklichung und -vervollkommnung erlaubt es ihm nicht einmal, sich dauerhaft an Gretchen zu binden. Darin besteht auf seiner Seite die Tragik dieses Liebesverhältnisses, der er sich auch nicht durch Flucht entziehen kann.
- Gretchen wiederum ist bereit, sich der strengen Aufsicht ihrer Mutter zu entziehen, um mit den Schmuckgeschenken oberflächlich ihrer Eitelkeit zu huldigen.

Auch ist ihre Liebe zu Faust nicht frei vom egoistischen Traum des sozialen Aufstiegs. Die Tragik ihrer Liebesbeziehung zu Faust besteht darin, dass sie den intellektuellen Niveauunterschied zu Faust erkennt und ahnt, dass all ihre Gefühlstiefe und Opferbereitschaft nicht ausreichen, um mit dem mit Mephisto verbundenen Faust eine tragfähige und belastbare Zukunftsharmonie zu entwickeln.

- Ihre Nachbarin Marthe stellt endlich ein selbst den Teufel erschreckendes Paradebeispiel für innere Flexibilität dar und bietet ihre Korrumpierbarkeit sogar fast unverhohlen feil.

Interessant wird der psychologische Aspekt auch, wenn man das Verhältnis Faust – Mephisto betrachtet. Unterstellt man nämlich, dass **Mephisto** gar keine eigenständige Figur ist, sondern lediglich die **Verkörperung einer Teilidentität Fausts**, könnte man Mephisto auch deuten als Summierung dessen, was Faust eher unbewusst will und wünscht, gleichsam als sein unbewusstes Es. Man muss diesen psychoanalytischen Ansatz aber gar nicht teilen, um zu erkennen, dass zwischen Faust und Mephisto ein partnerschaftliches Verhältnis vorliegt, in dem die jeweilige Führungsrolle durchaus wechselt. Beide Figuren stehen in einem reziproken (wechselbezüglichen) Komplementärverhältnis, in dem die Ernsthaftigkeit Fausts durch Mephisto ironisiert wird. Dieses Verständnis wird dadurch gestützt, dass **auch Gretchen ein Doppelwesen** ist, sie ist sogar doppelt gespalten. Das eine Wesen wird vom Autor Margarete genannt, das andere Gretchen, von dem sich in der Szene 20: *Im Dom* auch noch das schlechte Gewissen in Form des „bösen Geistes" ablöst. Auch hier sind die Übergänge letztlich fließend. Als Margarete ist sie das eher sitt- und tugendsame Mädchen, das verankert in den Moralkodizes von Kirche und Gesellschaft sich letztlich des rechten Weges bewusst bleibt und deshalb die Gnade der himmlischen Gerechtigkeit erfährt. Dies kann die irdische Gerechtigkeit dem ihrer natürlichen Leidenschaft folgenden Gretchen nicht gewähren, das in seiner menschlichen Schwäche in Handlungen einwilligt, die fatale Folgen für sie und ihre Nächsten zeitigen. Dass sie nicht einmal in schlechter Absicht handelt, trägt zu ihrer Tragik bei.

DIE PSYCHOLOGISCHE SPALTUNG DER HAUPTFIGUREN

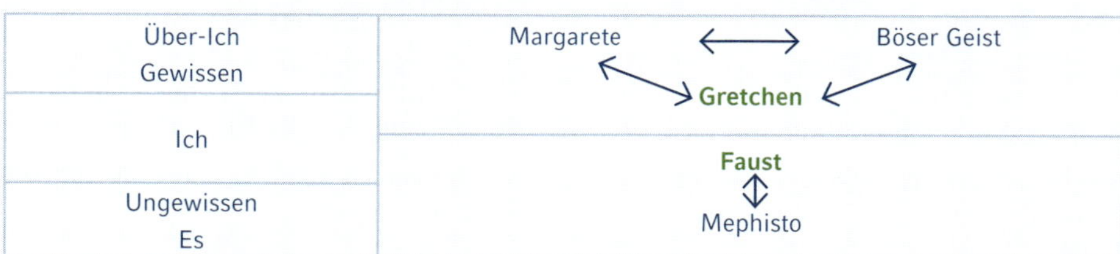

Schaubild 11: Die psychologische Spaltung der Hauptfiguren

Soziologischer Aspekt

Unter dem **soziologische Aspekt** liefert das Drama nicht, wie es in anderen zeitgenössischen Werken geschieht, eine kritische Analyse des bürgerlichen Milieus, sondern lässt sogar die soziale Situation recht vage. Das vom verstorbenen Vater hinterlassene Haus Gretchens, das Gärtchen vor der Stadt und das „hübsch(e) Vermögen" (3117 f.) verweisen weniger auf kleinbürgerliche Verhältnisse und eher auf eine solide Kleinstadtexistenz. Goethe beschränkt sich auf einen groben Entwurf des **bürgerlichen Mo-**

ralsystems, das sich von der Renaissance bis zur Mitte des 18. Jahrhunderts kaum gewandelt hat. Unaufgeklärt verharren die Menschen in abergläubischem Denken und sind der Dominanz der Kirche mit ihren Maximen unterworfen. Sie verstärken den repressiven Druck noch dadurch, dass sie sich wie Lieschen (Szene 17: *Am Brunnen*) oder Valentin (Szene 19: *Nacht*) mit Schadenfreude oder in Rechtfertigungsabsicht zum Anwalt dieser Maximen machen, das System mit schnellen Schuldzuweisungen stabilisieren und ohne Empathie eine öffentliche Ächtung durchführen, die einer sozialen Vernichtung derer gleichkommt, von denen sie sich philisterhaft abgrenzen. Da bedarf es der offiziellen Gerichtsbarkeit fast gar nicht mehr; zumindest tritt sie in Goethes Drama nur indirekt durch die Einkerkerung Gretchens in Erscheinung. Selbst das Todesurteil erfährt man aus dem Munde der Delinquentin, als bedürfe es angesichts einer solchen sich selbst strafenden Gesellschaft gar keiner Obrigkeit mehr. Umso mehr Wert legt Goethe darauf, die bitteren Stufen des Leids nachzuzeichnen, die Gretchen auf ihrem Lebensweg zu gehen hat. Damit umgeht Goethe die mögliche Problematik einer situationsunangemessenen Gesetzeslage und Rechtsprechung, die er als Mitglied des Weimarer Konsiliums sehr wohl gesehen hat, entpolitisiert die Thematik und verlagert den Fokus auf die rein **menschliche Sphäre** der Gewissensnot und des Leids.

GRETCHENS STEIGENDE GEWISSENSNOT

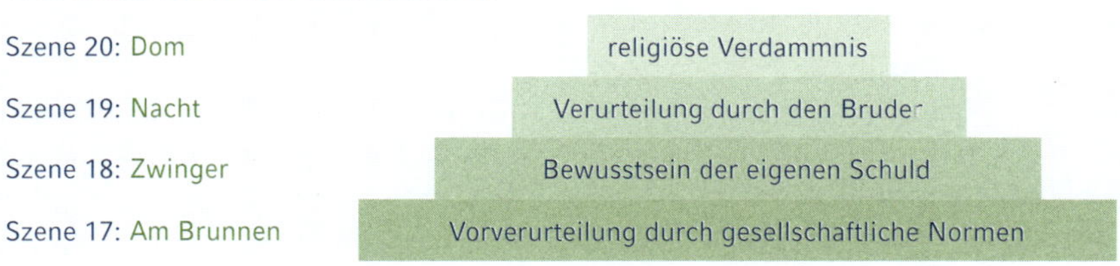

Schaubild 12: Gretchens steigende Gewissensnot

Politischer Aspekt

Die **Entpolitisierung** des Dramas, die sich so bereits soziologisch abzeichnet, wird unter dem **politischen Aspekt** noch deutlicher. Goethe vermeidet es, offen und direkt auf politische Verhältnisse und Probleme einzugehen, obwohl es deren zu Zeiten der Werkerstellung wahrlich genug gab. Er spricht aber weder die gesellschaftlichen Turbulenzen des 16. Jahrhunderts an, also die zur Lebenszeit des historischen Faust, noch die zeitgenössischen Großereignisse, Strömungen und Tendenzen wie z. B. die napoleonischen Kriege und die darauf antwortenden nationalen Freiheitsbestrebungen. Anspielungen auf Verhältnisse der Französischen Revolution finden sich nur versteckt in den Tendenzliedern der Studenten in *Auerbachs Keller* und zeitgenössische Kulturkritik kaum noch nachvollziehbar in den epigrammatischen Strophen des *Walpurgisnachtstraums*. Auch hier wird deutlich, dass es Goethe weniger um vergängliche tagespolitische Auseinandersetzungen ging, als um den Entwurf eines überzeitlich gültigen symbolhaften Welttheaters. Erst die Rezeption des Dramas in der wilhelminischen Ära und zur Zeit des Nationalsozialismus hat die Figur Faust politisiert und in verzerrender Deutung zum heldenhaften Übermenschen erhoben.

Historischer Aspekt

Der Globalanspruch des Dramas wirkt sich auch bei der Betrachtung des **historischen Aspekts** aus. Leider wird er im ersten Teil des *Faust* noch nicht so greifbar und deutet sich nur gelegentlich wie in der Skizzierung der **Religions- und Wissenschafts-**

geschichte an. Diese wird sogar doppelt dargeboten, nämlich einmal im Vorstellungsmonolog Fausts und dann in ihrer Travestie durch Mephisto gegenüber dem um Einführung in die Wissenschaften bittenden Schüler. In beiden Fällen aber behandelt Goethe nicht die sieben mittelalterlichen Artes liberales, die freien Künste, bestehend aus dem Quadrivium (Vierergruppe: Geometrie, Arithmetik, Astronomie und Harmonielehre) und dem Trivium (Dreiergruppe: Rhetorik, Grammatik, Dialektik), sondern vornehmlich die darauf aufbauenden Disziplinen Philosophie, Medizin, Jurisprudenz und Theologie. Ansätze zu einer modernen Wissenschaft, die sich kritisch auf in Experimenten gewonnene Erfahrungen gründet, werden von Faust aber bereits angestrebt (Textkritik bei der Bibelübersetzung, Flugwunsch) und sind vor allem in seinen magischen Versuchen erkennbar. Der Gelehrte Faust befindet sich gleichsam an der historischen Gelenkstelle des methodischen Umschlags vom akkumulativ-quantitativen zum innovativ-qualitativen Erkenntnisweg.

Genderaspekt

Es ist schon darauf hingewiesen worden, dass die Figuren des *Faust* weniger individuelle Charaktere sind als stilisierte, abstrahierte und in gewisser Weise auch idealisierte Repräsentationsfiguren. Deshalb ist der **Genderaspekt** auch ertragreicher als der psychologische. Goethe zeichnet seine Figuren ganz entsprechend der **Rollenbilder der Zeit**. Wenn man von Mephisto als teuflischem Zwitterwesen einmal absieht, ist Faust im ersten Teil des Dramas die dominierende männliche Figur. Dies ist sie umso mehr, je eher man geneigt ist, Mephisto nicht als eigenständige Figur aufzufassen, sondern als Alter-Faust, als schizoide Abspaltung einer Faustschen Teilidentität. Als solcher käme ihm die Funktion zu, Fausts „Un-Gewissen" zu verkörpern, zumal sich sein Gewissen nach der Rahmenaussage des Herrn im *Prolog im Himmel* ja „des rechten Weges wohl bewusst" ist (329). In beiden Fällen entsprechen die von Faust gezeigten Denk- und Verhaltensweisen den Erwartungen: Er ist dominant, durchsetzungswillig, beherrscht seine Umgebung und verfolgt seine Interessen egoistisch auch dann, wenn ihn die ihm bekannten Regeln der gültigen Moral und humane Empathie zu Bedenken und Selbstzweifel führen. Die **Rolle der Frau**, repräsentiert von Gretchen und Marthe, zeigt eine intellektuelle und soziale Unterlegenheit, die beide Vertreterinnen als Unschuld in Tugend zu verkehren versuchen. Während Gretchen am Konflikt ihrer Rollenzumutungen zerbricht, bemüht sich die erfahrenere Marthe durch geschickte Anpassungsstrategien die Lebenssituationen egoistisch für sich auszunutzen.

Literarhistorischer Aspekt

Stoffwahl und Problematik des Dramas ordnen es unter dem **literarhistorischen Aspekt** eindeutig der **Epoche des Sturm und Drang** zu, in der man gern die fortschrittlichen Gedanken der Befreiung des Individuums durch traditionelle Motive unterstützte. So wie die Figur des Prometheus den unabhängig selbstschöpferischen Menschen proklamierte, Spartacus dazu diente, die Befreiung von menschlicher Unterdrückung zu symbolisieren, und Götz von Berlichingen zum Rebell gegen fürstliche Willkür stilisiert wurde, so eignete sich der „Teufelskerl" Faust, auch alle anderen Fesseln der Lebensbeschränkung zu sprengen. Zudem reicht der Ursprung der Drama-Entstehung zurück bis in die Zeit, als Goethe an seinem Sturm und Drang-Roman *Die Leiden des jungen Werthers* arbeitete. Die **Epoche der Klassik** macht sich vor allem in der sprachlichen Umformung des Textes in Verse bemerkbar sowie in den der frühesten Fassung hinzugefügten Szenen und Szenenteilen. Dadurch dass Goethe dem Geschehen um seine Zentralgestalt Faust einen metaphysischen Rahmen verleiht, demzufolge Mephisto versucht, dem Herrn Faust zu entreißen, erfährt der aufklärerische Entgrenzungswille Fausts eine nicht unwesentliche Relativierung. Bereits Fausts Aufgabe des Suizids aufgrund österlich religiöser Gesänge ermöglicht es, Faust nicht mehr nur als bedingungslosen Verfechter einer Befreiung von allen menschlichen Bedingtheiten zu verstehen. Vielmehr deutet sich an, dass eine tiefe Verwurzelung in der Religion ihm helfen kann, seinen radikalen Egoismus zu überwinden. Dieser Egoismus umfasst sowohl seine Leidenschaft zur Erkenntnis als auch die zur Empfindung. Die Darstellung des Scheiterns beider Leidenschaften enthält insofern die Warnung, dass der Weg eines sich wie auch immer selbst vergötternden autonomen (eigenständigen) Individuums, wie es der Sturm und Drang propagierte, ein Irrweg ist.

Aufgrund der Mischform des Dramas, seiner vielformigen Gestaltung und seiner Anlage, all diese unterschiedlichen Darstellungsweisen und Aussageformen bis hin zur Musik in einem Werk miteinander zu verbinden, ist es auch möglich, es als universalpoetisches Werk im Sinne der einsetzenden **Romantik** aufzufassen.

2.2 STRUKTURELL UNTERSCHIEDLICHE ERZÄHLTEXTE AUS UNTERSCHIEDLICHEN HISTORISCHEN KONTEXTEN UNTER BERÜCKSICHTIGUNG IHRER POETOLOGISCHEN KONZEPTE

2.2.1 Poetologische Konzepte: Gattungen

Gattungen

Die narrative Literatur unterscheidet ihre Erzähltexte in der Regel nach der Länge. Zu den epischen Großformen gehören das Epos und der **Roman**, von mittlerer Länge sind die **Erzählung** und die **Novelle**. Aus diesen Formen werden zumeist die obligatorischen Texte ausgewählt. Die kürzeren Texte kommen als Kleinformen höchstens für die zu stellenden Prüfungsaufgaben in Betracht. Das sind vor allem die **Kurzgeschichte** im Grundkurs und die **Parabel** im Leistungskurs. Fabel und Anekdote kommen für den Grundkurs nur bedingt infrage; Kalendergeschichte, Märchen und Schwank dürften weitgehend unberücksichtigt bleiben.

Zweck des Romans

Im Allgemeinen ist der Zweck des **Romans** die Darstellung der Fülle und Vielfalt der Wirklichkeit in ihren allgemeinen und konkreten Bedingungen, der veränderlichen und problematischen Ordnungen und der verschiedenartigsten menschlichen Verhaltensweisen in Auseinandersetzung mit dieser Wirklichkeit. Aber auch das ist erst im Laufe der Jahrhunderte entstanden.

Übersicht: Entwicklung des Romans

Zeit	Darstellungs-schwerpunkt	Darstellungsziel	Darstellungs-verfahren
18. Jh.	Personwerdung, Individuation, Handlungsautonomie des Individuums	Förderung der Menschenkenntnis, Abbild einer sinnvollen Weltordnung	Entwicklung von Charakteren
19. Jh.	Zeitgeist, Sozialisation, Bildungsentwicklung des Individuums	Realität der Welt, anthropologische Invarianz des Humanen, Kritik sozialer Normen	epische Objektivität, Deskription
20. Jh.	Komplexität und Simultaneität der Welt, Verlorenheit des Individuums	Undurchschaubarkeit der Welt, Zweifel an anthropologischen Normen	psychische Zerrissenheit des Individuums aus der Innenansicht

Nachrealististischer Schreibstil

Das in der Abiturobligatorik angesprochene narrative Werk setzt erst mit dem nachrealistischen Schreibstil ein. **Theodor Fontane**, der wohl maßgebendste deutschsprachige Romancier des 19. Jahrhunderts, hat bereits 1875 in seiner Rezension zu Gustav

Freytags Roman *Die Ahnen* die Aufgabe des Romans dahingehend definiert, dass er dem Leser in der Widerspiegelung des wirklichen Lebens ein wahrhaftes Bild einer Zeit gebe. Damit wird eine Form von Gesellschaftsroman beschrieben, der es gelingt, beim Rezipienten die (von heute aus gesehen) filmähnliche, realistisch wirkende Vorstellung einer fiktiven Welt zu imaginieren. Die dazu benötigten Mittel sind ein festes Raum-Zeit-System, in das sich durch hinreichende, widerspruchsfreie und aufeinander abgestimmte Deskriptionen Figuren, Zustände und Handlungen hineindenken lassen. Zur Unterstützung der Vorstellung werden Wertungen und Kommentare eingeflochten. Zur Steigerung der Authentizität der Fiktion dienen Figurenreden und Wirklichkeitsdeiktika. Der in der Regel auktoriale Erzähler hält sich zurück, um dem Rezipienten eine möglichst ungebrochene Teilhabe an der Fiktion zu ermöglichen.

2.2.2 Bausteine der Erzähltheorie

Die Erzähltheorie untersucht vor allem die verallgemeinerbaren Elemente des Erzählens: die Erzählformen, die Erzählperspektive und die Darbietungsformen des Erzählens.

Übersicht: Erzählformen

Ich-Erzähler		subjektive Darstellung aus der Sicht des Erzählenden
Er-Erzähler	personaler Erzähler	subjektive, aber distanzierte Darstellung
	neutraler Erzähler	Versuch einer objektiven Darstellung
	auktorialer Erzähler	allwissender und allmächtiger Erzähler: darf alles, muss aber gar nichts
Sonderform	variabler Erzähler	Versuch einer Objektivierung der Darstellung durch mehrere Erzähler (polyperspektivisch)

Erzählperspektive

Welche Einstellung der Erzähler, gleichgültig um welche Art von Erzähler es sich handelt, zur Wirklichkeit hat, offenbart sich im Erzählerstandpunkt. Er umfasst gleichsam die Weltanschauung und Weltsicht des Erzählers, sein Erzählerbewusstsein, und enthält die Summe all seiner Einstellungen, Werte und Wissensvoraussetzungen. Sie werden deutlich an seinen Kommentaren, Urteilen und Bewertungen, an seinen wahrgenommenen und nicht wahrgenommenen Problemen, an seinem Erzählinteresse und seinen Erzählschwerpunkten. Gemessen am Zeitgeist einer bestimmten Epoche kann ein Erzähler also einen reaktionären, konservativen, zurückgebliebenen, zeitgemäßen, aufgeschlossenen, fortschrittlichen, unkonventionellen, revolutionären oder psychisch abweichenden Standpunkt einnehmen. Standpunkt des Erzählers

Übersicht: Raum-Zeit-System

Zeit	Zeit der Handlung	historischer Zeitpunkt, zu dem die Handlung angesiedelt worden ist, durch entsprechende Deiktika (Hinweise)
	Tempus	(in der Regel) episches Präteritum
	Erzählte Zeit	dargestellter Zeitraum
	Erzählzeit	Erzähl- und Rezeptionsdauer
	Zeitraffung	Erzählzeit < erzählte Zeit
	Zeitdeckung	Erzählzeit = erzählte Zeit
	Zeitdehnung	Erzählzeit > erzählte Zeit
Raum	geografischer Raum	Verortung in der Realität durch entsprechende Deiktika
	fiktiver Raum	erfundener Raum
	symbolischer Raum	Außenwelt = psychische Situation

Eine Erzählhandlung ist **tektonisch** aufgebaut, wenn die Handlungselemente spiegelsymmetrisch geordnet sind (z. B. Aufbruch – Werbung um eine Frau – Bewährung in Abenteuern – Annahme der Werbung – Heimkehr) oder eben **atektonisch**.

Lineares und analytisches Erzählen

Bei einem **linearen** Erzählen spricht man von einem **konsekutiven** Erzählen, wenn die Handlungsschritte zeitlich aufeinander folgen, und von einem **konsequentiellen** Erzählen, wenn sie logisch notwendig aneinandergereiht sind. Wird eine Handlung gleichsam rückwärts erzählt (z. B. in einem Krimi), so liegt ein **analytisches** Erzählen vor.

Übersicht: Darbietungsformen des Erzählens

Erzähler	Erzählbericht	Darstellung der Ereignisfolge
	Deskriptionen	Veranschaulichung des Erzählers
	Kommentare, Reflexionen	Erläuterungsformen des Erzählers
Figurenrede	direkte Rede	wörtliche Rede
	indirekte Rede	Wiedergabe der wörtlichen Rede durch den Erzähler
	innerer Monolog	Wiedergabe der Figurengedanken durch die Figur
	erlebte Rede	Wiedergabe der Figurengedanken durch den Erzähler
	stream of consciousness	untrennbare Koppelung von innerem Monolog und erlebter Rede

Erzähltechniken

Als besondere künstlerische Verfahren des Erzählens gelten: Verfremdungen, Parallelismen, Retardationen, Reihungen, Hervorhebungen, Rückblenden usw.

2.2.3 Fokus: Franz Kafka, *Die Verwandlung* (1912)[8]

Sozio-historischer Hintergrund

INFO

Übersicht: Epochenumbruch

Zeitspanne	1848–1933	
Politische Entwicklung	Gründung des Deutschen Reiches 1871; Politik des Imperialismus I. Weltkrieg: 1914–1918 Novemberrevolution 1918/19; Weimarer Republik: 1918–1933 Donaumonarchie Österreich-Ungarn: Zerfall der Nationengemeinschaft	
Wirtschaftliche Entwicklung	Aufschwung: Gründerjahre (1871–73), Fortschrittsoptimismus; Kriegsnöte; wirtschaftliche Wirren: steigende Arbeitslosigkeit, Weltwirtschaftskrise (1929)	
Geistesgeschichtliche Entwicklung	Fin-de-Siècle-Stimmung; Dominanz des naturwissenschaftlich-technischen Denkens; wachsender Nationalismus (Chauvinismus) und Antisemitismus schneller literarischer Epochenwechsel:	
	Realismus:	ästhetisierte Wirklichkeitsdarstellung
	Naturalismus:	Mensch als Produkt seiner Umwelt
	Impressionismus:	Ausdruck subjektiven Sinnesempfindens
	Symbolismus:	Betonung des Ästhetisch-Artifiziellen: L'art pour l'art
	Expressionismus/Dada:	ekstatisch-radikaler Ausdruck existenzieller Befindlichkeit/anarchisch antiästhetischer Protest
	Neue Sachlichkeit:	nüchterne Auseinandersetzung mit der Wirklichkeit

Allgemeine Verwirrung

Der Epochenumbruch 19./20. Jahrhundert umfasst den Zeitraum 1848 bis 1933, also von den Anfängen der Bestrebungen zu einem deutschen Nationalstaat bis zum Ende der Weimarer Republik bzw. zum Beginn des nationalsozialistischen Regimes. Der Umbruch ist nicht nur auf einen politischen oder intellektuell-ideologischen Wandel

8 Ausführlich: Volker Krischel: *Franz Kafka: Die Verwandlung*, Hollfeld: Bange Verlag, 5. Aufl. 2015 (Königs Erläuterungen Bd. 432).

zurückzuführen, sondern vor allem auch auf eine sich aus Unsicherheit und Neuorientierung ergebende Verwirrung. Geprägt ist diese Zeitspanne

- politisch von der Gründung und dem Zusammenbruch des Deutschen Reiches und dem Zerfall der österreichisch-ungarischen k. u. k-Monarchie sowie vom I. Weltkrieg und der Weimarer Republik,
- sozial vom Aufstieg des Bürgertums und dem Beginn einer sozialistischen und gewerkschaftlichen Bewegung, in Österreich zudem vom Autonomiestreben rivalisierender Nationalitäten
- wissenschaftlich von einer alle Sparten erfassenden rasanten technischen Entwicklung,
- ökonomisch vom globalen Kapitalismus und Imperialismus und deren Krisen und
- literarisch von der Entdeckung der biologischen, sozialen und psychologischen Voraussetzungen für die Handlungsweisen des Individuums.

Nachdem Preußen mit den Kriegen gegen Dänemark (1864), Österreich (1866) und Frankreich (1870/71) seine Vormachtstellung sowohl innerhalb Deutschlands als auch in der Mitte Europas behauptet hatte, war es 1871 zur Gründung des Deutschen Kaiserreiches gekommen. Auf **politischer Ebene** dominierten in einer Epoche der nationalstaatlichen Entwicklung territoriale Macht- und koloniale Einflussansprüche. Die europäischen Herrscher wetteiferten in nahezu anachronistischem Gebaren, traditionellen Riten und mittelalterlich anmutenden Szenarien und zeigten sich den politischen Anforderungen der Zeit persönlich nur bedingt gewachsen:

- In England führte Edward VII. ein beispiellos ausschweifendes Leben,
- in Russland hob sich Zar Nikolaus II. mit einem autokratischen Stil völlig vom Volk ab,
- in Belgien beutete Leopold II. ein ihm persönlich gehörendes Gebiet des Kongo zur Gewinnung von Kautschuk rücksichtslos aus, wobei vermutlich zehn Millionen Afrikaner getötet wurden,
- in Österreich-Ungarn kaschierte Kaiser Franz Josef I. die Zerstrittenheit seiner Habsburger Familie und das Freiheitsstreben der in seinem k. u. k.-Reich zusammengezwungenen Völkerschaften durch die Präsentation einer aufgeschlossenen und verständnisvollen Vaterfigur,
- in Deutschland bemühte sich Wilhelm II., die geburtsbedingte Verkümmerung seines linken Arms durch theatralische Männlichkeitsposen und operettenhafte Selbstdarstellungen zu kompensieren.

Gründerjahre

Das alles passte wenig in die Zeit einer dynamischen Expansion von Wirtschaft und Handel (Gründerjahre) und des Aufschwungs der technisch-industriellen Entwicklung. Nicht erst die Aufsehen erregende Pariser Weltausstellung von 1900 lenkte den Blick auf die neuen Möglichkeiten. Kühne Projekte wie der hölzerne Rollsteig der Gebrüder Lumière griffen weit in die Zukunft und nahmen die Laufbänder unserer heutigen Flughäfen vorweg. Mit dem Siegeszug von Elektrizität und Motoren kam es zur Entwicklung einer neuen Ära im Flottenbau, zur Neustrukturierung des Verkehrswesens, in denen Autos die Pferde ersetzten, zum Beginn der Luftfahrt und zu einer Veränderung der Arbeitsbedingungen: Stechuhr und Fließband wurden eingeführt, Frauen in der Schwerindustrie eingesetzt. Das Auto wurde zum Symbol der Zeitenwende, und in der industriellen Produktion war die Zeit plötzlich ein Wirtschaftsfaktor („Time is money").

Diese Entwicklungen machten die Einzelstaaten nicht nur wirtschaftlich stärker und politisch selbstbewusster, sondern führten zunehmend auch zu Interessenkonflikten und Konkurrenzsituationen. Den aufkeimenden Kriegsgefahren, die mit der im Ringen um Rohstoffe einsetzenden wirtschaftlichen Globalisierung wuchsen, versuchte man durch ein Netzwerk zwischenstaatlicher Bündnisse vorzubeugen. Das Attentat auf den österreichischen Thronfolger in Sarajewo 1914 zeigte jedoch, dass diese Bündnisse das Gegenteil zur Folge hatten: Man schlitterte in eine globale militärische Auseinandersetzung, **den Ersten Weltkrieg.** Die deutschen Kriegsfolgen – politischer Umbruch vom Kaiserreich zur Republik, Heimführung der Soldaten, Versorgungsengpässe und Reparationszahlungen (übrigens bis 2010) – sorgten für eine von mehreren Putschversuchen begleitete instabile innenpolitische Situation. Diese verschärfte sich nach nur kurzem Aufschwung (Goldene Zwanziger: 1924–1928) durch eine weltweite Wirtschaftskrise mit rasant steigender Inflation und Arbeitslosigkeit. Die Folgen waren eine politische Radikalisierung und bürgerkriegsähnliche Kämpfe zwischen ultralinken und -rechten Strömungen, denen die sich schnell abwechselnden Regierungen der Weimarer Republik nicht gewachsen waren.

Scheitern der Bündnissysteme

Gesellschaftlich hatte die Realpolitik des Kaiserreichs manche demokratische Hoffnungen nicht erfüllt und zu einer klar gegliederten Gesellschaftshierarchie geführt. In ihr dominierte der Adel, kopiert vom fortschrittsgläubigen bourgeoisen Großbürgertum und gefolgt vom traditions- und kulturbewahrenden gehobenen Bildungsbürgertum, das aber infolge des wachsenden Werteverlusts an Bedeutung einbüßte und an Skepsis gewann. Die normale Bürgerschaft erhob sich über das Kleinbürgertum und das entstehende Industrieproletariat, das sich in den neuen Mietskasernen der wachsenden Großstädte sammelte, das soziale Elend in den Slums steigerte und die Armenküchen bevölkerte. Mit der einsetzenden Vermassung änderten sich auch die Lebensgewohnheiten der Menschen. Man trat Gewerkschaften bei, mit denen sich die eigenen Interessen besser vertreten ließen; Sportvereine schossen wie Pilze aus dem Boden und wurden zur Geburtsstätte eines Jugendwahns, der selbst die Jugendlichen zum gemeinsamen Massenturnen verlockte. Die neuen Verkehrsmittel und verbesserten Verkehrswege ermöglichten erstmalig Reisen, Urlaube und Vergnügungsfahrten und begründeten ein freieres Lebensbewusstsein und erweitertes Erlebnisbedürfnis.

Erwartung einer Apokalypse

Die **mentale Entwicklung des Zeitgeistes** in dieser Zeitspanne durchlief unterschiedliche Stadien. Der mit der nationalen Identifizierung gewachsene Nationalstolz setzte dem dekadent melancholischen bis morbiden Fin-de-Siècle-Gefühl ein Ende und verblutete zunächst einmal im Ersten Weltkrieg. Wie selten zuvor gab es so viele Gründe, optimistisch zu sein, aber wie selten zuvor waren die Menschen von so tiefer Skepsis erfüllt. Die Ahnung, wenn nicht gar Erwartung einer drohenden Apokalypse schlug vor allem die jungen Menschen bereits vor Kriegsausbruch im August 1914 in einen nervösen Bann. Der bereits vor der Jahrhundertwende einsetzende Rationalismus, der sich auf naturwissenschaftliche Erkenntnisse und zivilisatorische Neuerungen stützte, verstieg sich zu einem Rausch der Möglichkeiten. Zahlreiche grundlegende physikalische und chemische Entdeckungen förderten die Vorstellung einer durch und durch bewegten Welt, die zu permanenter Veränderung und Erneuerung aufrief. Der Film als neue Kunstform zog die Menschen in die Kinos und schuf eine neue Erfahrungsgemeinschaft, Massenmedien wie die neue Schallplatte fanden begeisterten Zuspruch,

Überforderung und Verängstigung

erstmals eröffnete Kaufhäuser versprachen ein diesseitiges Paradies des Konsums und kamen der Kundschaft schnell mit Konfektionsproduktion, Versandhandel und Ratenzahlung entgegen. Aber die Menschen waren von diesem neuen Tempo geistig und psychisch überfordert und reagierten mit Verängstigung.

Der sich aus den Krisen zu Beginn des Jahrhunderts ergebende Ruf nach einer Art „Menschheitsdämmerung“ (so der Titel einer expressionistischen Lyrik-Anthologie aus dem Jahr 1919), nach einer Erneuerung des Menschen und einer neuen Sinnsetzung des Lebens fand in der **Eugenik** (Erbgesundheitsforschung) nicht nur in Deutschland einen zweifelhaften Niederschlag. Man berauschte sich an dem Gedanken, durch Züchtung einen neuen hochbegabten Menschen schaffen zu können, bemerkte aber nicht, wie ethisch rückschrittlich diese als progressiv empfundenen Gedanken waren. Die Gedanken der **Rassenhygiene** und antisemitische Strömungen, besonders in Wien, schürten bereits nach 1900 jenen sozialen Hass, dessen sich Hitler später zu Durchsetzung seiner Ziele systematisch bedienen sollte.

Die ungelöste Rolle der Frau

Ungelöst blieb auch die veränderte Rolle der Frau in der Gesellschaft. Obwohl in der Industrie als Arbeitskräfte massenhaft eingesetzt, verweigerte man ihnen als Menschen zweiter Klasse den gerechten Lohn. Die politischen Forderungen der **Suffragetten** (Frauenrechtlerinnen) nach Wahlrecht und Mitbestimmung scheiterten zunächst, und auch in der individuellen Veränderung des weiblichen Selbstbewusstseins witterte man Gefahren. Aus moralischen Gründen wollte man den Frauen das Ablegen des Korsetts ebenso verbieten wie das Fahrradfahren. Die Männer hatten Angst vor der Bedrohung durch deren neues Selbstverständnis, gar vor einer sexuellen Revolution, und stürzten sich durch die Wiederbelebung von Duellen und repräsentative Sportlichkeit (etwa durch Erfindung des Bodybuildings) in einen **neuen Männlichkeitskult**. Das futuristische Manifest des Italieners F. T. Marinetti (1909) steigerte diesen Maskulinismus zu einer Verherrlichung des Mannes, des Krieges und der Geschwindigkeit und wurde zum ungewollten Wegbereiter des Faschismus.

Zwischen Hysterie und Neurasthenie

Die psychische Zerrissenheit der Menschen gebar selbst **neue Krankheitsformen**: Die Hysterie, vor allem bei Frauen, wurde ebenso sehr zur Volkskrankheit wie die Erschöpfungsdepression – von Versagensängsten in neu geschaffenen Großbüros hervorgerufen –, die man Neurasthenie nannte. Daneben waren die Infektionskrankheiten Syphilis und die besonders in den ärmeren Schichten grassierende Tuberkulose die gefürchteten Hauptseuchen der Zeit. Noch vor der Jahrhundertwende war in Deutschland jeder zweite Todesfall der Menschen zwischen 18 und 40 Jahren auf die Schwindsucht genannte Krankheit zurückzuführen. Erst mit dem Erfolg der bakteriologischen Forschung und der Entwicklung von Penicillin und anderer Antibiotika zu Beginn des neuen Jahrhunderts konnte man gezielt gegen beide Krankheiten vorgehen.

Das alles stürzte zunächst mit dem Ausbruch des Ersten Weltkriegs zusammen. Die kurze Zeit der jungen Republik nach 1918 versuchte an dem Lebenstempo vor dem Krieg anzuknüpfen und entwickelte ein sehr vitales kulturelles Leben mit Berlin als dessen künstlerischer Metropole. Die wilde Ausgelassenheit der einen neuen libertinösen Lebensstil propagierenden „Goldenen Zwanziger Jahre“ war jedoch nur ein währungsbedingt kurzlebiger Tanz auf dem Vulkan, der in Berlin mit seinen politisch orientierten Kabaretts für Furore sorgte, aber ansonsten wenig repräsentativ war. Die ernüchternde wirtschaftliche Entwicklung dämpfte letztlich alle optimistischen Gefühle zu einer sach-

Goldene Zwanziger

lichen, wenn nicht gar besorgten Betrachtung der Realität, der man höchstens noch mit distanzierendem Humor die Stirn bieten konnte.

Betrachtet man die geistesgeschichtliche Entwicklung der literarhistorischen Epochen, so erkennt man deutlich eine Beschleunigung in den Wechseln. Der poetische Realismus (1848–1890) bestimmt noch die gesamte zweite Hälfte des 19. Jahrhunderts. Seine Autoren stellen die gesellschaftlichen Verhältnisse des Menschen in zumeist narrativen Werken poetisch verklärt dar. In ihren Fiktionen finden die Realisten wegen ihres Verzichts auf anklagende Schärfe nur zu einer eingeschränkt distanzierten Analyse, die oft noch durch Humor oder Sentimentalität abgemildert wird. Als bedeutendster Autor ist hier vor allem Theodor Fontane (1819–1898) mit seinen Romanen *Effi Briest, Die Poggenpuhls, Frau Jenny Treibel* und *Der Stechlin* zu nennen. Der **Naturalismus (1880–1900)** holt die Verschärfung der Perspektive auf die Realität nach, indem er bevorzugt in Prosa und Drama ohne Rücksicht auf jedwede Empfindungsvorbehalte eine von ästhetischen Überlagerungen freie und bis in die Sprachverwendung deckungsgleiche Wiedergabe der Realität anstrebt. Die ästhetische Darstellung orientiert sich am positivistischen Verständnis des Menschen als Summe aus Erbe, Umwelt und geschichtlicher Situation und konzentriert sich auf die Abbildung der auf der Nachtseite des Lebens existierenden Menschen im Milieu von Not, Krankheit und Elend. Als Hauptvertreter werden Gerhart Hauptmann (1862–1946), Johannes Schlaf (1862–1941) und Arno Holz (1863–1929) angesehen.

Abbildung der Realität

Zu den **Gegenströmungen des Naturalismus** in der Zeit zwischen 1890 und 1910 zählen der Impressionismus, der Symbolismus, die Neuromantik, die Décadence, die Neuklassik und die Heimatkunst. Oft sind die verschiedenen Stile kaum voneinander zu trennen, weil sie sich in ihren Mitteln überschneiden oder die Autoren selbst sich der unterschiedlichen Mittel bedient haben. Alle genannten Stile eint die Absicht, in Abgrenzung zum Naturalismus der Subjektivität des Künstlers gegenüber der Wirklichkeit das Primat einzuräumen, um dem künstlerischen Empfinden der Realität Geltung zu verschaffen.

Stilpluralismus um 1900

- Der **Impressionismus** verfolgt dieses Ziel über einen möglichst differenzierten sprachlichen Ausdruck.
- Der **Symbolismus** bemüht sich in einer reinen Poesie (L'art pour l'art), mittels suggestiver symbolhafter Benennung der Dinge über sie hinauszuweisen und das Geheimnis ihres Wesens zu beschwören (Evokation).
- Die **Neuromantik** wendet sich von der Wirklichkeit ab und dem Historischen, Mythischen, Wunderbaren und Magischen zu.
- Die **Décadence** artikuliert im Bewusstsein ihrer endzeitlich verfeinerten und seelisch komplexen Situation einen kränklichen Schmerz des Verfalls.
- Die **Neuklassik** knüpft nicht nur formal an die Stilgesetze der Klassik an, sondern ringt zuvörderst um die in der Welt zu bewahrenden Werte.
- Die **Heimatkunst** schließlich knüpft mit ihren Bauerndramen und Dorfgeschichten beim Realismus an und wird nach 1933 als ein Mittel der nationalistischen Blut-und-Boden-Propaganda missbraucht.

Diese Zeit der Gegenströmungen zum Naturalismus war geprägt von einer Abkehr vom Bestehenden und speiste sich aus dem Mut, Neues zu wagen. Die Künstler versagten dem tradierten Publikumsgeschmack ihre Gefolgschaft und brachen mit vielen

Tabus: In der Musik fanden I. F. Strawinski, A. Berg und später die Musiker der Zwölftontechnik um A. Schönberg und die Wiener Schule zu völlig neuen Hörerlebnissen. In der Malerei begann W. Kandinsky ungegenständlich zu malen; E. Schiele schockierte die Betrachter, als er in einer Malerei der Entblößung die Privatheit der Intimität seiner Darstellung von Sexualität und Tod opferte; unter dem Einfluss der Psychologie S. Freuds und C. G. Jungs schreckte Schiele mit seinem hemmungslosen Blick auf den menschlichen Körper auch vor der Darstellung von Masturbation und Perversionen nicht zurück. Die Literatur konzentrierte sich in dieser Phase des künstlerischen Experiments auf eine Erneuerung der Sprache: der nur durch das Wort hervorgerufenen Assoziationen und neuer, ungewohnter Ausdrucksformen.

Schrei nach Erneuerung

Der **Expressionismus (1910–1925)** war somit eine unmittelbare Reaktion auf die Probleme und Krisen des beginnenden Jahrhunderts. Er war wie ein existenzieller Schrei nach Erneuerungen und gegen die zivilisatorischen Bedrängnisse der Zeit. In meist lyrischen Werken verstieg man sich zu kosmischen Entgrenzungen und ekstatischen Visionen und bewies die Wirkungsmacht seiner Ausdruckskraft durch Neologismen, neue Syntaxformen, eine imposante Bildhaftigkeit und klotzige Farbsymbolik. Dem neuen Geschwindigkeitsgefühl der Zeit versuchte man durch rigorose Verkürzungen und Simultaneitäten gerecht zu werden. Die Lyriker Ernst Stadler (1883–1914) und Georg Heym (1887–1912), die Dramatiker Georg Kaiser (1878–1945) und Ernst Toller (1893–1939) und der Epiker Alfred Döblin (1878–1957) ragen heraus. Im **Dadaismus (1916–1924)**, einer anarchisch-spöttischen anti-bürgerlichen Bewegung, begehrte man selbst gegen die Etymologie der Sprache auf, befreite sie von allen Grundsätzen, weil es keine gäbe, und fand zu artistischen und vom Zufall abhängenden Sprachspielereien.

Unter dem Begriff der **Neuen Sachlichkeit (1923–1933)** wurde dann in der **Literatur der Weimarer Zeit** mit einiger Vergröberung zumeist all das zusammengefasst, was sich gegen das Pathos dieses Expressionismus wendete.

Berlin und Wien

Als **Zentren dieser Entwicklungen** hoben sich Wien, Berlin und Prag hervor. In der rasant anwachsenden Metropole Berlin dominierten die sozialen Fragen der Verstädterung und die Probleme der Technisierung. Wien und Prag wurden vor allem von den spannungsvollen Gegensätzen der verschiedenen religiösen und nationalistischen Interessen beherrscht, die gegen das unsichere System von Ordnungs-, Hierarchie- und Rechtsgrundsätzen in der sich auflösenden k. u. k.-Monarchie Österreich-Ungarn aufbegehrten. So sammelten sich die jungen Autoren in literarischen Zirkeln: in Wien im sogenannten Jung-Wiener Kreis um die Autoren von Hugo von Hofmannsthal, Arthur Schnitzler und Hermann Bahr, in Prag in

Prag

- der vom Ostjudentum geprägten Ghettoliteratur,
- dem eher der Tradition verpflichteten *Verein deutscher Schriftsteller und Künstler in Böhmen Concordia*,
- der sich am Jugendstil orientierenden Gruppe *Jung-Prag* und
- dem sogenannten Prager Kreis, einer Gemeinschaft vorwiegend deutsch-jüdischer Schriftsteller wie Max Brod, Franz Werfel, Oskar Baum, Paul Kornfeld und Franz Kafka, die stärker dem Expressionismus zuneigten.

Aus Prag, der ehemals deutschen Hauptstadt Böhmens und einem alten Zentrum des jüdischen Lebens, war eine tschechische Stadt geworden, in der zur Jahrhundertwende der Anteil der Deutschen innerhalb der eine halbe Million Einwohner auf nur noch sieben Prozent gesunken war. Deutschsprachige Kultur war auf einen inselhaften Status geschrumpft und vollzog sich „in einem dreifachen Ghetto: einem deutschen, einem deutsch-jüdischen und einem bürgerlichen.“[9]

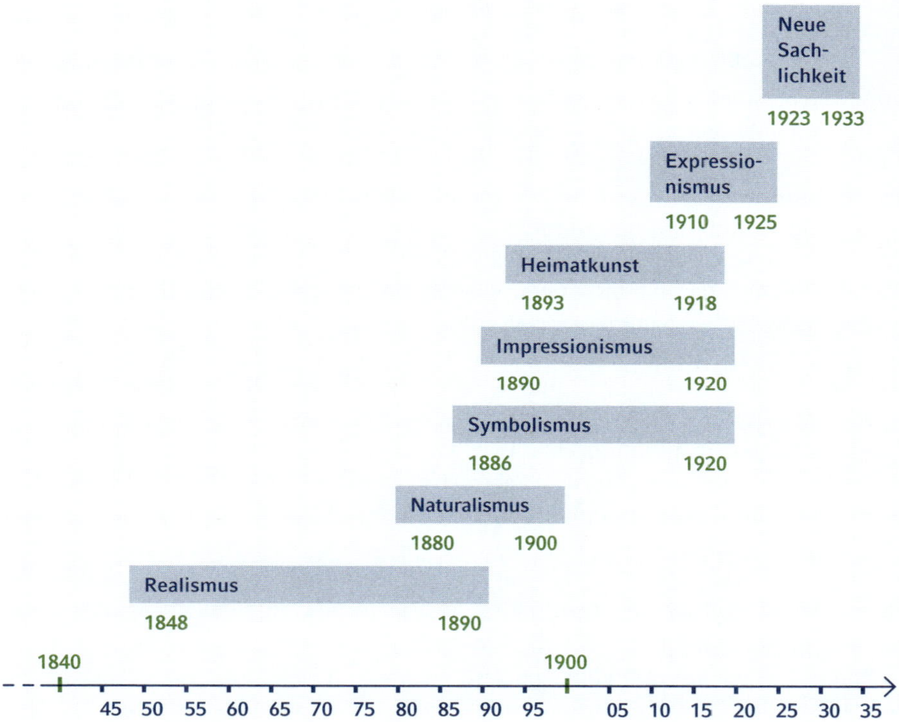

Schaubild 13: Stilepochen der Jahrhundertwende

Biografischer Bezug

Franz Kafka (1883–1924) gilt als einer der bedeutendsten Autoren der literarischen Moderne, und das, obwohl er nur 41 Jahre alt wurde und zu Lebzeiten nur ein schmales Werk publizierte. Von seinem Erstlingswerk *Betrachtung* (1912/13), einer Sammlung von kurzen Prosatexten, wurden in fünf Jahren nicht einmal 400 Exemplare verkauft. Alle seine drei Romane blieben unvollendet und erschienen erst nach seinem Tod. Auf diesem, von seinem Freund Max Brod gegen den Willen des Autors veröffentlichten literarischen Nachlass gründet sich Kafkas Ruhm vor allem – und auf der Rätselhaftigkeit seines Werks, das sich trotz zahlloser Interpretationen und Analysen einer endgültigen Deutung zu entziehen scheint. Da bei Franz Kafka der Zusammenhang von Leben und Werk besonders eng ist, hat man sein Leben bis ins Detail erforscht, ohne aber damit die Intention seines Werks entscheidend erschließen zu können.

---

9 Eduard Goldstücker: *Über Franz Kafka aus der Prager Perspektive 1963*. In: Ders. (Red.): Franz Kafka aus Prager Sicht. Berlin: Voltaire, 1965, S. 32.

Ein Leben in Widersprüchen

Franz Kafka wurde am 3. Juli 1883 als erster Sohn eines jüdischen Kaufmanns von dessen aus wohlhabenden Kreisen stammenden Frau in Prag geboren. Sein Leben wurde von einer Kette von Widersprüchen bestimmt, von deren Belastung er sich kaum befreien konnte, an denen sich aber seine Texte entzündeten. Der vegetarische Linkshänder war vom Elternhaus her ein assimilierter (angepasster) tschechischer Jude (seine drei jüngeren Schwestern wurden später in Konzentrationslagern ermordet), besuchte aber wegen der damit verbundenen gesellschaftlichen Privilegien das christliche deutschsprachige humanistische Gymnasium in Prag. Er war ein äußerst sensibler Mensch, der sich nach Zuspruch, Anerkennung und Liebe sehnte, aber aus Geschäftsinteressen seiner Eltern nur vom Hauspersonal erzogen und immer wieder vom Vater gedemütigt wurde. Er war ein überdurchschnittlicher Schüler, der mit dem Sozialismus liebäugelte und am liebsten Philosophie, Kunstgeschichte und Germanistik studiert hätte, aber um des tyrannischen Vaters willen ein Jurastudium absolvierte und eine Stelle im Versicherungswesen antrat. Zwischenzeitlich ließ er sich von seinen Eltern sogar dazu überreden, die ihm widerwärtige Aufgabe eines Kompagnons im Asbestbetrieb seines Schwagers zu übernehmen, um die Firma zu retten, die in Schwierigkeiten geraten war (1911/12). Kafka war zwar in seinem Versicherungsberuf erfolgreich und stieg in 18 Jahren vom Aushilfsbeamten zum Obersekretär auf, empfand aber andererseits im Büro „Angst (…) abwechselnd mit Selbstbewusstsein" (Tagebuch, 19. 1. 1914[10]) und seinen Posten als ‚unerträglich' (vgl. TB, 21. 8. 1913), weil er viel lieber schreiben wollte. Er hegte auf der einen Seite den „Wunsch nach besinnungsloser Einsamkeit" (TB, 1. 7. 1913) und meinte, seinem Wesen nach „ein verschlossener, schweigsamer, ungeselliger, unzufriedener Mensch" (TB, 21. 8. 1913) zu sein, nahm aber unter der Führung von Max Brod lebhaften Anteil am gesellschaftlichen Leben der Prager Intelligenz. Er strebte einerseits nach einem normalen bürgerlichen Leben mit Frau und Familie, weil er sich unfähig glaubte, „allein das Leben zu ertragen" (TB, 21. 7. 1913), andererseits fehlte ihm aber für das Familienleben jeder Sinn, und er hatte Angst vor jeder Bindung, weil sie ihn vom Schreiben hätte abhalten können. Er interessierte sich für politisch umwälzende Ideen, war aber nahezu beleidigt, als man ihn bei Ausbruch des Ersten Weltkrieges wegen beruflicher Unabkömmlichkeit daran hinderte, für die marode k.u.k-Monarchie Österreich-Ungarn ins Feld zu ziehen. Aus diesen Dilemmata erwuchsen Zwiespälte, Misstrauen, Minderwertigkeitsgefühle und Versagensängste, die sich in unterschiedlicher Mischung auf verschiedenen Ebenen in seinem Werk immer wieder niederschlugen.

Familiäre Spannungen

Ende 1912 befand sich Kafka zu mehreren Personen seiner unmittelbaren Umgebung in einem Spannungsverhältnis: Im Briefverkehr mit der Berliner Angestellten Felice Bauer, seiner späteren Verlobten, die er erst im August bei Max Brod kennengelernt hatte, war Anfang November ein Missverständnis aufgetreten, das ihn so tief verletzte, dass er erwog, den Kontakt zu ihr einzustellen. Im Oktober hatte bereits eine Auseinandersetzung mit seiner Mutter und seiner Lieblingsschwester Ottla stattgefunden, zu der er eine nahezu inzestuöse Zuneigung hegte. Auch sie, die Franz sonst immer verteidigte, stimmte der Mutter darin zu, er kümmere sich als Kompagnon seines Schwagers Karl Hermann nicht ausreichend um dessen Asbestfabrik und vernachlässi-

---

10 Vgl. Franz Kafka: *Tagebücher 1910–1923*. Hrsg. v. Max Brod. Frankfurt am Main: Fischer Taschenbuch Verlag, 1973.

ge seine Aufsichtspflicht als Teilhaber. Kafka äußerte angesichts dieser Vorwürfe gegenüber Max Brod ernsthaft Selbstmordabsichten, woraufhin dieser Kafkas Mutter über die Gefährdung ihres Sohnes informierte. Um den an Arterienverkalkung leidenden Vater zu schonen, täuschte diese daraufhin einen regelmäßigen Fabrikbesuch des Sohnes vor und sah sich insgeheim nach einem neuen Teilhaber um.

INFO

Daten zum Text:

Textsorte	novellistische Erzählung (narratives Gedankenexperiment)
Entstehungszeit	17. 11. – 6. 12. 1912
Veröffentlichung	Oktober 1915 in der Monatsschrift *Die weißen Blätter*, 2. Jg., Heft 10, S. 1177–1230; als Buch: Dezember 1915, Leipzig: Kurt Wolff (Der jüngste Tag Bd. 22/23), 2. Aufl., September 1918
Quellen	– F. M. Dostojewski, *Der Doppelgänger*, 1. Kapitel: Erwachen des Titularrats Jákoff Petrówitsch Goldjädhin (1846) – F. M. Dostojewski, *Der Idiot*, Dritter Teil, Kapitel 5: Traum des schwindsüchtigen Jünglings Ippolit Teréntjeff
Biografischer Bezug	– Juni 1907: Umzug der Eltern in die Niklasstr. 36: Wohnverhältnisse – Oktober 1907: Eintritt in die Versicherungsgesellschaft „Assicurazioni Generali", 1908 Wechsel zur „Arbeiter-Unfall-Versicherungs-Anstalt für das Königreich Böhmen" in Prag – eigene Familienverhältnisse
Literarische Einordnung	Expressionismus (phantastischer Realismus)
Thema	Machtmissbrauch, faschistoide Unterdrückung, Unterwerfungsgebaren und Willensfreiheit
Kontext	Romanfragment *Hochzeitsvorbereitungen auf dem Lande* (1907) Briefe an Felice Bauer, Tagebücher
Zeit der Handlung	etwa sechs Monate (November – Ende März)
Ort der Handlung	unbestimmt
Hauptfiguren	Gregor Samsa, Vater, Mutter, Schwester Grete; Hausmädchen/Köchin, Hausmädchen Anna, Bedienerin; die drei Zimmerherren

Inhalt

I

Erwachen in Insektengestalt

Gregor Samsa ist ein handelsakademisch gebildeter (39,18) Handlungsreisender für eine Tuchwarenfirma. Seit dem Zusammenbruch des väterlichen Geschäfts vor fünf Jahren (30,8) und der damit verbundenen Verschuldung der Familie bei seinem jetzigen Arbeitgeber (6,36) trägt Gregor als alleiniger Ernährer der Familie mit seiner Arbeit die Schulden ab, wozu er noch etwa weitere sechs Jahre brauchen wird. Immerhin hat er sich vom einfachen Handlungsgehilfen zum Inkasso-Angestellten hochgearbeitet.

Als er eines Morgens trotz des richtig gestellten Weckers verspätet erwacht, stellt er fest, dass er sich in ein insektenähnliches Wesen verwandelt hat. Obwohl er weiß, dass er nicht träumt, tut er die Erkenntnis ab und will sie durch Weiterschlafen verdrängen. Dies gelingt aber nicht, weil ihn Mutter, Vater und Schwester nacheinander durch die verschlossene Tür hindurch drängen, endlich aufzustehen. Aber Gregor vermag sich in seiner neuen Gestalt nicht zu erheben. Erst als der Prokurist seiner Firma persönlich erscheint, um sich nach Gregors Verbleib zu erkundigen, gelingt es ihm in einem schmerzhaften Gewaltakt, sich aus dem Bett fallen zu lassen. Während der Prokurist ihm durch die Tür Vorhaltungen macht, Zweifel an seiner Geschäftstreue äußert und mit dem Verlust des Arbeitsplatzes droht, unternimmt Gregor alles, um seinen Verpflichtungen gegenüber dem ungeliebten Arbeitgeber und der Familie nachzukommen: Er versucht, den Prokuristen zu beschwichtigen, entschuldigt sich damit, bei seinem Unwohlsein handele es sich vermutlich nur um eine tüchtige Verkühlung (9,6), und bittet darum, seine Eltern zu schonen (15,13). Jedoch verstehen seine Zuhörer seine piepsige Tierstimme nicht mehr; stattdessen schickt man in größter Aufregung die Schwester um einen Arzt und das Dienstmädchen Anna um einen Schlosser. Diese Hilfsmaßnahmen beruhigen Gregor. Schließlich gelingt es ihm selbst, mit größter Anstrengung den Schlüssel im Zimmerschloss mit dem Mund zu drehen und die Tür zu öffnen. Während Gregors Mutter bei seinem Anblick in Ohnmacht fällt, der Vater weinend die Faust schüttelt und der Prokurist langsam aus der Wohnung weicht, bis er sich über die Treppe rettet und flüchtet, wird Gregor nicht müde, seinen Arbeitswillen zu betonen und seine Loyalität zu versichern. Erst als die Mutter plötzlich aufspringt und sich dabei auf den gedeckten Frühstückstisch setzt, sodass die Kaffeekanne umkippt, drängt der Vater mit Hilfe des Gehstocks, den der Prokurist bei seiner Flucht zurückgelassen hat, und unerträglichen Zischlauten sowie letztlich mit Gewalt Gregor in sein Zimmer zurück, wo dieser erschöpft, wundgerieben und blutend einschläft.

Die Ansprüche der Arbeitswelt

II

Schwer verletzt stellt Gregor am Abend fest, dass man ihm etwas zu essen ins Zimmer gestellt hat, aber sein Lieblingsgericht, Weißbrotscheiben in süßer Milch, widert Gregor jetzt an. Dagegen findet er mit einem Mal Geschmack an ungenießbarem Käse und halbverfaultem Gemüse, das ihm seine Schwester stattdessen neben einem Napf Wasser ins Zimmer schiebt. Die neue Situation bringt im Lauf der nächsten Monate Veränderungen mit sich: Das Dienstmädchen bittet um Entlassung, weshalb die Frauen des Hauses nun selbst kochen müssen, Gregors Zimmer wird von außen abgeschlossen, und abends sitzt die Familie beratend zusammen. Gregor erfährt, dass sein Vater bei seinem Geschäftszusammenbruch noch ein „ganz kleines Vermögen" (31,28) gerettet hat, das nun zusammen mit Gregors angesammeltem und nicht aufgebrauchtem Lohn, den er immer fast vollständig an die Familie abgeliefert hat, ein kleines Kapital ergibt. Von diesem Geld, das die Arbeitsverpflichtung bei seiner verhassten Firma hätte verkürzen können, wusste Gregor bis dahin nichts. Grete übernimmt allein seine Versorgung und erleichtert ihm das Hinaussehen aus dem Fenster. Dafür versucht Gregor, der Schwester seinen Dank für ihre Bemühungen dadurch auszudrücken, dass er sich bei ihrem Eintritt ins Zimmer rücksichtsvoll unter einem über das Kanapee ausgebreitetem Leintuch verbirgt. Der Wunsch der Mutter, Gregor zu sehen, erfüllt sich, als sich Grete entschließt, mit Hilfe der Mutter die Möbelstücke aus Gregors Zimmer zu entfernen, die ihn beim ständigen Herumkriechen an den Wänden und an der Decke behindern könnten. Die Mutter bezweifelt zwar zu Recht, dass diese Aktion im Sinne Gregors sei, kann sich aber gegen ihre 17-jährige Tochter nicht durchsetzen. So bleibt Gregor nichts anderes übrig, als ein aus einer Illustrierten ausgeschnittenes Bild einer pelzgeschmückten Dame, für das er einst selbst einen vergoldeten Holzrahmen gesägt hat, in einer halberotischen Aktion mit seinem Leib zu verteidigen. Bei seinem Anblick an der Wand fällt seine asthmakranke Mutter (32,18) in Ohnmacht. Während Grete ihm wütend droht und sich bemüht, die Mutter mit verschiedenen Essenzen wieder zu Bewusstsein zu bringen, kriecht Gregor, den Grete versehentlich mit dem Splitter eines herabgefallenen Medizinfläschchens verletzt, vor wirrer Verzweiflung im Wohnzimmer umher. Unter Gretes Hinweis, Gregor sei „ausgebrochen" (41,17), findet ihn dort der Vater, der von seiner neu angenommenen Arbeit als Hoteldiener in Livree nach Hause zurückkehrt. Der Vater treibt Gregor nach mehreren Runden um den Tisch unter einem Bombardement von Äpfeln, von denen einer gar schmerzhaft in Gregors Körper eindringt, in sein Zimmer zurück. Bevor Gregor das Bewusstsein verliert, bekommt er noch mit, wie die wiedererwachte Mutter aus dem Zimmer zum Vater eilt, wobei sie ihre Röcke verliert, und ihn bittet, Gregors Leben zu schonen.

Gregors Rolle in der Familie

III

Gregors Zustand verschlechtert sich aufgrund der Wunde am Rücken zunehmend. Er kann sich immer weniger bewegen, sodass die reuevolle Familie es wagt, des Abends die Tür seines Zimmers für ihn einen Spalt zu öffnen. Alle sind damit beschäftigt, Geld zu verdienen: Man verkauft einen Teil des Familienschmucks, der vormals krank scheinende Vater geht seiner Tätigkeit als Hoteldiener nach und genießt am Abend die Rolle des Familienoberhaupts, die Mutter näht feine Wäsche für ein Modegeschäft, und Grete hat eine Stellung als Verkäuferin angenommen und lernt nach Feierabend Fremdsprachen. Sie schläft jetzt im Wohnzimmer, weil man das Elternschlafzimmer an drei Zimmerherren untervermietet hat, und beginnt, Gregor zu vernachlässigen. Als die Mutter trotz der Einstellung einer Bedienerin für grobe Arbeiten einmal selbst Gregors Zimmer reinigt, beschwert Grete sich und führt einen Streit zwischen den immer empfindlicher aufeinander reagierenden Familienmitgliedern herbei. Gregor ist wegen der schlechter werdenden Versorgung ebenfalls verbittert und zürnt seiner Familie. Als man beginnt, überflüssiges Mobiliar und Gerät, ja selbst Asche- und Abfallkiste (50,21) in seinem Zimmer abzustellen, stellt Gregor erst das Essen und bald auch das Herum-

Die neue Selbstständigkeit der Familie

kriechen ein. Neidvoll betrachtet er zuweilen, wenn die Wohnzimmertür geöffnet ist, die drei Zimmerherren beim Speisen, denn die Familie isst jetzt in der Küche. Da spielt eines Abends Grete dort wieder einmal auf ihrer Violine und wird von den Herren ins Wohnzimmer gebeten, wo diese aber schnell des Vortrags überdrüssig werden. Nur Gregor, der einmal vorhatte, seiner Schwester eine Konservatoriumsausbildung zu schenken (30,36–31,8), ist ganz verzückt. Er erkennt in der Musik den Weg der von ihm „ersehnten unbekannten Nahrung" (53,28 f.) und rückt in seiner völlig verschmutzten Gestalt ins Wohnzimmer vor. Gerade malt er sich aus, wie dankbar Grete für ein solches Geschenk wäre und wie er sie auf den Hals küssen würde, als die drei Herren ihn bemerken und seinen Vater für diesen Auftritt verantwortlich machen. Als dieser versucht, die Herren in ihr Zimmer zurückzudrängen, kündigen diese wegen der widerlichen Verhältnisse in dieser Wohnung. Grete besteht jetzt gegenüber der zaudernden Mutter, aber mit Unterstützung des Vaters, darauf, das „Untier" (56,10) loszuwerden, unter dem man sich nicht mehr vorstellen dürfe, dass „es" Gregor sei. Mühsam und mit größter Anstrengung weicht Gregor derweilen in sein Zimmer zurück, dessen Tür man sofort verriegelt. Bevor er in der Nacht vor Erschöpfung stirbt, gedenkt er seiner Familie noch einmal „mit Rührung und Liebe" (59,8). Es ist die rabiate Bedienerin, die den „alten Mistkäfer" (49,18), wie sie Gregor zuvor genannt und schon einmal mit einem Stuhl bedroht hat, am nächsten Morgen tot findet und später „das Zeug" (62,27) entsorgt. Erst beim Anblick des Kadavers erinnert sich die Schwester wieder daran, dass „er" einst ihr Bruder war, und bemerkt seine abgemagerte Gestalt. Mit Gregor verlassen auch die Zimmerherren, die sich über das ausbleibende Frühstück beschweren und denen der Vater daraufhin empört die Tür weist, und die Besorgerin, der gekündigt wird, die Wohnung, sodass die Familie nun wieder allein unter sich ist. Vater, Mutter und Tochter unternehmen mit der Straßenbahn einen Ausflug ins Grüne und beraten über die Zukunft: Man will die noch von Gregor ausgewählte Wohnung aufgeben und in eine kleinere wechseln und für die inzwischen herangereifte Tochter einen braven Mann suchen.

Gregors „Nahrung" und Tod

Ein Neubeginn

Realität			Bedienerin		gesellschaftlicher Ehrkonflikt	familiär-gesellschaftlicher Machtkonflikt
Eltern		Vater		Mutter		
privat	Zimmerherren					
beruflich	Prokurist					
Geschwister		Gregor		Grete	erotischer Konflikt	
Wunsch			Dame			
	Konflikt mit der Außenwelt	Vater-Sohn-Konflikt	Realitätskonflikt	Mutter-Tochter-Konflikt		
	männliche Konfliktwelt		weibliche Konfliktwelt			

Schaubild 14: Figurenkonstellation in *Die Verwandlung*

Übersicht: Analyse

Erzähler	erst personaler Er-Erzähler aus der Perspektive Gregor Samsas, Ausnahmen: Perspektive der Schwester (26,22 f.); nach dessen Tod (Epilog) auktorialer Erzähler
Textsorte	Invertiert[10]-novellistische Erzählung: Verwandlung als vorweggenommenes „unerhörtes (weil fantastisches) Ereignis"
Struktur	drei, umfänglich fast gleiche Abschnitte (19–21–22 Seiten in der zugrundeliegenden Reclam-Ausgabe; 29–26–38 Absätze), jeweils ebenfalls **dreigeteilt**: I, 1–9 (S. 9): Erwachen, 10–23 (S. 17): Aufstehen und Öffnung der Tür, 24–29 (S. 23): Reaktion von Prokurist und Familie; II, 1–14 (S. 33): familiäre Anpassung an die neue Situation, 15–21 (S. 39): Veränderungen, 22–26 (S. 44): 1. Ausbruch; III, 1–11 (S. 51): neue Situation: Zimmerherren, 12–29 (S. 59): 2. Ausbruch und Tod, 30–38 (S. 63): Reaktion der Familie

---

11 invertiert: in Umkehrung der üblichen Struktur

Raumsystem	Wohnung der Samsas (= Kafkas), Gregors Zimmermöblierung (= Kafkas); insgesamt: Raumöffnung: Gregors Bett – Freie vor der Stadt (63,14); Verengung für Gregor: Reisender – Kanapee (26,4)/Winkel (52,27); Öffnung für die Familie: Wohnung – Freie vor der Stadt
Zeitsystem	Chronologie mit Lücken: I: trübes Wetter (5,25: vielleicht November, vgl. Entstehung), erzählte Zeit: eineinhalb Stunden (6:30 Uhr [S. 7,5] –ca. 8 Uhr); II: zwei Monate (37,19); III: zwei Monate: kommendes Frühjahr (49,25), Ende März (60,30); zeitraffende Rückblicke (28,18 ff.; 30,4 ff.; 34,30 ff.; 44,9 ff.)
Figurenrede	direkte Rede, indirekte Rede (10,11–16; 36,31–37,4), erlebte Rede (7,5–30; 10,2–6; 11,29–12,6)
Sprache	unprätentiöse, aber reflektierte Alltagssprache mit Prager Eigentümlichkeiten: Pragismen (vgl. Kleinseitner Deutsch); schnoddrige Figurenrede: „alter Mistkäfer" (49,18), „Zeug" (62,27)
Stilmittel	Tendenz zu Möglichkeitsreflexionen im Konjunktiv: Gedankenreport (immer wieder, z. B.: 6,26–31; 11,7–16; 14,1–7; 15,29–33; 57,15–19) – phonetisch: Assonanz (50,21) u. Alliteration (33,28) als Zwillingsformel – semantisch: Neigung zu adjektivischen und adverbialen Verneinungen durch un- (5,1–3); Adjektive u. Adverbien der Möglichkeit (womöglich: 10,8; voraussichtlich: 10,34; wohl: 13,29; möglicherweise: 17,1; vielleicht: 17,4; offenbar: 36,23) – syntaktisch: Fragebündel (7,7–13; 11,29–12,6; 13,28–34; 19,10–15;); Ausrufebündel (15, 5–14); Vergleichssatz (10,23); Wiederholungen (14,18; 16,9 u. 15; 21,22 f.; 40,18; 42,3; 44,17; 57,3 u. 6); Anaphern (15,25 f.; 15,29–31; 19,25–27; 21,2–4; 22,16 f.; 27,24 f.; 28,24–26;), Parentheseaussagen (immer wieder, z. B.: 5,17 u. 25 f.; 44,21 f.; 59,17–21) – pragmatisch: präzise Zeitangaben (I. Abschnitt)
Bildlichkeit	– Namen: Gregor (der Wachsame, Hüter); Samsa (tschech.: sam = selbst, allein: der Einsame); – Allegorie: Ungeziefer (zum Opfer ungeeignetes Tier: unumkehrbare doppelte Befreiungsverwandlung, Projektion eines Entwürdigungsgefühls); – Symbol: Pelz (menschl. Schmuckinsignie stolzer Überlegenheit), Violine (Geige: inzestuöses Sexualsymbol); – Metaphern: Farben: braun (5,6), gold (Stolz: 5,19; 42,18 u.25), weiß (6,15; 23,25; 42,23; 46,16), grauschwarz: 18,28), blau (Treue: 42,17), schwarz (42,21), rot (Blut: 43,25); Licht: dunkel (51,5) vs. hell (61,2); – Verwandlung (äußerlich: Gregor vs. innerlich: Familie); – Vergleiche (55,32)

Motive	Geflecht von Motiven zur strukturellen Bindung: – baulich: Türen, Fenster (Übergang von Innen nach Außen) – gegenständlich: Bilder: Dame im Pelz (5,20–23; 39,30), Foto (18,37 f.); Essen (materielle Lebensgrundlage: 6,9); Faust (Bedrohung: 4-mal: 40,21); Leintuch (Totentuch: 34,18); Apfel (Macht: 43,20 ff.); Uniform (Macht: 19,2; 45,13); Degen/Stock (Macht: 19,1; 22,11); Violine (Musik: 3-mal: 32,26); – aktionell: auf Fußspitzen (Rücksichtnahme, 3-mal: 25,33), völlig angezogen (Bereitschaft: 3-mal: 26,20); Schlüsseldrehen (Ent-/Isolierung: 4-mal: 58,33), Atemnot (5-mal: 28,9), Zurückdrängen (3-mal: 54,24); Aufstampfen (22,18 f.; 55,13); Kommunikationsstörung (16,5; 37,8) – gefühlsmäßig: Schmerz (Leid, 11-mal: 6,3); Angst (5-mal: 22,28); Weinen (Hilflosigkeit, 5-mal: 13,27; Wut: 48,25; Rührung: 54,10); Lächeln/Lachen (7-mal: 62,26); Ekel (27,3 f.; 34,12 f., 44,13; 55,17) – begrifflich: Unglück (5-mal: 46,34 f.); guter Wille (5-mal: 57,37); Stille (13-mal: 23,33 f.); Gewohnheit (4-mal: 30,33); Vereinigung (44,4; 47,7); Rücksichtnahme (10,37; 52,34) – religiös: Katholizismus: Ausrufe (7,5), Anrufung der Heiligen (28,35 f.), Bekreuzigung (60,15) – strukturell: Dreizahl: Vater, Mutter, Grete; Zimmerherren (50,10), Entschuldigungsschreiben (62,11); Zustandsstadien Gregors: (Mensch-Tier-Sache); rahmenbildende Kontraste: Wetter (Regen: 5,25 vs. Sonne: 63,15), Tierkleid (Pelz: 5,20 f. vs. Straußfeder: 62,21); Körper (Ungeziefer: 5,3 ff. vs. junges Mädchen: 63,36)
Ironie und Komik	– Ironie: parasitäres Äußeres des Ausgebeuteten, Güte (27,8), Behaglichkeit (27,21), Erfreuliches (30,13), Vorsicht und Sparsamkeit (31,36), Beleidigtsein (59,23 f.), „Kammerkonzert“ (52,17–27 u. 53,8–22); idyllischer Schluss (63,12–37) – Komik: Im Bett auf dem Rücken liegendes Insekt (5); auf dem Pult sitzender schwerhöriger Chef (6,32); satirischer Auftritt und Abgang des Prokuristen (14; 22,3–6); Mutter fällt auf die Kaffeekanne (21,28); „Verfolgung“ um den Wohnzimmertisch (42,37 f.); Apfeljagd (43,23); Umarmung der Mutter ohne Röcke (44,1–4); in Uniform schlafender Vater (45,15); Zimmerherren (automatenhafte Karikaturen: 52,3 ff.)

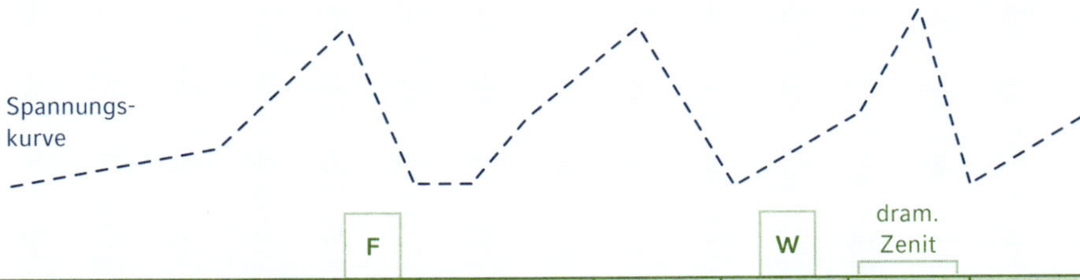

Erwachen	Aufstehen	Reaktion	Anpassung	Veränderung	Ausbruch	neue Situation	Ausbruch und Tod	Reaktion
1–9	11–23	24–29	1–14	15–21	22–26	1–11	12–29	30–38
29 Absätze			26 Absätze			38 Absätze		
1 Tag: evtl. Ende November			2 Monate: Dezember–Januar			2 Monate: Februar–März		
Exposition			Problementfaltung			Problemlösung		
S. 5–23: 19 Seiten in der Reclamausgabe			S. 24–44: 21 Seiten			S. 44–63: 22 Seiten		
I			II			III		

F Freude über das Essen (S. 24, Z. 23) **W** Wut über die schlechte Wartung (S. 47, Z. 27)

Schaubild 15: Struktur von *Die Verwandlung*

Übersicht: Interpretation

Aspekt	Thematik
Biografie	fiktionale Verarbeitung von Konflikten des Autors: Vater-Sohn-Konflikt um die familiäre Vormachtstellung; inzestuöses Geschwisterverhältnis; Ausbeutungs- und Missbrauchs-Gefühle, verhasste berufl. Zwänge (wichtiger, aber nicht ausschließlicher Aspekt)
Psychologie	– aggressives (Gretes Selbstfindungsprozess) vs. regressives (Gregors Verfallsprozess) Verhalten (beschreibend-erklärender, kein deutender Aspekt) – Ablehnung beruflich-familiärer Verantwortungen: Darstellung von Flucht, Schuld und Strafe (zu einseitige, verzerrende Deutung)
Psychoanalyse	nach Sigmund Freud: Übertragung des Ödipus-Komplex' auf die Situation Gregors: Inzestscheu, infantiler Totemismus, Kastrationsangst, Ich-Aufgabe (mögliche, aber einseitige Deutung)

Philosophie	typisch kafkasche Mehrdeutigkeit: – existenzialistisch: Sieg des realistischen Pragmatismus (Grete) über mangelndes Selbstbewusstsein (Gregor): gedankenspielerischer Paradigmenwechsel – ethisch: ironisch-satirische Ablehnung an materiellem Besitz orientierter Lebensformen und menschlicher Instrumentalisierungen
Soziologie	Darstellung von Machtprozessen in einer bürgerlichen Familie: – Rollenkonflikt: Vater-Sohn-Konflikt; Bruder-Schwester-Konflikt; Mutter-Tochter-Konflikt; Stellungsansprüche (47,32); Wandlungen im Konflikt familiärer vs. gesellschaftlicher Rollen – Sozialkritik: allgemein: merkantile Profitideologie, Mensch als Nutzobjekt, repressive Machthierarchien; speziell: Einstellung u. Verhalten der Chefs, der leitenden Angestellten (11,32 ff.; 13,21 f.; 13,32; 20,36), der Kassenärzte (7,28 f.); Insolvenzbetrug (30,15); beglückender Abstieg der Samsas vom gewerbetreibenden bürgerlichen Mittelstand in das lohnabhängige Kleinbürgertum: Verkauf des Familienschmucks (46,20), Verhalten von Bürgerstöchtern (32,24–26) vs. unterwürfige Dienstbarkeit des Kleinbürgertums (46,36–47,3) (textangemessene Deutung)
Religion	– Gregor als alttestamentarischer Sündenbock: Ihm wird die Gesamtlast der wirtschaftlich-gesellschaftlichen Schuld der Familie (Geschäftsbankrott) aufgelastet (haltbarer, aber zu kurzer Ansatz). – Ausgangspunkt: Apfel als Erkenntnisfrucht (Erbsünde): prinzipielle unlösbare Schuldhaftigkeit des Menschen: Gregors Fürsorge vs. familiäre Abhängigkeit (unnötige Religiösierung eines Dilemmas) – alttestamentarisch-jüdische Struktur: strafender Gottvater (Jahwe) vs. gehorsames Gottesvolk (Juden): Gotteskindschaft, Sünde, Strafe (willkürlich, textfern und eher abwegig)
Kunst	Musik als potenzielle metaphysische Erlösung (aber: Gregor mag keine Musik: 30,37 f.; eine Erlösung Gregors findet nicht statt)
Gender	patriarchalische Machtstellung des Vaters (46,10; 52,15 f.), Rückkehr zum paschahaften Verhalten (46,2–11); Tochter als Sohnesersatz; Abseitsstellung der Mutter (52,27), Kontrast der Frauen: Mutter (Ohnmacht) vs. Bedienerin (Tatkraft) (Teilaspekte einer soziologischen Deutung)

„*Die Verwandlung* gehört zu den am häufigsten und am kontroversesten gedeuteten Werken Kafkas.“[12] Diese Aussage erhellt bereits, warum an dieser Stelle nicht auf alle Interpretationsansätze eingegangen werden kann. Lediglich der biografische, philosophische und soziologische Deutungsansatz sollen wegen ihrer größeren Tragfähigkeit resümierend erläutert werden.

An einer Berücksichtigung des **biografischen** Deutungsansatzes kommt bei diesem Autor wohl niemand vorbei, obwohl davor zu warnen ist, den Text auf eine rein autobiografische Erzählung zu reduzieren. Zwar haben viele Textstrukturen und Erzählelemente nachweislich eine Verbindung zu Kafkas eigenem Erleben und Denken, dennoch erfahren sie in ihrer fiktionalen Verarbeitung eine neue, allgemeinere und kontextuelle Wertigkeit.

Die Mehrdeutigkeit des Textes selbst innerhalb nur eines Deutungszugangs verdeutlicht am besten der **philosophische** Ansatz. Betrachtet man ihn nämlich einmal unter dem Aspekt des rein existenziellen Erfolges, so erkennt man einen Sieg des realistischen Pragmatismus über die lebensfeindliche Selbstverleugnung. Gregors Verwandlung und Tod erscheint dann als zwar fantastische, aber konsequente Entwicklung eines aus mangelndem Selbstbewusstsein und beruflich wie familiär erzwungenen Entwürdigungen wertlos gewordenen Lebens. Grete hingegen hält sich an das jeweils dominante Familienmitglied, steht deshalb anfangs noch wie eine Pflegeschwester zu ihrem sie ernährenden Bruder, dann aber, nach wachsender Distanz, hinter ihrem als Familienoberhaupt zurückgekehrten Vater und entwickelt sich so zu einer auch beruflich eigenständigen Person. Betrachtet man im Text hingegen das Verhalten der Figuren unter ethischem Aspekt, kehrt sich die interpretative Wertung um: Dann wird der Text zu einer satirisch-makabren Darstellung einer gesellschaftlichen Fehlentwicklung. Der lediglich auf materiellen Besitz und gesellschaftliches Ansehen ausgerichteten Familie, der es an emotionalen menschlichen Bindungen ebenso gebricht wie an kommunikativem Persönlichkeitsverkehr, wird die Aussicht auf eine hoffnungsfrohe Zukunft eingeräumt, während der sich in beruflicher wie familiärer Pflicht selbst verleugnende Sohn Gregor in demütiger Akzeptanz des Undanks seiner Ausbeuter auf eine weitere Lebensbelästigung verzichtet.

Satirische Darstellung einer Fehlentwicklung

12 Sandra Poppe: *Die Verwandlung*. In: Kafka-Handbuch. Leben-Werk-Wirkung. Hrsg. von M. Engel und B. Auerochs. Stuttgart: J. B. Metzler, 2010, S. 167.

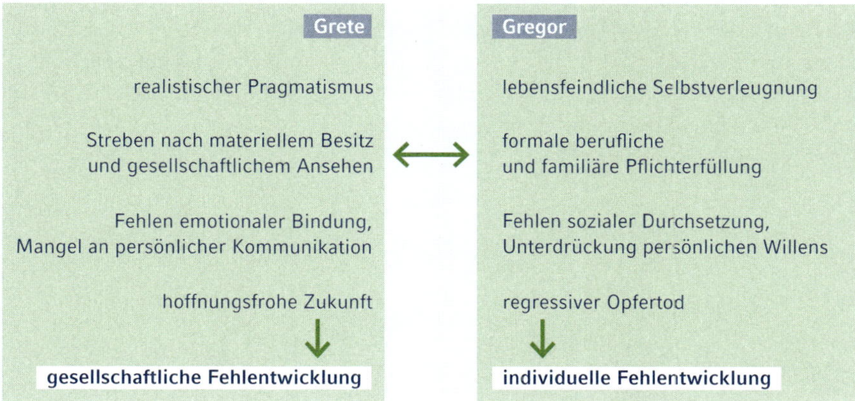

Schaubild 16: Kontrast der Geschwister in *Die Verwandlung*

Gregors ödipale Tragödie

Auch die Berechtigung der **psychoanalytischen** Deutung wird man nicht leugnen können. Zu deutlich nimmt sich eine Stellung Gregors gegenüber den Eltern aus, wie sie vom klassischen Ödipus-Komplex gezeichnet ist: Die emotionale, libidinöse Nähe zur Mutter führt zu einer Konflikt- und Kampfsituation mit dem Vater und dessen Verteidigungsverhalten gegenüber dem nachgewachsenen Rivalen zu einer Sexualeinschüchterung (Kastrationsdrohung) des Sohnes. Die entstehende Inzestscheu wird auch auf die Schwester als Vertreterin der Mutter übertragen und infolge ihrer Verdrängung sublimiert, hier in der Förderung des Geigespiels. Gregors Verwandlung ist unter diesen Vorgaben zu verstehen als der Vollzug einer vom eigenen Über-Ich am Ich vollzogenen und akzeptierten Strafe wegen der illegitimen Rivalität zum Vater und der inzestuösen Begierden gegenüber Mutter und Schwester. Es ist deshalb stimmig, wenn Gregor sowohl die Zurückweisung seiner Ansprüche als auch die Selbstbestrafung in Form einer harmonisierten Lösung annimmt und eingeht, nachdem sein letzter auf seine Schwester gerichteter Begehrungsversuch gescheitert ist.

Machtprozesse in einer Kleinbürgerfamilie

Am ehesten wird man vielleicht dem Text gerecht, wenn man ihn in einem **soziologischen** Ansatz als Studie der Machtprozesse in einer Kleinbürgerfamilie begreift. Dann beschreibt der Text kritisch die gesellschaftliche Situation auf drei Ebenen, der des Gewerbe treibenden Handels, der Familie und des Einzelnen. Kafka äußert allgemein Sozialkritik, indem er die frühkapitalistisch merkantile Profitideologie des Handels herausstellt, die mit ihren straffen repressiven Machthierarchien auf eine Optimierung des Profits abzielt, was eine Ausbeutung des lediglich als Nutzobjekt verstandenen Menschen zur Folge hat. Die jeweiligen Chefs verhalten sich wie absolutistische Despoten, werden aus Karrieregründen von ihren leitenden Angestellten nachgeahmt und bewirken bei ihren Untergebenen einen internalisierten Autoritätsgehorsam. Dass die Chefs keine Ausnahme bilden, wird an angegliederten gesellschaftlichen Systemen wie dem Gesundheitswesen deutlich, wo die Ärzte mit der Verweigerung von Krankschreibungen der Wirtschaft in die Hände arbeiten. In einer solch brachialen Konkurrenzsituation nimmt es nicht wunder, wenn ein geschäftlicher Bankrotteur wie der alte Samsa ebenfalls moralisch bedenkenlos mit einem kleinen Insolvenzbetrug einen Teil seines Vermögens rettet. Damit hat das betriebswirtschaftliche Denken die Familie erreicht. Hier herrschen dann die gleichen Strukturen wie in der Wirtschaft: Der Ernährer ist wie der Unternehmer der unangefochtene Chef in seiner „Firma" (die sich jetzt Familie nennt), wo er als Oberhaupt ebenfalls seine Autorität uneingeschränkt entfalten kann.

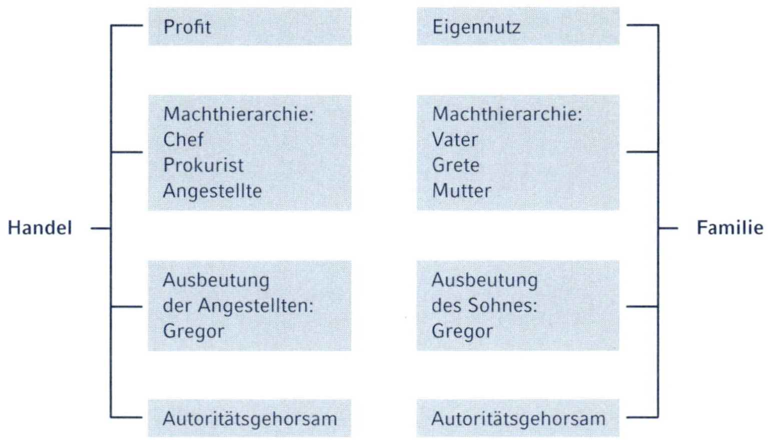

Schaubild 17: Der „Familienbetrieb Samsa" in *Die Verwandlung*

Familie Samsas sozialer Abstieg

Mit der Familie Samsa beschreibt Kafka zweierlei: einerseits den durch den väterlichen Bankrott und die Verwandlung Gregors bedingten gesellschaftlichen Abstieg einer Familie vom Gewerbe treibenden bürgerlichen Mittelstand zum lohnabhängigen Kleinbürgertum – ablesbar an der Preisgabe ihres bisherigen faulen und schmarotzenden Lebens (vgl. Grete), der Entlassung der Dienstboten, der Preisgabe ihrer bisherigen großzügigen Wohnung, dem Verkauf von Teilen des Familienschmucks und der geflissentlichen Unterwürfigkeit in ihren neu angenommenen Arbeitsstellen –, andererseits aber auch den gesellschaftlich wie persönlich revitalisierenden Effekt einer solchen Veränderung, der nicht nur das familiäre Einzelwesen erfasst, sondern auch das Verhältnis der Familienmitglieder untereinander in Bewegung bringt. Ein heutiger Leser gewinnt nahezu den Eindruck, Kafka nähme mit beißendem Humor die aktuellen reformkapitalistischen und wachstumskritischen Suffizienzentwürfe für die Ökonomie eines „guten Lebens" vorweg.[13]

Milieugebundene Fallstudie

Kafka setzt mit der als real angenommenen Verwandlung Gregors willkürlich einen hypothetisch-fantastischen Nullpunkt, um wie in einer milieugebundenen Fallstudie aufzuzeigen, welche Verwandlungen ein solches Ereignis für die gesellschaftlichen und familiären Strukturabläufe zeitigt. Dabei bringt er selbstverständlich alle Erfah-

---

13 Vgl. Robert und Edward Skidelski: *Wie viel ist genug? Vom Wachstumswahn zu einer Ökonomie des guten Lebens.* München: Kunstmann, 2013.

rungen ein, die sich aus seinem Familien- und Berufsleben verwerten lassen (vgl. biografischer Aspekt). Das Ergebnis für die Gesamtfamilie ist bereits benannt: ein ironischerweise als Befreiung empfundener sozialer Abstieg. Aber die Beziehung der Familienmitglieder untereinander hat sich ebenfalls verändert.

In der **Ausgangssituation** der narrativen Gedankenexperiments ist Gregor als Alleinverdiener das Oberhaupt der Familie:

- Er trägt mit seiner Arbeit die Schulden ab, er hat die gutbürgerliche Wohnung ausgewählt, er entscheidet über die Zukunft der Schwester (Konservatorium).
- Sein Vater verfällt in seiner Funktionslosigkeit zum isolierten Greis,
- seine Mutter unterstützt ihrem Rollenbewusstsein gemäß den Sohn als Ernährer, und
- die 17-jährige Grete harrt wie eine höhere Tochter im musischen Müßiggang ihrer unklaren Zukunft.
- Gregor selbst lebt ganz seinen vermeintlichen Pflichten gemäß als Sohn, fühlt sich aber beruflich wie familiär eingeengt und ausgebeutet und entwickelt kein eigenes Leben (47,17–23). Alle befinden sich in einer Situation der initiativlosen Abhängigkeit.

Der Vater als mächtiges Familienoberhaupt

Da löst Gregors Verwandlung als dynamisierendes Ereignis befreiende Veränderungen aus. Die materielle Existenzgrundlage entfällt zwar zunächst, kann aber vorübergehend mit ersparten Rücklagen aufgefangen werden. Die schicksalhaft erzwungene Notsituation stellt eine Herausforderung für alle Familienmitglieder dar. **Der Vater** nutzt seine Chance, die Rolle des Familienoberhaupts zurückzuerobern: Er ringt sofort seinem Sohn die Machtposition in der Familie ab (zweifaches Zurückdrängen des Untiers von Sohn, seine Dienstuniform statt Gregors Leutnantsuniform, sein Einsatz des Prokuristenstocks wie einen Leutnantsdegen oder ein Machtzepter, sein todbringendes Bombardement mit der Machtinsignie Apfel), übernimmt sofort die finanzielle Organisation (30,4 f.), tritt als erster eine Anstellung an und hält sie mittels der Uniform allen ständig vor Augen, bis er mit der Verweisung der Zimmerherren (61,7) seine auch gesellschaftlich wirksame Machtfülle wiedererlangt hat.

Frau Samsa schwankt in ihrer rollenbedingten Unschlüssigkeit lange zwischen Sohn und Gatten. Sie hält als letzte an der Möglichkeit einer Rückverwandlung fest und deshalb zunächst dem Führungsanspruch des Sohnes die Treue (37,13 f.), wendet sich dann aber mit Entschlossenheit ihrem Mann zu (44,4). Gleichwohl bleibt sie in der Rangfolge der Familie hinter ihrer entscheidungsfreudigeren Tochter Grete zurück, die ihr schnell ebenbürtig wird (47,7), lässt sich in ein Winkeldasein abschieben (52,27) und bleibt als einzige zu Hause, um für ein Modegeschäft feine Wäsche zu nähen (45,3 f.).

Gretes familiärer Aufstieg

Wie ihr Vater nutzt auch die 17-jährige Grete die neue Situation zum innerfamiliären und gesellschaftlichen Aufstieg. Sie tritt eine Stellung als Verkäuferin an und lernt Stenografie und Französisch (45,5 f.). Innerfamiliär nimmt sie ihre Sorge um Gregor, die von Anfang an als Eigennutz verstanden werden kann, zum Vorwand, mit der Ausräumung seines Zimmers in einem Doppelschlag einerseits die Identität ihres Bruders auszulöschen (39,14 u. 57,12 f.) und ihn gefangen zu halten (41,17) und sich andererseits das Alleinbestimmungsrecht über ihn zu sichern (37,37 f.), das sie bis zum Schluss verteidigt. Damit sichert sie sich eine Machtposition hinter ihrem Vater, den sie auch in ihren Gesten (40,21 u. 48,34) kopiert. Am Ende steht sie nicht nur räumlich voll hinter ihm (57,27), sondern wirkt als Sohnesersatz wie das die Restfamilie in Liebe verbindende Band (58,6 f. u. 63,5), das auch die Zukunft der Familie gewährleistet (63,33–35).

Gregors Regression

Gregor ist der Verlierer dieser Veränderungen. Nicht nur dass er zunächst seine menschliche Körperlichkeit und nach und nach auch sein geistiges Vermögen einbüßt, er verliert auch alle von ihm ehemals besetzten Positionen und wird von seiner Verhaltensweise in die Situation eines Kindes zurückgesetzt: Schon zuvor machte er als einziges Hobby Laubsägearbeiten (13,7 f.), nach seiner Verwandlung möchte er getragen werden (11,9 f.), will andere für sich entscheiden lassen (15,29–33), lauscht an der Tür (31,14) und spioniert durch den geöffneten Türschlitz (51). Zwar ist er nun seiner Verpflichtungen in doppelter Weise enthoben, braucht sich weder um Beruf noch Familie zu sorgen, aber diese Entlastung und Befreiung enthüllt eine innere Leere, über die er sich bislang mit der scheinbaren Wichtigkeit seiner Existenz hinweggetäuscht hat. Außerhalb der Familie findet er keine Existenzberechtigung, und innerhalb der Familie sieht er sich nun einer Selbsttäuschung ausgesetzt: Es geht auch ohne ihn. So wie er misstrauisch nächtens die Familie ausschloss (8,31), so schließt sie ihn nun ein; der Zustand der Isolation setzt sich fort, nur mit umgekehrten Vorzeichen. Das heimliche Vermögen des Vaters, das geholfen hätte, Gregors berufliches Leiden zu verkürzen, beweist dessen mangelndes Vertrauen. Die vermeintliche mütterliche Wärme erweist sich lediglich als rollenspezifische Versorgungsgewohnheit, denn zu keinem Zeitpunkt vermag die Mutter ihre Gebundenheit an Äußerlichkeiten zu überwinden. Selbst der insgeheim verehrten Grete wird Gregor erst ekelig und dann gleichgültig. Er erlebt, wie sie sich von der Pflege-Schwester zur Tochter ihres Vaters wandelt. Damit verliert er das letzte Objekt seiner Liebe, die ohnehin mangels realer menschlicher Bezüge nur in Ersatzprojektionen Ausdruck findet: in der fetischhaften Verehrung des Abbildes einer Frau, deren betont kostbaren Schmuck-Accessoires deutlich machen, in welchem Maße Gregor selbst lediglich von der Sehnsucht nach gesellschaftlichem Ansehen erfüllt ist statt nach persönlicher Zuneigung, und in dem inzestuös gefärbten körperlichen Begehren nach seiner jüngeren Schwester, deren Spiel auf der Violine er fördert, obwohl er Musik gar nicht mag, nur weil die Geige ihm als Symbol den weiblichen Körper vertritt.[14] Sein ‚Ausbruch' aus seinem Zimmer ist so weniger der Musik als Kunst geschuldet als der Verteidigung seiner erotischen Ansprüche vor der Konkurrenz der Zimmerherren. Es ist auch kein Zufall, dass die Geige letztlich gar vom Schoße der Mutter zu Boden fällt und einen leeren, „hallenden Ton" von sich gibt (56,5). Gregor hebt sich also weder von den anderen Familienmitgliedern ab, noch durchläuft er eine Wandlung durch Erkenntnis. Auch opfert er sich nicht für die Familie, sondern begehrt sogar zur Inanspruchnahme vermeintlicher Privilegien auf. Letztlich fällt er in die tröstende Selbsttäuschung und die selbstaufwertende Suggestion zurück, für die Familie „Rührung und Liebe" (59,8 f.) zu empfinden.

Gregors erotische Ersatzprojektionen

Gregors Selbsttäuschung

14 Vgl. das unter dem Begriff „Violinenfrau" bekannte Schwarz-Weiß-Foto *Le violin d'Ingres* (1924) des amerikanischen Surrealisten Man Ray (Emmanuel Radnitzky).

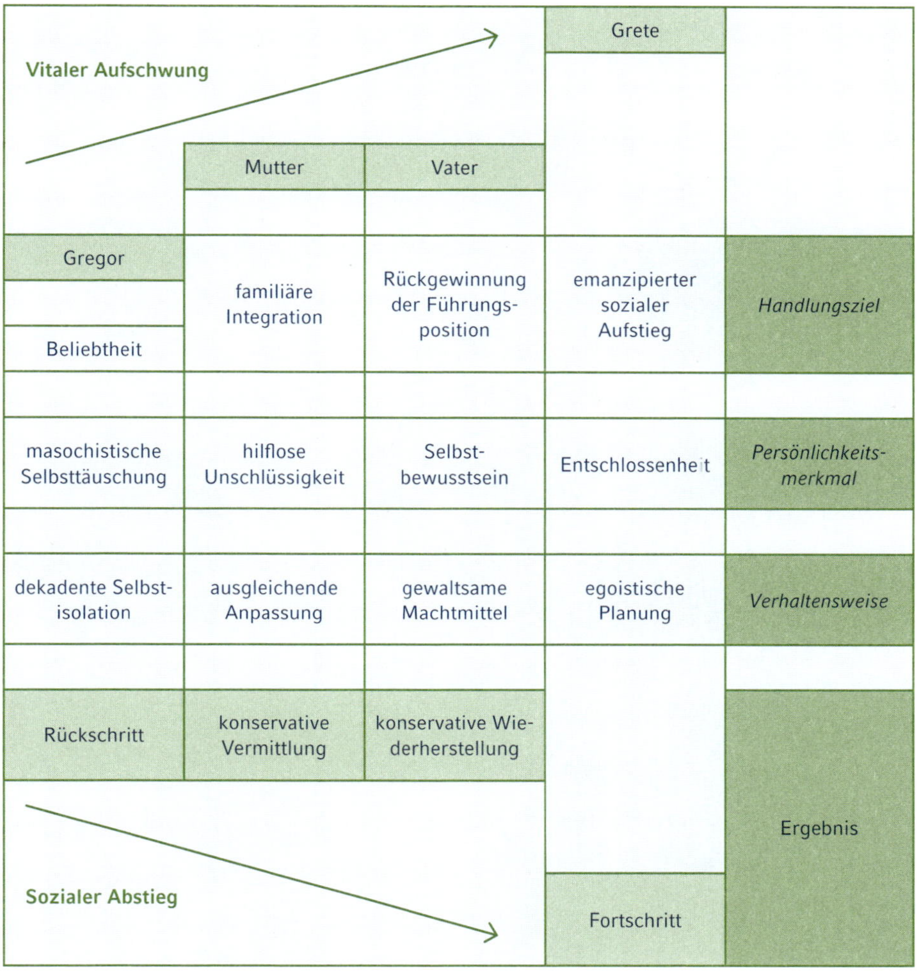

Schaubild 18: Die Struktur der Familie Samsa in *Die Verwandlung*

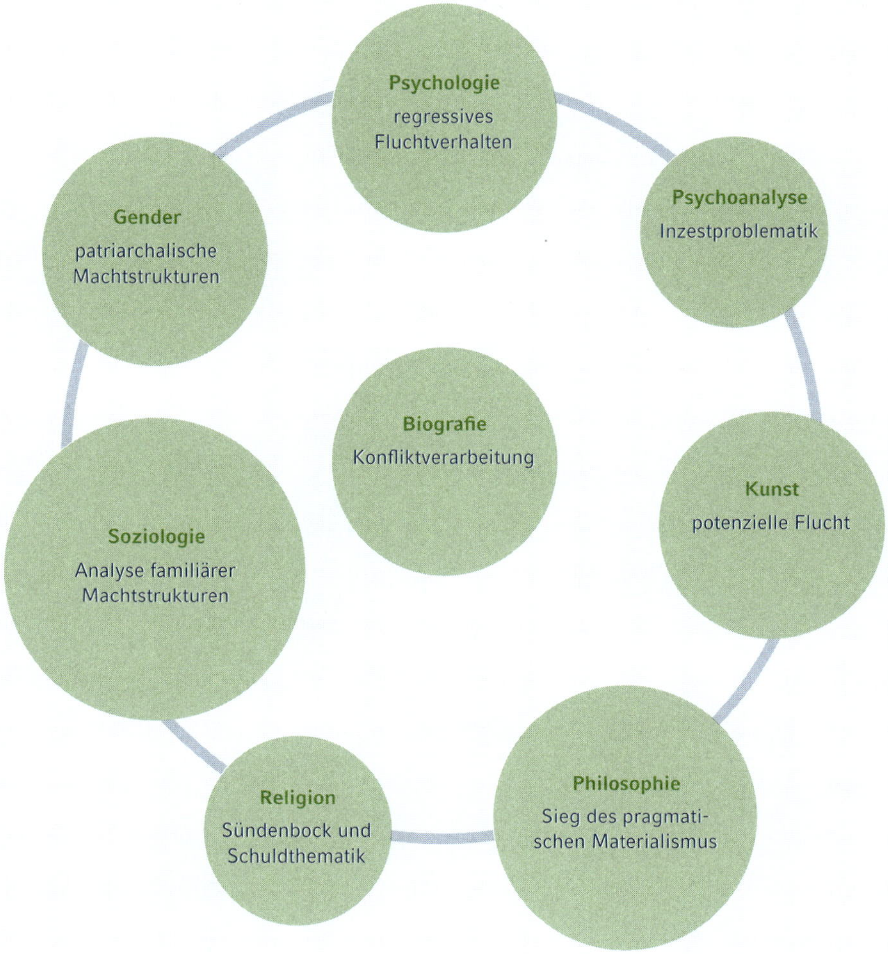

Schaubild 19: Interpretationsaspekte zu *Die Verwandlung*

Kafkas Erzählweise

Franz Kafkas parabelhafter Erzählstil

Die Erzählweise Franz Kafkas hebt sich von der traditionellen Form, wie sie im Realismus gebräuchlich war, deutlich ab. Seine Erzählform strebt nicht mehr danach, der Wirklichkeit in der Fiktion authentische Plastizität und individuelles Profil zu verleihen, sondern bemüht sich umgekehrt, einer nahezu schon trivial vereinfachten Realität durch eine möglichst offene und unspezifische Form der Verallgemeinerung den Anschein einer bedingungslosen, aber mehrdeutigen Grundsätzlichkeit zu geben. Kafka benennt auf der Oberflächenebene der sprachlichen Bezeichnung die Dinge zwar in einer wortschatzarmen, dem Sprecher (auch heute noch) geläufigen Semantik, lässt jedoch zu, dass diese Wörter auf der pragmatischen Ebene des Bezeichneten sich verselbstständigen und neue Bedeutungsräume eröffnen. Damit erscheinen die Dinge anders, als man es gewohnt ist, die vermutete Sicherheit des Realitätsbezuges ist aufgehoben und um den Bereich des Möglichen erweitert, in dem die Gesetze von Logik und Vernunft nicht mehr gelten. Sowohl der Erzähler, der sich nur selten mit Kommentaren als auktorialer Erzähler zu erkennen gibt und mit Gedankenbericht und erlebter Rede zumeist vollständig in der personalen Perspektive Gregor Samsas aufgeht, als auch Gregor selbst sind dieser Unsicherheit des Potenziellen unterworfen. Eine solche Verunsicherungssituation schafft Distanz. Kafka vergrößert sie nun noch zusätzlich durch die Verwendung von Ironie und Komik. Da die Ironien zumeist paradox angelegt sind und die skurrile Komik schwarz gefärbt und grotesk in Erscheinung tritt, entsteht ein bizarrer Verfremdungseffekt, der einerseits den Autor-Erzähler durch diese mehrfache Verschleierung nahezu unkenntlich macht und andererseits dem Rezipienten das Erzählte ins anwidernd Albtraumhafte rückt, das jede Form des Humors in Schrecken verwandelt.

Insgesamt entsteht so eine Erzählweise, die über das Erzählte hinaus auf einen jenseits des Bezeichneten liegenden Bedeutungsraum verweist, ohne jedoch eindeutig zu markieren, wie dieser Bedeutungsraum begrenzt und wo er anzusiedeln ist. Das macht das Parabelhafte der Kafkaschen Erzählweise aus. Aber im Gegensatz zur traditionell bekannten, in sich geschlossenen Lehrparabel fehlt ihr die Eindeutigkeit von strukturellem Aufbau, Zielorientierung und Bedeutung. Die moderne, von Kafka benutzte offene Form, gelegentlich Vorgangsparabel genannt, beschränkt sich vielmehr auf den Ansatz einer generellen, aber diffusen Verweisung.

2.3 LYRISCHE TEXTE ZU EINEM THEMENBEREICH IM HISTORISCHEN LÄNGSSCHNITT UNTER BERÜCKSICHTIGUNG IHRER POETOLOGISCHEN KONZEPTE

Bei der Behandlung der Gattung Lyrik werden keine Einzelwerke vorgegeben, sondern nur eine Epoche. Deshalb ist es schwierig, selbst herausragende Gedichte des in Frage kommenden Zeitabschnitts als bekannt vorauszusetzen. Infolgedessen sollen in diesem Kapitel vor allem die strukturellen Wissenselemente angesprochen werden. Dazu gehören neben den Basisinformationen und denen zu den zeitgeschichtlichen und historischen Hintergründen der Epoche Expressionismus vor allem die kennzeichnenden stilistischen Strukturen sowie thematischen Schwerpunkte.

2.3.1 Poetologische Konzepte

Übersicht: Formen und Elemente des lyrischen Sprechens

Gedichtformen	Lied	einfache Strophen aus meist 4 gereimten kurzen Versen
	Sonett	2 Quartette: abba, 2 Terzette: cdc/dcd oder cde oder ccd/eed
	Ballade	(dramatisches) Erzählgedicht
	Ode	reimlose Strophen in hohem Sprachstil
	Hymne	freirhythmischer feierlicher Preisgesang ohne Reim
Strophenformen	Distichon	2-zeilig, meist 6 Daktylen
	Lied	4-zeilig, oft im Kreuzreim mit alternierendem Metrum
	Chevy-Chase	4-zeilige Balladenstrophe: 1. u. 3. Vers: 4 Hebungen, 2. u. 4. Vers: 3 Hebungen, Kreuzreim
	Stanze	8-zeilig; Reimschema: abababcc, oft 5-hebiger Jambus
Metrum	Jambus	x´x: Gedícht: Blankvers (5-hebig ohne Reim), Alexandriner (6-hebig mit Zäsur)
	Trochäus	´xx: Áchtung
	Anapäst	xx´x: Anapä́st
	Daktylus	´xxx: Dáktylus: Hexameter (6-hebig); Pentameter (6-hebig mit 2 fehlenden Senkungen)
	Knittelvers	unregelmäßig, 4 Hebungen, paargereimt

Vers	Zeilenstil	Kolon (Satzeinheit) und Versende stimmen überein (oft Satzzeichen, Beginn des nächsten Verses mit „und“ etc.).
	Enjambement	Zeilensprung: Satzeinheit wird im folgenden Vers fortgeführt.
	Hakenstil	Dominanz von Enjambements in einer Strophe
Klangmittel	Assonanz	auffällige Wiederholung gleicher Vokale in betonten Silben: Am Anfang war alles wahr.
	Alliteration	auffällige Wiederholung gleicher Konsonanten in betonten Silben: wie wundersam das Wolkenwort gewählt
	Onomatopoesie	Lautmalerei: der Keks krackt und knackt
Endreime	Paarreim	aa bb cc
	Kreuzreim	abab
	umarmender Reim	abba
	Schweifreim	aabccb
	Haufenreim	aaaaa
andere Reime	Anfangsreim	Reim der ersten beiden Wörter im Vers
	Binnenreim	Reim innerhalb desselben Verses
	Schlagreim	Reim zwischen zwei aufeinanderfolgenden Wörtern
	Waise	reimloser Vers innerhalb einer gereimten Umgebung
Kadenz	männlich	betontes Versende: hát, Apparát, Erntedánk
	weiblich	unbetontes Versende: gelúngen, háben, Líebschaft
Bildlichkeit	Vergleich	mit wie: hoch wie ein Baum
	Metapher	Vergleich ohne wie: Er war ein Baum
	Symbol	allgemein eingeführtes und bekanntes Sinnbild: Rose = Liebe, Taube/Ölzweig = Friede
	Chiffre	außerhalb der Konvention willkürlich gewähltes Sinnbild: Eis = Schweigen

Übersicht: Geschichtliche Entwicklung der Lyrik

Humanismus	Gelehrtenpoesie	Dichterschulen: Imitationen und Variationen traditioneller Muster
Barock	höfische Poesie	Gesellschaftsdichtung und religiöse Dichtung: Kirchenlieder
18. Jh.	bürgerliche Poesie	Lehrgedicht, anakreontische Gesellschaftsdichtung, vaterländische und Kriegslieder, politische Lyrik; religiöse Lieder (Aufklärung); empfindsame und genialische Poesie, weltliche Lieder (Sturm und Drang), Gedankenlyrik (Klassik)
19. Jh.		irrationale Lyrik, intellektuelle Reflexion, Hymnen, Volkslieder und volkstümliche Lieder, Freiheitslieder (Romantik); pessimistische, idyllische, weltschmerzliche Lyrik (Biedermeier); politische Lyrik (Vormärz); Naturlyrik, Balladen, humoristische Lyrik (Realismus); Sozialkritik am technischen Zeitalter (Naturalismus); L'art pour l'art, Sprachexperimente, Metaphorik (Symbolismus)

2.3.2 Fokus: Lyrik des Expressionismus[15]

Zur Epoche

Krise der wilhelminischen Gesellschaft

Der Expressionismus (1910–1925), als Begriff 1901 in Frankreich zur Kennzeichnung moderner Malerei erfunden und 1911 in Deutschland erstmals von Kurt Hiller auf die Literatur angewandt, war eine kulturpolitische Protestbewegung, die sich von Deutschland über Europa verbreitete, dort aber zum Teil unter anderen Begriffen wie Futurismus, Kubismus und Surrealismus firmiert. Der Protest richtete sich gegen den wilhelminischen Staat, der sich in einer doppelten Krise befand:

- Außenpolitisch war er als imperialistischer Aggressor isoliert (Marokkokrise, Kolonial- und Flottenpolitik, Agrarzölle), und
- innenpolitisch war die Kluft zwischen dem Adel (der Verwaltung und Militär beherrschte), der neu entstandenen Industriearistokratie, dem wirtschaftlich erfolgreichen Bürgertum, dem Bildungsbürgertum (das humanistische Ideal verfolgte) und den kaisertreuen Provinzlern einerseits und dem durch die radikale Kapitalisierung lohnabhängig gewordenen Mittelstand und dem anwachsenden revolutionsbereiten Proletariat andererseits nahezu unüberbrückbar geworden.

---

15 Ausführlich: Gudrun Blecken: *Lyrik des Expressionismus*, Hollfeld: C. Bange Verlag, 3. Aufl. 2015 (Königs Erläuterungen Spezial, Bd. 3033-4).

Der Protest richtete sich voller Hass und Verachtung speziell gegen:
- den aufgesetzten Machtpomp der staatlichen Organe und ihre angeberische Selbstdarstellung im Obrigkeitsstaat,
- die überhandnehmenden ausbeuterischen Kapitalinteressen,
- den sozialen Zersetzungsprozess,
- die bigotte Verlogenheit der geltenden Normen,
- die subjektiven Erfahrungen der Entfremdung und Zerrissenheit,
- die pathetische Klassikerverehrung und provinzielle Heimatdichtung.

Deshalb hatte der vorwiegend im Milieu der Großstädte beheimatete Protest zum Ziel:

Ziele des Protestes

- eine notfalls revolutionäre politisch-soziale Neuordnung des Staates, die bei zunehmender Politisierung infolge des I. Weltkrieges zu Sozialismus und Anarchismus tendierte,
- eine Verweigerung gegenüber jeder Form reaktionärer Bürgerlichkeit,
- eine programmatische Erneuerung und Wiedergeburt des Menschen mit seiner „individuellen Seele" (Kurt Pinthus: *Menschheitsdämmerung,* 1919),
- die Wiederherstellung der Weltharmonie durch eine brüderliche Menschengemeinschaft sowie
- eine neue schöpferische Kunst und Literatur zum Medium der neuen Welterkenntnis und des neuen Programms zu machen.

Der Expressionismus wird zuweilen in **drei Phasen** eingeteilt:
- den Frühexpressionismus zwischen 1910 und 1914, der sich vor allem aus dem pathetischen Enthusiasmus für eine Erneuerung der Welt speiste, die Gattung Lyrik bevorzugte und in der Verwendung starker Emotionen dem Sturm und Drang und der Frühromantik vergleichbar ist,
- der Kriegsphase von 1914–1918, die überschattet war von Krieg und Revolution und besonders im Drama seinen Ausdruck fand, und letztlich
- eine kurze Phase des Spätexpressionismus nach dem Krieg von 1918–1920, als sich zeigte, dass alle Erneuerungsversuche gescheitert waren.

Andere unterscheiden inhaltlich die messianische Richtung des Strebens nach Welt- und Menschheitserneuerung von der politisch-revolutionären Strömung und einem gesellschaftsanalytischen Schwerpunkt.

Es ist zu betonen, dass es keinen einheitlichen expressionistischen Stil gibt, nicht alle dem Expressionismus zugerechneten Autoren expressiv geschrieben haben und nicht alle Autoren, die zur Zeit des Expressionismus geschrieben haben, auch repräsentativ für diese Epoche sind.

EPOCHENÜBERSICHT EXPRESSIONISMUS

Weltpolitische Konflikte

Imperialismus

Marokkokrisen 1905/06 und 1911, dt. Kolonial- und Flottenpolitik

Innenpolitische Konflikte

Zunahme der sozialen Distanzen

Adel (Verwaltung, Militär) – Industriearistokratie – Besitzbürgertum – Bildungsbürgertum – Kleinbürgertum – Proletariat

Protest

gegen Obrigkeitsstaat, Machtpomp, Ausbeutung, Doppelmoral, Entfremdung, Verkitschung

Forderungen

staatliche Neuordnung, Erneuerung des Menschen, brüderliche Menschengemeinschaft, ungehemmte Kreativität

Frühexpressionismus: 1910–1914

pathetischer, messianischer Enthusiasmus

Kriegsphase: 1914–1918

Anti-Kriegspropaganda

Spätexpressionismus: 1918–1920

Erneuerungsversuche

Schaubild 20: Expressionismus

Übersicht: Lyrik des Expressionismus

Strömungen	**melancholische Imagination** (Trakl, Stadler, Heym), **kosmische Naturpoesie** (Britting, Däubler), **visionäres Pathos** (Goll, Wolfenstein, Ehrenstein), **lakonische Montage** (Stramm), **Bürgerschreckpoesie** (Brecht, Benn, Klabund), **sozialistische Polemik** (Hermann-Neiße), **dadaistisches Experiment** (Arp, Ball, Schwitters)
Motivkreise	**Weltschmerz**: Apathie, Apokalypse, Leid, Melancholie, Schrecken, Traum, Trübsinn, Verfall, Weltende **Großstadtlyrik**: Armut, Bordell, Dämmerung, Großstadt, Irrenhaus, Nacht, Vergänglichkeit **politische Lyrik**: Aufbruch, Friede, Generationskonflikt, Grauen, Revolution, Untergang, Krieg
Gedichtformen	experimenthafte Formen, losgelöst von der Tradition; Formlosigkeit
Stilmittel	Alliterationen und Assonanzen, kräftige Bildlichkeit, Dämonisierung, dynamische Adjektive und Verben; Elemente des Grotesken, Rauschhaften, Zynischen; Ellipse, Extreme, Farbsymbolik, Kontraste, kühne Metaphorik, Montage, Neologismus, Parallelismus, Personifizierung, Reihung, Satzfetzen, Schrei, Superlative, Synästhesie, negative Wortfelder, Worthäufungen, Wortspiel

Weltschmerz

Zwischen Zerstörungswut und Bürderlichkeit

Zwei einander entgegengesetzte Tendenzen kennzeichnen die tiefe Unzufriedenheit mit dem Zustand der Welt: Die negative Tendenz steigert sich in hassvoller Zerstörungswut und Untergangsstimmung zu einer Zertrümmerung der (gesellschaftlichen) Wirklichkeit, die zum Teil sadomasochistische Züge aufweist. Die positive Tendenz sucht eher auf dem Fundament der Religion und des Gottesbezuges nach metaphysischer Erlösung und humaner Brüderlichkeit („Oh Mensch").

Beispiele: Albert Ehrenstein, *Auf der hartherzigen Erde*
Carl Einstein, *Heimkehr*
Gerrit Engelke, *Mensch zu Mensch*

Großstadtlyrik

Apokalyptisches Bild der Großstadt

Die Naturlyrik setzt sich im Expressionismus vorwiegend kritisch mit der urbanen Landschaft der Großstadt, besonders der Hauptstadt Berlin, auseinander. Sie geißelt die Unwirtlichkeit der molochartigen Städte, verteufelt Zivilisation und Industrialisierung und dämonisiert ihre Lebenszustände albtraumhaft als apokalyptischen Totentanz. Nur selten wird dem ursprünglicheren Landleben eine therapeutische Wirkung zugesprochen, die den menschlichen Bedürfnissen förderlich ist. Zumeist ist auch sie eine abstoßende, verfremdete Landschaft des Unheils, in der sich die Krise spiegelt.

Beispiele: Georg Heym, *Der Gott der Stadt*
Yvan Goll, *Die Automammuts*
Ernst Stadler, *Vorfrühling*

Liebeslyrik

Zwischen exotischen Bildern und Biologismus

Dem Zeitgeist entsprechend finden sich im Expressionismus Liebesgedichte eher seltener. Statt eines vielleicht kitschigen Schwelgens in Gefühlen verbirgt sich das Gefühl entweder scheu hinter einer Wand exotischer Bilder, reduziert sich im naturwissenschaftlichen Geiste der Zeit verzweifelt auf biologische Äußerlichkeiten oder konterkariert seine Emotion in sprachspielerischer Absurdität.

Beispiel: Else Lasker-Schüler, *Ein alter Tibetteppich*
Gottfried Benn, *Untergrundbahn*
Kurt Schwitters, *An Anna Blume*

Politische Lyrik

Das Grauen des Krieges

Die Fantasie einer radikalen Umwälzung der politisch-gesellschaftlichen Verhältnisse und die grauenvollen Erlebnisse und Folgen des I. Weltkrieges, den viele expressionistischen Lyriker nicht überlebten, prägt die Inhalte dieses Motivkreises. Der Fortschritt der Waffentechnik hat den Krieg anonymisiert, das Leiden und Sterben aber vermehrt. Der Hurrapatriotismus erstickt in der blutgetränkten Erde der Front, wirft den Einzelnen auf seine nackte Existenz zurück und erkennt den einzigen Ausweg im Pazifismus.

Beispiele: Georg Heym, *Der Krieg*
Georg Trakl, *Grodek*
August Stramm, *Schlacht*

2.4 KOMPLEXE, AUCH LÄNGERE SACHTEXTE

Als Sachtexte bezeichnet man alle nicht-fiktionalen Texte. Weil sie in der Regel eine Absicht haben und einen Zweck verfolgen, nennt man sie auch Gebrauchstexte. Sie treten in unserem Alltag in vielfältigster Weise in Erscheinung. Das macht es schwierig, ein eindeutiges Ordnungsraster zu erstellen, weil in den seltensten Fällen in einem Text nur eine einzelne Absicht verfolgt wird:

„Gebrauchstexte"

2.4.1 Übersicht: Sachtexte

Sprachfunktion	Stilmerkmale	Textsorten
darstellend-informativ	unpersönlich, sachlich, knapp, verständlich, zuverlässig, empfängerbezogen	Dokument, Bericht, Beschreibung, behördliche Schreiben, Inhaltsangabe, Nachricht, Protokoll, Rezept, Einkaufzettel
sozial-normativ	sachlich, regelnd, Bedingungen und Konsequenzen betonend, verbindlich, fachsprachlich	Satzung, Gesetz, Vertrag, Erlass, Verordnung
theoretisch-argumentativ, erörternd	analytisch, logisch strukturiert, definierend, begriffs- und erkenntnisorientiert, diskursiv, um Objektivität und Überzeugung bemüht, fachsprachlich	Erörterung, Essay, Interpretation, Facharbeit, wissenschaftlicher Text
	analytisch, meinungsbildend, subjektiv, innovativ, kreativ, ggf. auch unterhaltend	Kommentar, Rezension, Glosse, Leserbrief
expressiv-kontaktiv	ausdrucksbetont, autor- und empfängerbezogen, auf Miterleben, Mitfühlen und Anteilnahme angelegt	Karte, Brief, Tagebuch
appellativ-persuasiv	überredend, rhetorisch, emotionale Wortwahl, Hochwertwörter, handlungsanweisend	Werbetext, politische Rede

Bei den Abituraufgaben sollte das aufgezeigte Spektrum eingeengt sein auf theoretisch argumentative und erörternde Texte. Aber auch diese können recht unterschiedliche stilistische Erscheinungsformen zeigen, je nachdem ob sie wissenschaftlich, feuilletonistisch, essayistisch, assoziativ, logisch-sachlich, emotional, pointiert, agitativ oder anders angelegt sind.

Wie analysiert man einen Sachtext?

Das Schwierigste bei der Analyse eines argumentativen Sachtextes ist die Ermittlung seiner **logischen Struktur**. Nicht immer wird nämlich das schlichte Modell von Einleitung, Hauptteil und Schluss eingehalten, nicht immer gliedert sich der Hauptteil einfach in Pro und Contra. Oft enthält ein Sachtext ein auf den ersten Blick nicht leicht zu durchschauendes Geflecht von vorgetragenen Begründungen, die erst bezweifelt oder widerlegt werden, bevor der Autor seine eigenen Argumente vorträgt, sie eventuell gegen mögliche Anzweiflungen verteidigt und so seine These bzw. Antithese bekräftigt. Auch sollten die Beispiele und Belege auf ihre Stichhaltigkeit und ihre Beweiskraft ebenso geprüft werden wie angeführte Zitate oder der Verweis auf Autoritäten. Generell sollte ein besonderes Augenmerk auf **Konjunktionen und Adverbien** gelegt werde, die nicht selten Gedankenschritte eines Textes anzeigen wie: Bedingungen, Einräumungen, Gegensätze, Gründe, Modalitäten, Einschränkungen, Reihungen, Folgen und Zielformulierungen.

2.4.2 Übersicht: Argumentationsmodelle

Lineares Modell	Einleitung – These – Begründung (ggf. mehrgliedrig) – Widerlegung möglicher Nachteile – Darlegung der Vorteile und positiven Konsequenzen – Wiederholung der These / Schluss
Dialektisches Modell	Einleitung – Antithese – Begründungen der Antithese – Widerlegung der Begründungen – These – Begründungen der These – Zurückweisung möglicher Einwände – Fazit: Wiederholung der These / Schluss
Antithetisches Modell	Einleitung – Antithese 1 – Widerlegung ihrer Begründung – These 1 – Begründung – Antithese 2 – Widerlegung ihrer Begründung – These 2 – Begründung – etc. – Zusammenfassung und Fazit /Schluss

Durchschaut man die Argumentationsweise eines Textes nicht, läuft man leicht Gefahr, der vorgetragenen Meinung folgen zu müssen, und hat so z. B. keinen Ansatz zur Entfaltung einer eigenständig begründeten Ansicht.

3. INHALTSFELD KOMMUNIKATION

3.1 RHETORISCH AUSGESTALTETE KOMMUNIKATION IN FUNKTIONALEN ZUSAMMENHÄNGEN

Als am feinsten ausgestaltete Form der rhetorisch ausgestalteten Kommunikation und vermutlich einzig prüfungsrelevante Textsorte darf die **Rede** gelten. Ausgangspunkt einer jeden Redeanalyse muss die Klärung der Redesituation sein, also die Beantwortung der Fragen: Warum spricht wer worüber wo zu wem und wie sieht der soziokulturelle und historisch-politische Hintergrund dieser Rede aus? Redesituation und Redeziel

Unter Berücksichtigung der Redesituation und des Redeziels unterscheidet man drei Redearten:

3.1.1 Übersicht: Redearten

Festrede (genus demonstrativum)	ausdrucksorientiert: Im emotionalen Einvernehmen zwischen Redner und Publikum wird einer Person, einer Sache, einem Anlass feierlich gedacht.
Entscheidungsrede (genus deliberativum)	handlungsorientiert: politische Rede: Mit allen zur Verfügung stehenden Mitteln wird etwas empfohlen oder abgelehnt.
Gerichtsrede (genus judiciale)	thematisch orientiert: Anklage oder Verteidigung: Es wird nur ein Aspekt, pro oder contra, berücksichtigt.

Von diesen drei Redegattungen ist die politische Rede sicherlich die interessanteste, weil komplexeste. Hier sind alle Redestrategien gefordert.

3.1.2 Übersicht: Redestrategien

Aufwertung	– Verwendung von positiv besetzten, dynamisch wirkenden Wörtern und Begriffen (Leitwörter, Hochwertwörter) – Hervorhebung, Lob und Anerkennung der Wir-Gruppe – positive Verallgemeinerungen und Betonung positiver Teilaspekte – Verwendung von gängigen Formulierungen (Schlagwörter) – Verweis auf gleichgesinnte Autoritäten

Beschwichtigung	– Herunterspielen, Ausklammern, Tabuisieren unangenehmer Probleme – Notwendigkeit und Zwanghaftigkeit des eigenen Vorgehens betonen – Appelle an die Verantwortungsgemeinschaft
Verschleierung	– Verwendung bewusstseinslenkender Begriffe – Sprachlenkung: ideologische Umbenennungen – Verwendung von Wörtern, deren Inhalt unklar ist (Leerwörter)
Abwertung	– Tadel, Kritik, Verunglimpfung der Gegner auch durch Unterstellungen – Hervorhebung von behaupteten Schwächen, Fehlern und Vergehen der Gegner – Aufspaltung des Gegners: Unterteilung in Gute und Schlechte, Behauptung gravierender Meinungsverschiedenheiten – Verwendung von negativ besetzten, hinfällig wirkenden, lächerlich machenden Wörtern und Begriffen
Dramatisierung	– emotional aufwühlendes, Angst und Befürchtungen schürendes, schicksalsträchtiges Vokabular – maßlose Übertreibungen (gern bei Zahlenwerten und Problemen)

Da die politische Rede versucht, mehr mit Sprachmitteln zu überreden als durch Argumente zu überzeugen, greift sie gern auf das Arsenal der Rhetorik zurück.

Die reine Feststellung des Vorhandenseins rhetorischer Figuren ist jedoch ebenso wertlos wie die Angabe, wie häufig ein bestimmter Buchstabe in einem Text vorkommt. Entscheidend ist, welche Funktion das jeweilige rhetorische Mittel erfüllt. Deshalb ist die nachfolgende Übersicht so geordnet, dass sie sowohl angibt, welchem sprachlichen Aspekt das jeweilige rhetorische Mittel zugeordnet werden muss, als auch benennt, welche Funktion es normalerweise in diesem Rahmen erfüllt.

3.1.3 Übersicht: Rhetorische Figuren

Figur	Beispiel	Definition	Funktion
			phonologisch
Alliteration	*wie wundersam das Wolkenwort gewählt*	Silben: auffällige Wiederholung gleicher Konsonanten in betonten Silben	*Intensivierung*
Assonanz	*Am Anfang war alles wahr.*	auffällige Wiederholung gleicher Vokale in betonten Silben	*Intensivierung*

Emphase	*Ein M a n n steht vor dir.*	besondere Betonung eines Wortes	*Intensivierung*
Paronomasie	*Eile mit Weile*	Wortspiel durch Verbindung klangähnlicher Wörter	*Intensivierung*
			semantisch
Anadiplose	*Das Leben braucht Versöhnung. Versöhnung darf nicht …*	Ein Satz beginnt mit dem/den letzten Wort/Wörtern des vorherigen Satzes.	*Betonung*
Antithese	*Der Wahn ist kurz, die Reu' ist lang.*	Entgegenstellung von Begriffen und Gedanken	*Pointierung*
Hendiadyoin	*Hilfe und Beistand*	inhaltlich identische Substantive	*Betonung*
Neologismus	*Knabenmorgenblütenträume*	Wortneuschöpfung	*Anschaulichkeit*
Oxymoron	*schweigend im Gespräch vertieft; bittere Süße*	zwei sich widersprechende Vorstellungen	*Humor; innere Spannung*
Pleonasmus	*weißer Schimmel*	Wiederholung eines charakteristischen Merkmals des Bezugswortes	*Überbetonung*
Synästhesie	*das warme Braun ihrer Stimme*	Verbindung unterschiedlicher Sinneseindrücke	*Intensivierung*
Tautologie	*immer und ewig Persil bliebt Persil.*	inhaltlich identische Adjektive oder Satzaussage	*Betonung*
Zwillingsformel	*Mann und Maus, Kind und Kegel, Tod und Teufel*	zwei meist antithetische Begriffe, gern mit Alliteration	*Anschaulichkeit Betonung*
			syntaktisch
Akkumulation	*Vieh, Menschen, Stadt und Felder (Welt)*	Aufzählung zu einem Oberbegriff	*Ausschmückung*
Anapher	*Das Wasser rauscht / das Wasser schwoll*	Wortwiederholung am Satz- oder Versanfang	*Betonung*

Asyndeton	*Alles rennet, rettet, flüchtet.*	Reihung von Satzteilen ohne Konjunktion	*Dynamisierung*
Chiasmus	*Die Kunst ist lang und kurz ist unser Leben.*	symmetrische Überkreuzstellung einander entsprechender Satzglieder	*Pointierung*
Correctio	*Er ist schlau, ja sogar verschlagen.*	Korrektur eines zu schwachen Ausdrucks	*Pointierung*
Ellipse	*Je früher, desto besser.*	unvollständiger Satz	*Hast, Unruhe*
Epipher	*Doch alle Lust will Ewigkeit, will tiefe, tiefe Ewigkeit.*	Wortwiederholung am Satz- oder Versende	*Betonung*
Hyperbaton	*Es ist der Liebe milde Zeit.*	abweichende Satzstellung **(Inversion)**	*Betonung*
Klimax	*Ich kam, sah und siegte.*	Dreigliedrige Steigerung; umgekehrte Abschwächung: **Antiklimax**	*Pointierung*
Parallelismus	*Heiß ist die Liebe, kalt ist der Schnee.*	Wiederholung gleicher Syntaxabfolge	*Pointierung*
Polysyndeton	*und läuft und läuft und läuft*	unnötige Verbindung von Satzteilen durch Konjunktionen	*Betonung*
rhetorische Frage	*Sind wir nicht alle Menschen?*	Scheinfrage, die keine Antwort erwartet	*Nachdrücklichkeit*
Zeugma	*Ich heiße Peter und Sie herzlich willkommen.*	überraschende Zuordnung eines Prädikats zu unterschiedlichen Objekten	*Humor*
			pragmatisch
Allegorie	*Justitia = Gerechtigkeit*	konkrete bildhafte Darstellung eines abstrakten Begriffes	*Bildlichkeit*
Apostrophe	*Augen, verhüllt euch!*	pathetische Anrede	*Emotionalisierung*
Euphemismus	*Entsorgungspark = Mülldeponie*	Beschönigung	*Beschwichtigung*

Hyperbel	*Schneckentempo, Meer von Tränen*	Übertreibung	*Dramatisierung*
Ironie	*Du bist mir ein schöner Freund!*	unwahre Behauptung zur Kennzeichnung des Gegenteils	*Pointierung*
Litotes	*gar nicht so hässlich = recht hübsch*	behutsame Bejahung durch doppelte Verneinung	*Schonung oder Betonung*
Metapher	*Königin der Herzen*	Vergleich ohne wie	*Bildlichkeit*
Metonymie	*den ganzen Goethe lesen; ein Gläschen trinken; das Weiße Haus sagt*	Ersatz eines Wortes durch eines, das zu ihm in unmittelbarer Beziehung steht	*Anschaulichkeit*
Paradoxon	*Das Leben ist der Tod, und der Tod ist das Leben.*	Scheinwiderspruch	*Pointierung*
Periphrase	*Auge des Gesetzes = Polizei*	Umschreibung	*Bildlichkeit*
Personifikation	*Mutter Natur*	Vermenschlichung	*Anschaulichkeit*
Symbol	*Kreuz = christlicher Glaube Schwert = Krieg, Kampf*	vereinbartes konkretes Sinnbild für etwas Abstraktes	*Bildlichkeit*
Synekdoche	*Gemeinschaft von Tisch und Bett = Ehe*	ein Teil steht für das Ganze (pars pro toto)	*Anschaulichkeit*
Vergleich	*steif wie ein Stockfisch*	Verknüpfung zweier Begriffe mit wie	*Bildlichkeit*

4. INHALTSFELD MEDIEN

4.1 BÜHNENINSZENIERUNG EINES DRAMATISCHEN TEXTES

Beteiligte an einer Aufführung

Wie beim Film wird auch das Theater in der Schule nur in seiner klassischen Form als Literaturtheater thematisiert. Dabei geht man von dem Grundsatz aus, dass jedes Werk der dramatischen Literatur in der Regel nicht als Lesedrama geschrieben worden, sondern für eine Aufführung angelegt ist. An einer solchen Aufführung ist heute eine Vielzahl von Personen beteiligt:

- die **Intendanz**, die den Spielplan gestaltet und die dramatischen Werke auswählt, die zur Aufführung gelangen sollen.
- die **Dramaturgie**, die das aufzuführende Werk und seine Hintergründe fachwissenschaftlich erschließt,
- der **Regie**, die die Aufführung in Zusammenarbeit mit dem Dramaturgen, den Schauspielern und den Bühnenmeistereien plant und ihre Durchführung leitet,
- das **Schauspielensemble**, das die Verkörperung der Figuren übernimmt,
- die **Bühnenmeistereien**, die für die Lösung der gestalterischen, technischen und handwerklichen Fragen verantwortlich sind (Bühnenbild, Beleuchtung, Musik, Requisiten, Kostüme, Maske, Schreinerei, Schlosserei etc.).

Aufführungsstile

Allein die Anzahl der verschiedenen Menschen, die sich mit dem literarischen Werk auseinandersetzen, macht deutlich, dass es wohl nie zwei Inszenierungen geben wird, die gleich ausfallen. Das fängt mit der Intention an, mit der die Intendanz den jeweiligen Spielplan akzentuieren will, setzt sich über die Interpretation des Stücks durch Dramaturgie und Regie fort und endet bei den Umsetzungsmöglichkeiten des Schauspielensembles und der Bühnenmeistereien.

Insgesamt lassen sich folgende Aufführungsstile grob voneinander unterscheiden:

Übersicht: Aufführungsstile

Klassisches Illusionstheater	(„Meiniger Spielweise“:) Absolute Texttreue, detailgetreue historische Ausstattung, wirklichkeitsnahe Spielweise: Streben nach einem Gesamtkunstwerk
Ausstattungstheater	Betonung der optischen Wirkung von Bühnenbild, Kostümierung, Requisite, Maske durch üppige Ausstattung
Erzähltheater	(episches Theater:) Betonung des Sprechtextes durch verfremdende Desillusionierungseffekte: argumentierendes Aufklärungstheater
Schauspielertheater	Betonung der Schauspielerpersönlichkeiten: Faszination der körperbetonten (Gestik, Mimik) Rollen-Interpretation

Regietheater	Betonung der Regieinspirationen: z. T. radikale Texteingriffe, große Umdeutungslust, Geschlechterwillkür bei der Rollenbesetzung
Postdramatisches Theater	Betonung medialer Techniken, Einbeziehung nicht-dramatischer Texte (z. B. Memoiren), Rücknahme des Sprechtheaters: Wahrnehmungserweiterung der Zuschauer

Der Begriff „Inszenierungsstil" wird zwar gern und oft verwendet, ist aber inhaltlich beliebig füllbar; ihm liegt kein System definierter Klassifikationen zugrunde. Bühneninszenierungen eines literarischen Textes lassen sich am besten im Vergleich erschließen.

Theaterkritik als möglicher Sachtext in Prüfung

Da eine Bühneninszenierung ein aktuelles Phänomen ist, kann sie nur dadurch prüfungsrelevant werden, dass man sie in Form der Aufzeichnung einer Live-Übertragung, einer Theaterinszenierung oder einer speziellen Fernsehproduktion bzw. einer schriftlich niedergelegten Besprechung (z. B. in Form einer Theaterkritik) behandelt. Da bislang alle schriftlichen Prüfungsaufgaben textgestützt waren, wurde noch nie der Ausschnitt einer Aufzeichnung materielle Grundlage einer Prüfungsaufgabe. Das ist auch dadurch begründbar, dass Theater und Fernsehen bzw. Film völlig verschiedenartig funktionierende Medien darstellen, die aus vielfältigen strukturellen und soziologischen Gründen keine angemessene Adaption zulassen. Die Rezension einer Bühneninszenierung kann jederzeit vorgelegt werden. Sie ist dann wie ein Sachtext zu behandeln.

TEIL II: ANWENDUNGSWISSEN: VERKNÜPFUNGSASPEKTE

1. PSYCHOLOGISCHER ASPEKT: INDIVIDUATION UND SOZIALISATION – EINE KURZE GESCHICHTE DER LITERATUR

Übersicht

Werk	Individuation	Sozialisation
Goethe	unproblematisiert: Sowohl Faust als auch Gretchen haben zu einer eigenen Persönlichkeit mit eigenem Ethos (eigenen Lebensprinzipien) gefunden.	– egoistische Selbstverwirklichung mit geringer Berücksichtigung des Anderen (Faust) – Konflikt zwischen individuellen Lebenswerten und kirchlichen bzw. gesellschaftlichen Normen
Kafka	Problem der Individuation im Spannungsfeld kleinbürgerlicher familiärer Strukturen, beruflicher Repressionen und unterdrückter Sinnlichkeit (Gregor)	– Rollenausfüllung gemäß Familienposition (Sohn) – Assimilation an wirtschaftliche Gesellschaftsstrukturen (Familie) – restaurative (Vater) und progressive (Grete) Positionierungen – gescheitert aufgrund anhaltender Selbsttäuschung (Gregor)

Individuation und Sozialisation sind zentrale Prozesse der menschlichen Entwicklung. In der Phase der Individuation nutzt der Einzelne als unabhängiges, eigenständiges Individuum seine Möglichkeiten, seine Persönlichkeit nach Maßgabe seiner Veranlagungen und Zielsetzungen zu verwirklichen. In der Phase der Sozialisation begreift er sich als Teil der Gemeinschaft, in der er lebt, und übernimmt in ihr nach Maßgabe seiner Individualität eine möglichst widerspruchsfreie Rolle. Die Darstellung dieser beiden Prozesse gehört wie die Liebesbeziehung zum Kanon literarischer Themen und Probleme und hat z. B. in Form des Entwicklungsromans sogar zu einem eigenen Genre gefunden.

Gedankenexperiment: Literaturgeschichte als Entwicklung eines Individuums

Wie in der Geschichte der deutschen Literatur mit diesen beiden Prozessen umgegangen worden ist und wie sich die explizit genannten literarischen Werke der Abiturobligatorik 2018 dazu verhalten, kann man am besten darstellen, wenn man bildhaft die phylogenetische Entwicklungsreihe der Literaturepochen wie eine ontogenetische Entwicklung (eines Individuums) begreift.

Im Zeitalter des **Barock** begann die deutsche Literatur erstmals konsequent die eigene Sprache zu benutzen (anstelle des Lateinischen), war gleichsam im kindlichen Zustande des Spracherwerbs. In einem solch jungen Stadium der Entwicklung ist die Persönlichkeit noch nicht entfaltet, sondern erprobt sich zaghaft im Rahmen der gesetzten Ordnungen und Regeln. Für den Barock war dies das von Kirche und Adel vorgegebene weltanschauliche Wertesystem. Ein individueller Ausdruckswille trat noch zurück hinter dem Bestreben, seine Virtuosität in der Nutzung der neu gewonnenen sprachlichen Möglichkeiten unter Beweis zu stellen, ohne die Rahmenbedingungen selbst ernsthaft in Frage stellen zu wollen.

Die Epoche der Aufklärung kann als Phase eines sich auf Logizität und Rationalität aufbauenden Selbstbewusstseins verstanden werden, in der das bestehende religiös begründete Ordnungssystem erstmalig eine eigene natur- und wesensbegründete Grundlegung erfährt, die auch Missstände und Fehlentwicklungen in dem bislang fraglos akzeptierten System offenbart. Die in diesem Zusammenhang erhobenen Anklagen drängen jedoch noch primär nach einer verstandesorientierten innersystematischen Lösung.

Sturm und Drang als Pubertät

Es werden in dieser Zeit aber auch andere Reaktionen gezeigt: Der Pietismus verwendet die neuen Erkenntnisse dazu, traditionell am alten System festzuhalten und ihm eine das religiöse Gefühl vertiefende Rechtfertigung zu verleihen. Im Kontrast dazu vertändelt sich die Anakreontik ganz in flüchtiger Oberflächlichkeit und kokettem Spiel. Dagegen entdeckt man im Sturm und Drang die Kraft der eigenen individuellen Persönlichkeit und Willensfreiheit und revoltiert nahezu pubertär gegen alle Einschränkungen der eigenen Person, die man auch in ihrer Entscheidungsverantwortung absolut setzt. Auch Goethes **Faust** ist zu diesen Figuren zu zählen. Obwohl er in jungen Jahren mit seinem Vater gegen die Pest gekämpft und sich so den Dank der Bevölkerung erwirkt hat, ist er im Grunde doch ein wissenschaftlicher Einzelkämpfer, der ohne Rücksicht auf andere und sich selbst bedingungslos sein Streben nach Vollkommenheit des Wissens und Erlebens verfolgt. Dabei ist er nicht ohne Gewissen, aber er versteht es immer wieder, es zugunsten seines Lebensziels zu beschwichtigen. An **Gretchen** wird greifbar, wie katastrophal der Konflikt zwischen dem eigenen Wollen und den gesellschaftlichen Normen enden kann, ohne dass Gretchen je den Boden des humanen Verhaltens verlassen hätte. Ihr ist nicht einmal die Möglichkeit des gesellschaftlichen Protests oder Aufbegehrens gegeben. Sie hat vielmehr alle gesellschaftlichen Konsequenzen ihres Handelns in religiöser Unterwerfung zu ertragen.

Verknüpfungsaspekt 1: *Faust I*

Suche nach einem Ausgleich

War der Blick bislang nahezu ausschließlich auf den Prozess der Individuation gerichtet und gipfelte er im Sturm und Drang in höchstem Autonomieanspruch, so erfährt er um 1800, vergleichbar mit der Adoleszenz, einen **Wandel der Perspektive zur Sozialisation**. Goethe und Schiller erkennen, dass die Egomanie ein Weg in die isolierende Sackgasse und den persönlichen Untergang ist, und suchen nach einem idealen harmonischen Ausgleich zwischen Individuum und Gesellschaft, zwischen Autonomiestreben, allgemeiner Menschenwürde und sozialer Vernunft. Das ist die Epoche der **Klassik**. Die von ihr idealisierten Lösungen scheitern aber an der Unvollkommenheit des Menschen und den ihn umgebenden Zuständen. Deshalb wird nach anderen Lösungsstrategien gesucht, zumal das Individuum zu kopflastig erscheint.

Während die **Romantik** sich in einer Systemflucht bemüht, die Möglichkeiten der Individuation durch Betonung des Emotionalen und Irrationalen zulasten der Sozialisation zu bewahren bzw. diese Sozialisation lediglich spirituell zu vollziehen, und der **Biedermeier** versucht, das klassische Idealmodell dadurch zu retten, dass man den Kreis der Sozialisation eng auf die Familie begrenzt, ist der **Vormärz** bereit, seine Individualität kämpferisch für die Erreichung konkreter sozialer und politischer Ziele einzusetzen.

Dem Realismus des 19. Jahrhunderts gelingt ein bedingter Ausgleich zwischen Individuation und Sozialisation, insofern die Lösung in beiderseitigen Einschränkungen und Zugeständnissen gesehen wird, deren Hauptlast jedoch der Individuation zukommt. Eine gelungene Sozialisation wird möglich, wenn man das Potenzial seiner Individuation bescheiden an die Erfordernisse der realen Gegebenheiten anpasst. Die Romane Fontanes machen deutlich, dass dieser Grundsatz für alle gesellschaftlichen Kreise anzuwenden ist.

Literarische Moderne: verlorene Maßstäbe

Am Ende des Jahrhunderts werden jedoch Zweifel an der alleinigen Eigenverantwortung des Menschen für Individuation und Sozialisation manifest. Im **Naturalismus** stellt man dar, dass diese Anpassung oft nicht allein vom Individuum zu leisten ist, weil die individuellen Voraussetzungen wie physische, intellektuelle und psychische Veranlagung, Erziehung und soziales Milieu dies nicht zulassen. Die zur Jahrhundertwende um sich greifende Skepsis erfasst, einer schweren Entwicklungskrise gleich, alle Bereiche. Zukunftsträchtige Entwicklungsmöglichkeiten für Individuation und Sozialisation sind nicht zu erkennen:

- nicht im Rückzug auf die Individualität, infolge derer der **Impressionismus** die subjektive Wahrnehmung zum vorrangigen Maßstab macht,
- nicht in der romantischen Flucht in die Isolation ästhetischer Spiritualität, wie sie der **Symbolismus** betreibt, und auch
- nicht in der geniehaften und exaltierten Kraftmeierei des **Expressionismus** gegen alle Welt.

Die immer stärker anwachsende Unüberschaubarkeit der modernen Welt, der Zusammenbruch der solide geglaubten politischen Ordnungssysteme nach dem Ersten Weltkrieg und die Beschleunigung und Dynamik der zivilisatorischen Entwicklung (Technisierung) werfen mehr und schneller Fragen auf, als sich beantworten lassen. Die traditionellen Leit- und Wertmaßstäbe für die Individuation, zunächst nur angezweifelt, sind nun vollends verloren. Die gesellschaftlichen Umwälzungen vollziehen sich so turbulent, dass das Ziel einer sinnvollen Sozialisation nicht auszumachen ist. Der Mensch scheint seiner Existenz verzweifelt ausgesetzt, er erkennt höchstens noch in der Partnerbindung eine verlässliche Form der Verbindlichkeit und reagiert auf die allgemeine Verunsicherung mit pragmatischen Überlebensstrategien und klammert sich an die traditionellen oder unausgegorenen neuen Ideologien der Masse, wie es die Werke der **Neuen Sachlichkeit** schildern (Faschismus, Kommunismus).

Verknüpfungsaspekt 2: *Die Verwandlung*

Franz Kafka zeigt in seiner Erzählung ***Die Verwandlung*** in einer Art Fallstudie, wie sehr sich die persönlichkeitsbezogenen Wertmaßstäbe der Individuation ausgehöhlt und an die sich immer kapitalistischer orientierenden Besitz- und Gewinnstrukturen der Gesellschaft angepasst haben. Gregor besitzt nahezu keine eigene Persönlichkeit, sondern ist entwicklungsmäßig in einem infantilen Stadium stehengeblieben. Das äußert sich in seiner kindlichen Freizeitbeschäftigung (Laubsägearbeiten) ebenso wie in seinen pubertären erotischen Wünschen. Besitz, Gelderwerb, gesellschaftliche Anerkennung und Macht sind die Leitvorstellungen, denen der Vater, Grete und auch Gregor verhaftet sind. Moral, Emotionen und kommunikative interpersonale Bezüge stehen nicht im Vordergrund. Allenfalls ergeben sie sich im Nachhinein als Bestätigung eines Erfolges, wie man an der wechselhaften Zuneigung der Mutter sieht: Zunächst steht sie auf Seiten Gregors, schließt sich dann dem seine Macht zurückgewinnenden

Vater an und ist letztlich ihrer Tochter Grete als Zukunftshoffnung auch körperlich nahe.

Flucht in Ideologien der Masse

Nach der katastrophalen Verirrung in die vermeintlich neue Grundlagen schaffende Ideologie des Nationalsozialismus, in der sich jegliche Individuation an vorgegebenen Sozialisationsprinzipien zu orientieren hatte, ist man nach **dem Ende des Krieges** noch ratloser als zuvor. Die Impulse von außen durch zurückkehrende Exilanten sind schwach, und den von den Besatzungsmächten angebotenen Werten der demokratischen Freiheit misstraut man. Die Zeiten stehen schlecht für eine störungsfreie Individuation. Zerrüttete, zerrissene, aufgelöste Familienstrukturen, überholte und unbrauchbar gewordene Leitbilder sowie fehlende neue Orientierungsmarken lassen die Menschen in einem Ordnungsvakuum allein und begründen das Scheitern der Sozialisations- oder Re-Sozialisationsversuche der Erwachsenen. Es sind weniger die unmittelbaren Folgen des Krieges, die diese Zustände definieren, als die Entwicklungsbedingungen, die schon vor dem Krieg begannen, den Menschen über den Kopf zu wachsen: die unüberschaubare Dynamik der Simultaneität, die Vereinzelung in der Masse, die dschungelhaften Verhältnisse der Großstädte und vor allem der durch den allgemeinen Vertrauensschwund verursachte Verlust an menschlicher Beziehungssicherheit. Hier setzt eine Entwicklung ein, die bis heute nicht überwunden ist: der Ersatz der Bindungsverlässlichkeit durch die betäubende Teilhaberschaft an medialer Unterhaltung und Zerstreuung.

Verknüpfungsaspekt 3: Lyrik

Die Verbindung zur Lyrik liegt auf der Hand. Nirgendwo sonst sind die Äußerungsformen der Individuation und gleichzeitig der Sozialisation unmittelbarer als in Momenten subjektiver Emotionen. Einerseits versucht das Individuum, sich in seiner unverwechselbaren Persönlichkeit zu präsentieren, andererseits ist es bemüht, diese in der Auseinandersetzung mit einer wie auch immer gearteten Umgebung angemessen zur Geltung zu bringen. Je nach der gewählten Thematik, sei es das Verhältnis dieser Individualität zur Natur, zu reisebedingten Veränderungen, zur alltäglichen Weltumgebung, zu anderen Menschen, zu Organisationsformen, Zuständen und Verhältnissen der Gesellschaft oder Politik, bieten sich in der Lyrik unendliche Möglichkeiten und Motive der Darstellung einer vielleicht für verallgemeinerbar gehaltenen subjektiven Befindlichkeitsartikulation. Die Lyrik kann beleuchten,

- in welchem Maße das individuelle Selbstbewusstsein in der Einschätzung und Wertung der eigenen Gefühle gesichert, fraglich oder unsicher, entwickelt oder unterentwickelt ist,
- inwieweit seine Beziehung zur Außenwelt einseitig oder wechselseitig, oberflächlich sinnlich oder kategorial analytisch und geistig reflektierend begründet ist,
- in welchem Maße und unter ggf. welchen Bedingungen eine Einvernahme und ein Einverständnis mit den erkannten Wertesystemen und Maßstäben des Lebensumfeldes vorhanden ist,
- aus welchen Gründen oder Auffassungsdifferenzen die Beziehung zu Welt und Menschen scheitert und der Verarbeitungsprozess dieses Dissenses die Persönlichkeit der betroffenen Person charakterisiert.

Verknüpfungsaspekt 4: Sprache

Im Bereich der **Sprache** werden Individuation und Sozialisation zu bestimmenden Faktoren der Sprachverwendung. Idiolekt, Soziolekt und Ethnolekt sind wichtige Identität stiftende Erscheinungsformen der subjektiven Sprachfindung. Im Idiolekt findet die eigene Persönlichkeit mit ihrer Milieuprägung ihren individuellen Ausdruck, im Soziolekt und Ethnolekt gibt das Individuum seine nicht nur sprachliche Sozialisation zu erkennen, indem es die Sprachmerkmale seiner sozialen Gruppe übernimmt und sich so gegen andere mögliche Vereinnahmungen verwahrt. Die Beherrschung von Varietäten befreit das Individuum wieder von solchen sozialen Einordnungen, Ab- und Ausgrenzungen.

Auch die **Medien** übernehmen heute bei der Individuation und Sozialisation eine wichtige Funktion, weil sie aufgrund ihrer Nähe bei der Entwicklung des Einzelnen nicht ohne Wirkung bleiben. Das Weltbild und das Realitätsbewusstsein eines Menschen werden wesentlich durch diese tertiäre Sozialisationsinstanz der Medien geprägt. Es ist nicht unerheblich, wieweit man sich mit seiner Realität auseinandersetzt oder inwieweit man in die Fiktionalität (Welt der Heftchenromane und Regenbogenpresse) oder Virtualität (Welt der interaktiven Computerspiele) entflieht und Surrogate von Sozialkontakten (Chats und soziale Netzwerke) für reale Beziehungen hält.

Individuation
Entfaltung und Nutzung der eigenen Anlagen und Möglichkeiten

Sozialisation
Rollenfindung und Verantwortung in einem gesellschaftl. Miteinander

BAROCK	vorgegebenes weltanschauliches Wertesystem
AUFKLÄRUNG	naturbegründetes Selbstbewusstsein
STURM UND DRANG	autonome Selbstbestimmung
KLASSIK	Ausgleich von Autonomie und sozialer Pflicht
ROMANTIK	Flucht in den Individualismus
BIEDERMEIER	Verpflichtung nur gegenüber der Familie
VORMÄRZ	Kampf um politische Ziele
REALISMUS	individuelle Anpassung an soziale Verhältnisse
IMPRESSIONISMUS	ästhetischer Rückzug auf die Individualität
EXPRESSIONISMUS	extrem individueller Ausdruck
NEUE SACHLICHKEIT	Verunsicherung aller Werte
NACH 1945	Ausweitung und Vertiefung der Unsicherheit
HEUTE	wachsende soziale Fremdbestimmung durch Medien u. soziale Zwänge

Schaubild 21: Individuation und Sozialisation

2. GENDERASPEKT

Dominanz männlicher Autoren in der Literaturgeschichte

Die Stellung des Mannes in der Gesellschaft scheint über die Jahrhunderte relativ stabil. Religiös begründet, findet er im Patriarchat eine fest definierte privilegierte und dominante Rolle, die ihm erst seit dem Epochenumbruch 19./20. Jahrhundert ernstlich streitig gemacht wird. Das ist allein an der Autorschaft von Texten ablesbar, obwohl die Frauen bereits seit der Mitte des 12. Jahrhunderts zu schreiben begonnen haben (Hroswitha von Gandersheim, ca. 935–1002, wird als erste deutsche Dichterin angesehen) und sogar seither traditionell das Gros des Lesepublikums ausmachen. Dies ist keine Frage der literarischen Qualität: Da auch die Literaturgeschichtsschreibung männlich dominiert wurde, wurden selbst herausragende Texte von Autorinnen in der Regel gar nicht erst kanonisiert. Selbst die zum Abitur obligatorisch zu lesenden Texte entstammen männlichen Federn. Auch die Hauptfiguren der zu lesenden Texte sind überwiegend männlich. Lediglich Goethes Gretchen weicht davon ab. Hier wird erkennbar, dass sich erst im 20. Jahrhundert eine Veränderung der geschlechtsspezifischen Wertung vollzieht.

2.1 DIE ROLLE DES MANNES IN DER GESELLSCHAFT

Übersicht

Autor	Figur	Männerbild
Goethe	Faust	selbstbewusst, zielstrebig, unabhängig (trotz des Paktes mit Mephisto), freidenkerisch: absolutes Ich
	Mephisto	unzuverlässig, verschlagen, zynisch, triebgesteuert: absolutes Es
	Valentin	Sprachrohr und Verteidiger der gesellschaftlichen Normen
Kafka	Gregor	rollenangepasste Servilität
	Vater	paschahafter Patriarch

Verknüpfungsaspekt 1: *Faust I*

Goethe zeichnet in seinem Drama *Faust I* mit seiner Zentralfigur weniger die Rolle des Mannes in einer bestimmten historischen Gesellschaft als vielmehr das absolute Selbstverständnis des Mannes, das zunächst einmal von allen sozialen Unwägbarkeiten befreit ist. **Faust** repräsentiert den Mann, wie man ihn sich schlechthin als Ideal eines autarken Menschen vorstellt: unabhängig, gebildet, intellektuell, freidenkerisch, selbstbewusst, zielstrebig, ehrgeizig, durchsetzungsfähig, kämpferisch.[16] Er ist dabei keine Maschine, hat Gefühle, Empfindungen, Zweifel, ist in der Lage, Leidenschaften zu entwickeln, und sogar sein Leben zu opfern, sei es aus Verzweiflung und Einsicht in die menschliche Begrenztheit, sei es aus grenzenloser Gier nach Leben, Erlebnis und Erfahrung. Sofern man Faust und Mephisto als Doppelfigur betrachtet, steht Faust für das männliche Ich und Mephisto für das Männliche Es. **Mephisto** ist insofern nicht Fausts Gegen-, sondern sein Ergänzungsspieler, seine Komplementärfigur. Er repräsentiert eine andere Bandbreite des Männlichen, denn außer Faust weiß ja niemand etwas von seiner teuflischen Natur: rücksichtslos, unzuverlässig, hinterhältig, verschlagen, listig, zynisch, überheblich, ganz diesseitig wenig an Geistigem interessiert, sinnlich, sexbesessen. Ihn interessieren die Schicksale der Menschen nicht, auch wenn er gegenüber dem Herrn vorgibt, an ihrem Leid Anteil zu nehmen. Für ihn sind sie nur Gebrauchs- und Spielmaterial zur Verfolgung seiner eigenen Ziele. Ausgesprochen böse und diabolisch gebärdet er sich eigentlich nicht, wenn man von seinen entscheidenden Beihilfen zur Tötung von Gretchens Mutter und Bruder einmal absieht, sodass man schon wie Gretchen ein Gespür dafür aufbringen muss, um seine getarnte Schädlichkeit zu ahnen. Margarete, nicht Faust ist somit die Gegenfigur zu Mephisto. Als Fausts männliches Gegenbild ist **Valentin** anzusehen, der in völliger Abhängigkeit von der Gesellschaft lebt: Als Soldat auch beruflich dem Gehorsam verpflichtet, ist er ein Sprachrohr der gesellschaftlichen Normen, deren Verteidigung und derjenigen seines Leumundes er höher veranschlagt als die Bindung an seine Schwester. Es hat also seinen Grund, wenn Goethe diesen absolut unaufgeklärten Mann sterben lässt.

Verknüpfungsaspekt 2: *Die Verwandlung*

In der Erzählung ***Die Verwandlung*** von **Franz Kafka** scheint das traditionelle Männerbild der zurückliegenden Epoche allerdings erneut zu erstarken, denn sowohl Gregor als auch der autoritative Vater agieren wie Gegensätze innerhalb einer als dominant vorausgesetzten Rolle des Mannes. Gregor überträgt die aufgrund der familiären Verpflichtungen notwendig scheinende berufliche Servilität in seiner Position als familiäres Oberhaupt auch auf die Familie. Er kommt sich in beiden Rollen ausgebeutet, verkannt und isoliert vor und besitzt weder physisch noch mental die Kraft, sich durchzusetzen. Im Gegensatz dazu nutzt der durch die Umstände vorübergehend von seiner Leitrolle verdrängte Vater die erste sich ihm bietende Gelegenheit, seine ehemalige Führungsposition zurückzuerobern und die damit verbundenen Zuwendungsprivilegien der weiblichen Familienmitglieder zu genießen.

Verknüpfungsaspekt 3: Lyrik

Auch in der **Lyrik** schlägt sich das traditionelle Männerbild im männlichen Selbstverständnis, in seinem Wunschdenken und seinen Enttäuschungen nieder. Erst die Texte im 20. Jahrhundert differenzieren ein neues Verständnis und neue Anforderungen an diese Rolle. Bis in die **Sprachverwendung** ist die Dominanz der männlichen Perspektive nachweisbar, wie der feministisch gefärbte Sexismusvorwurf und seine Diskussion in den siebziger Jahren gezeigt haben.

---

16 Vgl. zum Thema Faust als Verkörperung eines ‚Selbsthelfers' auch Rüdiger Bernhardt: *Goethes Faust – Faust als Prototyp des modernen Menschen?* Hollfeld: C. Bange Verlag, 2013 (Onlinematerial, zu erwerben unter: http://www.bange-verlag.de/).

2.2 DIE ROLLE DER FRAU IN DER GESELLSCHAFT

Übersicht

Autor	Frauenfigur	Frauenbild
Goethe	Gretchen Margarete	Bürgertochter: rollenkonforme Naive idealisierte Tugend
	Marthe	wohlhabende Bürgerwitwe: egoistisch-berechnende Frau, die das trügerische Rollenspiel der Gesellschaft beherrscht
	Lieschen	Dienstmagd: Sprachrohr und Verteidigerin der gesellschaftlichen Normen
Kafka	Mutter	rollenkonforme kleinbürgerliche Anpassung
	Grete	vom mütterlichen Vorbild zum väterlichen Vorbild wechselnder Pragmatismus

Verknüpfungsaspekt 1: ***Faust I***

Geradezu komplementär zum Männerbild entwickelt sich in der Literatur das Bild von der Rolle der Frau. Die dominante Stellung des Mannes drängt die Frau in eine unterlegene Abhängigkeit, aus der heraus sie ihre Einflussmöglichkeiten nutzen muss. Deutlich ist diese Haltung in **Goethes *Faust I*** an der durchaus wohlhabenden Bürgerwitwe **Marthe Schwerdtlein**, die das trügerische Rollenspiel der Gesellschaft hinreichend beherrscht, um einerseits der Rollenerwartung entsprechend die trauernde Witwe spielen zu können und andererseits ganz pragmatisch Mephisto in eine Verbindung mit ihr zu manövrieren. Besitzgier und Eitelkeit sind ihre Ratgeber, um Gretchens von Faust geschenkten Schatz vor dem Zugriff von Mutter und Kirche zu schützen. **Gretchen** zeigt ihre Anfälligkeit für diese weibliche Schwäche und geht auf diesen Rat ein. Sie ist ein naives Produkt ihrer gesellschaftlich-kirchlichen Sozialisation, der zufolge sie aufopfernd das kleine Schwesterchen versorgt und die Rolle der vorbildlich braven Bürgerstochter spielt. Aber diese Schwäche und das Gefühl der Liebe, das die knapp Fünfzehnjährige erstmalig überfällt, brechen die Künstlichkeit dieser Rolle auf, die den Anforderungen und Anfechtungen des wirklichen Lebens kaum standhalten kann. Die Kraft zur Entsagung gewinnt die an Liebe und Leid in den Wahnsinn getriebene Margarete erst, als die gesellschaftlichen Normen diesen Schritt nicht mehr würdigen. Das macht ihre Tragik und die vieler junger Frauen ihrer Zeit aus. Goethe spaltet in diesem an seiner menschlichen Unvollkommenheit scheiternden Gretchen das idealisierte Teilwesen **Margarete** ab. Er verdeutlicht damit anfangs nicht nur die Lebensfremdheit der von der Gesellschaft geforderten Verhaltensformen, sondern zeigt am Ende auch auf, dass es an Wahnsinn grenzt oder man schon eine Heilige sein müsse, wenn man seiner Liebe entsagt, sich nicht aus dem Kerker retten lässt, sich der irdischen Gerechtigkeit stellt und sich demutsvoll der göttlichen Gnade anvertraut. In diesem tugendhaften Übermaß verkörpert sie ein himmlisches Idealbild der Frau und wird zur metaphysischen Gegenfigur Mephistos. **Lieschen** vertritt als Sprachrohr und Verteidigerin der übereinstimmenden Normen von Kirche und Gesellschaft noch leichtfertig den Standpunkt, der auch für Gretchen zuvor Gültigkeit besaß. Sie hat noch nicht begriffen, dass dieser Standpunkt nur einnehmbar ist, wenn man seine Individualität bedenkenlos diesen Normen aufopfert und vom Schicksal verschont wird, mit ihnen in Konflikt zu geraten. In dieser Rolle ist sie das weibliche Pendant zu Gretchens Bruder Valentin.

Verknüpfungsaspekt 2: ***Die Verwandlung***

In **Kafkas** Erzählung ***Die Verwandlung*** kommt das traditionelle kleinbürgerliche Frauenbild des ausgehenden 19. Jahrhunderts zum Vorschein. **Gregors Mutter** ist als Persönlichkeit gar nicht wahrnehmbar, sondern tritt nur in ihren Reaktionen auf die Mitglieder der Familie in Erscheinung, weil sie, selbst als sie eine lohnabhängige Arbeit annimmt, den gesellschaftlichen Bannkreis des Hauses nicht verlässt. Das ihrem Rollenverhalten eigene Anpassungsbestreben begründet sogar ihre emotionale Zuwendung, die sie situationsbedingt der jeweils mächtigsten oder zukunftsträchtigsten Person widmet. Ihr Gegenpol ist in der burschikosen und tatkräftigen **Bedienerin** zu sehen, die auch außergewöhnliche Situationen (Gregor) mit realistischem Selbstbewusstsein meistert. **Grete** nimmt eine Zwischenstellung ein, insofern sie exemplarisch den Ausbruch aus der traditionellen Frauenrolle in eine emanzipierte Annäherung an die Rollenvorstellung des Mannes verkörpert. Zwar hält sie an der Orientierung am sozialen Leitwolf fest und wendet sich erst Gregor und dann dem Vater zu, aber ihr Durchsetzungsvermögen und ihre beruflichen Pläne führen sie über die Rolle ihrer Mutter hinaus und werden auch vom Vater als zukunftsträchtig anerkannt. Sie wandelt gleichsam die Rolle der Tochter in die eines Ersatzsohnes um.

Verknüpfungsaspekt 3: Lyrik

Die Befreiung der Frau aus der männlichen sozialen Bevormundung schlägt sich erst in den Gedichten der Gegenwart nieder. Das ist schon daran erkennbar, dass in diesem Zeitabschnitt erstmals Frauen als Lyrikerinnen ernstlich wahrgenommen werden und sich nachhaltig zum Ausdruck bringen (z. B. Ingeborg Bachmann). Hier setzt sich die Entwicklung zum paritätischen bzw. gleichberechtigten Verhältnis zwischen den Geschlechtern fort.

Verknüpfungsaspekt 4: Sprache

Im **linguistischen Aufbegehren** der Emanzipationsbewegung im Zuge der gesellschaftlichen Reformen der siebziger Jahre hat sich das Bewusstsein um geschlechtsspezifischen Sprachgebrauch geschärft. Die Bestrebungen nach einer sprachlichen Gleichstellung haben sich vor allem in Form von Doppelanreden (Schülerinnen und Schüler) niedergeschlagen, sind aber hinter den extremen Forderungen ihrer militanten Verfechterinnen wie Senta Trömel-Plötz und Luise F. Pusch zurückgeblieben (z. B. „frau“ statt „man“) und dienen heute manchmal eher einer ironischen Sprachspielerei.

3. LITERARHISTORISCHER ASPEKT: DIE LITERARISCHE ENTWICKLUNG ALS PENDELBEWEGUNG ZWISCHEN RATIO UND SENSUS (EPOCHENMERKMALE)

Verstand und Gefühl

Die Menschheitsgeschichte scheint sich manchmal zyklisch, also wie in einem Kreislauf, zu vollziehen oder einer Pendelbewegung zwischen zwei Extremen zu ähneln. So kann man sich auch die literarische Entwicklung vorstellen. Die Extreme werden hier durch zwei Pole gebildet, die sich nicht ausschließen, sondern kompensatorisch miteinander harmonieren können: die Ratio auf der einen und der Sensus auf der anderen Seite. Der Verstand äußert sich dabei in logischen Kategorien, objektiven Kriterien und abstrakten Begriffen, das Gefühl in Pathos, subjektiven Emotionen und expressiver Bildlichkeit. Je nach der historischen Pendelstellung gestalten sich die stilistischen Epochenmerkmale.

Übersicht

Epoche	Akzent	Schreibstil
Barock	ausgeglichen	differenzierte Formartistik
Aufklärung	rational didaktisch	Diskurs abstrakter Begrifflichkeiten
Anakreontik	emotional	stilisierte Bildmuster
Pietismus	emotional	pathetisch-religiöse Empfindung
Sturm und Drang	emotional	genialisch-egoistische Subjektivität
Klassik	ausgeglichen	idealistisch-strenge Erhabenheit
Romantik	emotional	sehnsuchtsvolle Fantasie
Biedermeier	rational	wirklichkeitsnahe Idealität
Vormärz	ausgeglichen	leidenschaftliches politisches Engagement
Realismus	ausgeglichen	Betonung von Deskription und Figurenrede
Naturalismus	emotional	selektierender Verismus (schonungslose Wirklichkeitsdarstellung)
Symbolismus	rational	elitäre, vernunftbetonte Bildlichkeit
Impressionismus	emotional	sensible, sprachskeptische Subjektivität
Expressionismus	emotional	apokalyptische Wortgewalt

Neue Sachlichkeit	rational	wertungsarme, nüchterne Distanz
Trümmerliteratur	rational	skeptisch-misstrauische Zurückhaltung

Standardisierte Schreibmuster

Die Zeit des **Barock** bietet ein ausgeglichenes Verhältnis zwischen Verstand und Gefühl. Das Lebensgefühl im spannungsvollen 17. Jahrhundert ist bestimmt von den Lebensalternativen „carpe diem“ und „memento mori“. Aber dieses Lebensgefühl findet keinen unmittelbaren individuellen Ausdruck, sondern wird gebrochen und überformt von standardisierten Schreibmustern. So wird eine relativ geringe Anzahl an zeitbedingten Aussagen und Intentionen in einer zwar kategorial überschaubaren, stilistisch aber möglichst artifiziellen und differenzierten Form zur Darstellung gebracht. Die literarische Wertung betont also die möglichst artistische Formbeherrschung, gleichgültig ist dagegen die Authentizität der Aussage.

Im Zeitalter der **Aufklärung** fächern sich unterschiedliche Bestrebungen auf. Die rational, weil didaktisch ausgerichtete Strömung, die Aufklärung im engeren Sinne, will einer gesellschaftlichen und moralischen Veränderung der Gesellschaft den Grund legen und diskutiert deshalb abstrakte moralische Begriffe (Tugend, Ehre, Toleranz). Die emotionale Strömung bagatellisiert dagegen das „carpe diem“ des Barock und vertändelt sich in der Oberflächlichkeit der **Anakreontik** (Wein, Weib und Gesang) oder klerikalisiert das „memento mori“ im **Pietismus** zu einem tiefen Religionsempfinden. Der **Sturm und Drang** als wichtigste Fortentwicklung der Aufklärung bricht mit der diskursiven Vernunft und proklamiert an ihrer Stelle das geniale subjektive Gefühl.

Zurücknahme des Gefühls

Der **Epochenumbruch zum 19. Jahrhundert** zeichnet sich aus durch eine rigorose Zurücknahme des Gefühls in der **Klassik** zugunsten einer vernunftorientierten Abstraktion. An straffen Fallbeispielen werden weltanschauliche Leitziele idealisiert und in erhabener, formstrenger Sprache zu scheinbar immerwährender Gültigkeit formuliert. Die **Romantik** kann als Umbruchphase angesehen werden. Einerseits versucht sie in Ergänzung der Klassik die Vollkommenheit der Literatur dadurch zu steigern, dass sie den Mangel an individuellem Gefühl ausgleicht und eine absolute Verschmelzung beider Bereiche anstrebt, andererseits entfernt sie sich wieder von der Verstandesorientierung und ersetzt sie durch die bis ins Extrem reichende Flucht in die Subjektivität von Gefühlswelten, Traum und Fantasie.

Engagement und Ironie

Noch vor der Jahrhundertmitte schlägt das Pendel wieder zurück. Zunächst gemäßigt im **Biedermeier**, der die Position der Klassik zurückgewinnen möchte, dann deutlich im **Vormärz bzw. Jungen Deutschland**. Durchaus im leidenschaftlichen Stil des bedingungslosen Engagements werden politische Umwälzungen in einer begrifflich prägnanten Sprache gefordert und zielorientierte Argumentationen effektiv verfasst. An Heinrich Heines Ironie wird seine Stellung zwischen Romantik und Vormärz deutlich.

Der **Realismus** ist erneut um eine Mittelposition zwischen den Extremen Ratio und Sensus bemüht, räumt aber der kontrollierenden und mäßigenden Vernunft den Vorrang ein. In der Deskription, den adjektivisch wie adverbial sich vollziehenden Wertungen und in ausufernden Figurengesprächen findet er seine um Objektivität bemühten stilistischen Erkennungszeichen. Selbst Thomas Mann knüpft noch an diese Schreibweise an. Dagegen lehnt sich der **Naturalismus** auf, indem er unter Verzicht auf intentionale Verfälschungen sich rückhaltlos und vermeintlich entfiktionalisierend der Wirklichkeit öffnet und gerade so eine emotional hoch aufgeladene Fiktion erstellt (Büchner als Vorläufer).

Ausdruck individueller Empfindungen

Mit dem **Epochenumbruch zum 20. Jahrhundert** findet erneut eine Auffächerung der Strömungen statt. Der **Symbolismus** wendet sich in seiner kopfbetonten Schreibartistik bewusst von der als aufdringlich empfundenen Emotionalität des Naturalismus ab, während der **Impressionismus** sich bisweilen sogar verzweifelt bemüht (Sprachkrise), den radikal individuellen Empfindungen sensibelsten Ausdruck zu verleihen. Das sprachliche Bild wird zum schillernden Gefäß feinster Gefühlsnuancen. Diese Selbstbespiegelungen dünken dem **Expressionismus** angesichts der von ihm geteilten Endzeitstimmung zu dekadent, weshalb er, **vergleichbar** der Zeit des Sturm und Drang, seine apokalyptischen Visionen mit drohender Sprachgebärde sowie neologistischer und metaphorischer Kühnheit in die Welt schleudert.

Der Erste Weltkrieg und seine wirtschaftlichen Folgen kühlen alle emotionalen Erhitzungen ab. In der **Neuen Sachlichkeit** misstraut man den Empfindungen, zieht sich auf die Nüchternheit des Verstandes zurück und bevorzugt eine wertungsarme Prädikation. Der einfache kurze Aussagesatz, die Parataxe und die Verben bestimmen das stilistische Bild.

Flucht in nüchterne Lakonie

Nach der durch das Pathos des Nationalsozialismus und den Schrecken des Zweiten Weltkriegs verursachten zwölfjährigen Pause (zugleich die Zeit der intentional und stilistisch divergierenden Exilliteratur) ergibt sich nach 1945 eine ähnliche Situation wie nach dem Ersten Weltkrieg. Abgeschreckt vom Missbrauch der nationalen wie persönlichen Gefühle, flüchtet man sich in der **Trümmerliteratur** in die sprachliche Lakonik des Verstandes („Kahlschlagliteratur"). Auch in der Literatur wird Realität erst langsam wieder aufgebaut, zerfällt aber angesichts fehlender Wertungskategorien zunächst noch in ein Mosaik der Simultanität.

Während die eine Strömung bestrebt ist, sich über die Anknüpfung an die Tradition des 19. Jahrhunderts wieder zu öffnen (Karl Krolow), zieht die andere sich unter der Last des Holocausts in eine ästhetische Isolation zurück (Paul Celan). Es braucht rund zwanzig Jahre der Konsolidierung, bis dem Sensus wieder getraut wird. Zunächst sind es (wie zur Zeit der Studentenbewegung) noch politisch-kritische und damit rational gesteuerte Proteste, die sich der Trägerschaft des Gefühls bedienen. Selbst in der **Neuen Subjektivität** der siebziger Jahre dominiert oft noch die eher gefühlsscheue und unterkühlte Distanz der Vernunft. Mit dem Begriff **Postmoderne** versucht man heute, trotz der fehlenden historischen Distanz den polyvalenten und richtungsvielfältigen Eklektizismus der Gegenwart zu bezeichnen, in dem pluralistisch eine Vielzahl von literarischen Versuchen, Verstand und Gefühl zu verbinden, nebeneinanderstehen.

4. THEMATISCHE ASPEKTE

4.1 LIEBE ALS LITERARISCHES MOTIV

Die Liebe zählt zweifelsfrei zu den häufigsten literarischen Motiven, nicht nur in der Lyrik. Es kann an dieser Stelle keine begriffliche Differenzierung dieses sehr vielschichtigen und deshalb vagen Begriffes geleistet werden. Deshalb sollen unter dem Begriff Liebe alle von Zuneigung geprägten zwischenmenschlichen Beziehungsformen gefasst werden, unabhängig davon, ob sie in den jeweiligen literarischen Werken Wunsch oder Realität sind oder Bestand haben bzw. hatten.

Übersicht:

Werk	Beziehung	Figur	Bild der Liebe
Faust I	asymmetrisch	Faust	Dominanz des sinnlichen Aspekts vor dem geistig-seelischen
		Gretchen	Harmonie von Sinnlichkeit und Gefühl
		Marthe	materielle Absicherung; Lustgewinn
Die Verwandlung	asymmetrisch	Gregor	– fetischhafter Objektersatz (Bild) – inzestuöses Begehren der Schwester

Verknüpfungsaspekt 1: *Faust I*

Auch in **Goethes *Faust I*** rückt in dessen zweiter Hälfte, dem als bürgerliches Trauerspiel sich darbietenden Gretchendrama, die Liebe als Problemfeld ins Zentrum der Betrachtung. Es handelt sich um eine asymmetrische Beziehung zwischen dem seiner äußeren Erscheinung nach als Adeliger auftretenden, etwa dreißigjährigen Faust und dem erst fünfzehnjährigen Bürgermädchen Margarete. Auch die Motive dieser Liebe sind bei beiden Partnern unterschiedlich. **Faust** wird von Mephisto auf den fleischlich-sinnlichen Aspekt der Beziehung ausgerichtet, versucht jedoch zunehmend, allerdings vergeblich, den geistig-seelischen Aspekt zu gleichwertigem Einfluss kommen zu lassen. **Gretchen** ist von den Äußerlichkeiten der Begegnung mit Faust fasziniert und geblendet. Sie fühlt sich, halb Kind noch, in den Rang eines adeligen Fräuleins gehoben und schwärmt im Stillen von allen damit verbundenen Annehmlichkeiten des Besitzes und der Lebensumstände. Fausts galante Eleganz, sprachliche Einfühlsamkeit und zurückhaltende Werbung versteht sie zunehmend als Ausdruck der Anerkennung ihrer Persönlichkeit. Ihre Liebe zu Faust ist so beseelt von der Hoffnung auf eine glückspendende harmonische Zweisamkeit, selbst wenn von einer gemeinsamen Zukunft nie die Rede ist. Andererseits darf man nicht übersehen, dass die Beziehung zu Faust keine kurzfristige vorübergehende Affäre ist, sondern fast ein ganzes Jahr andauert. Trotzdem ist diese Beziehung ganz auf die Erfüllung der Liebessehnsucht ausgerichtet.

Alles, was diese Erfüllung hemmt und was sie für Folgen haben kann, bleibt unproblematisiert. Deshalb muss diese Beziehung auch nach der Liebesnacht zerbrechen, weil beide Partner keine Gemeinsamkeiten besitzen, keine intellektuellen, keine ideellen und nicht einmal materielle. Deshalb klammert Goethe auch alle Aspekte der Beziehung zwischen der Liebesnacht und der Gefangenschaft im Kerker aus und beschränkt sich ganz auf die Darstellung von Gretchens Leidensweg. Bei ihrer Nachbarin **Marthe** gerät die Liebe zur spekulativen Ware, denn sie ist auch unter Vortäuschung das einzige den Frauen gesellschaftlich zur Verfügung stehende Mittel, mit dem sich legal Lust und soziale Absicherung gewinnen lassen.

Verknüpfungsaspekt 2: *Die Verwandlung*

In **Franz Kafkas** Erzählung *Die Verwandlung* spielt die Liebe eine doppelte Rolle: einmal als das der Beziehung der Familienmitglieder zum Teil unterstellte intensive Zusammengehörigkeitsgefühl, zum anderen das von Gregor ausgehende heterosexuelle Begehren. Ein familiäres Bindungsgefühl ist – zumindest aus der Sicht Gregors bzw. des Erzählers – beim Vater nicht nachweislich. Die Mutter hängt am längsten an ihrem Sohn und entwickelt auch die notwendige Empathie; die Gefühle der Schwester zu ihrem Bruder bleiben ungesichert, weil sie nie geäußert werden und Gregor ihr Verhalten letztlich sogar irrtümlich als Zuneigung deutet. Beide Frauen kommen sich im Laufe der Zeit näher, sitzen Wange an Wange, halten sich umschlungen und wirken teilweise wie Geschwister. Gregor seinerseits hat sensible Gefühle für seine Mutter, die er wie einen Hort der emotionalen Zuflucht erscheinen lässt, aber seine Empfindungen für die Schwester gehen über das normale Maß hinaus. Er sieht in ihr nicht nur eine Person, die in ihrer Entwicklung zu fördern ihm eine heimliche Lust ist, sondern auch das Objekt seiner Lust. Dieses inzestuöse Begehren ist ebenso unnatürlich und verklemmt wie seine fetischhafte Sehnsucht nach dem Bildnis der Dame im Pelz, zu deren Sicherung vor der schwesterlichen Entsorgung es zu einer koitalen Inbesitznahme in effigie[17] kommt. Nur die Ohnmacht der Mutter bewirkt, dass die Rivalität zwischen den beiden Liebesobjekten ungelöst bleibt. Immerhin kann der Vorgang als Auslöser dafür gewertet werden, dass sich Grete zunehmend von ihrem Bruder distanziert.

In der modernen Literatur insgesamt erscheint Liebe eher als eine Illusion von der Rettung des Ichs, denn als ein das Selbst- und Partnerbewusstsein festigendes, beglückendes Gefühl.

Verknüpfungsaspekt 3: Lyrik

Hinsichtlich der Behandlung des Themas Liebe in der **Lyrik des Expressionismus** sei auf die Ausführungen auf S. 100 verwiesen.

---

17 in effigie handeln: etwas an einer bildlichen Darstellung symbolisch vollziehen.

4.2 SCHULD ALS LITERARISCHES MOTIV

Schuld ist ein mehrdeutiger und ein graduierbarer Begriff. Ursprünglich bezeichnet er die Verpflichtung zur Erbringung einer irgendwie gearteten Leistung und scheint dem Bereich des Handels zu entstammen: jdm. eine Zahlung zu schulden. Im übertragenen Sinn ist es ein juristischer (rechtlicher), ethischer oder sittlicher Begriff, der die Autonomie und Willensfreiheit des Menschen voraussetzt. Als solcher bezeichnet er die Folge aus einer Verletzung des gesetzlichen Rechts (z. B. Diebstahl), der moralischen Normen (z. B. Lüge) oder der allgemeinen Verhaltenserwartungen (z. B. Undankbarkeit). Schuld wird im Bereich des Rechts als normativer Begriff zum Vorwurf einer Tatschuld. Im moralisch-sittlichen Bereich wird Schuld zu einem psychologischen Begriff, in dem das Unrechtsbewusstsein, also die in der Sozialisation erworbene Überzeugung, etwas Falsches getan zu haben, eine wesentliche Rolle spielt. Damit wird der Schuldbegriff in eine subjektive und eine objektive Schuld differenzierbar, eine Unterscheidung, die sich rückwirkend auch auf den juristischen Schuldbegriff erstreckt.

Definition des Schuldbegriffs

So sehr es möglich ist, sich im Leben im Rahmen der gegebenen Gesetze zu verhalten, so unmöglich ist es, im normalen Lebensalltag Normenkonflikte zu vermeiden und nicht mit der getroffenen Entscheidung mehr oder minder schuldig zu werden (subjektiv und/oder objektiv). Mit dieser Thematik, nämlich der Aporie (Ausweglosigkeit in der Lösung) der existenziellen menschlichen Schuld, hat sich die Literatur, die dramatische wie die narrative, von jeher intensiv auseinandergesetzt. Aber auch der Konflikt zwischen der Befolgung der festgeschriebenen staatlichen Gesetze und der ungeschriebenen moralischen Normen ist eine beliebte literarische Thematik.

Übersicht

Autor	Figur	Schuldform
Goethe	Herr	ethisch: Verleitung zur Versuchung
	Faust	religiös: Hinwendung zur schwarzen Magie (obj.) ethisch: Verführung einer Minderjährigen (obj.) rechtlich: Beihilfe zur Vergiftung, Totschlag (obj.)
	Mephisto	ethisch: Versuchungen Fausts, Lügen gegenüber Marthe, Faust rechtlich: Diebstahl, Beihilfe zu Vergiftung und Totschlag
	Gretchen	rechtlich: Vergiftung (obj.), Kindsmord (obj. wie subj.) ethisch: voreheliche Sexualität
	Marthe	ethisch: Rat zur Unehrlichkeit, lockere Moral
Kafka	Gregor	ethisch: „fürsorgliche" Erstickung der Familie; Aufgabe der Autonomie (obj.)
	Vater	ethisch: tödliche Verletzung (obj.)
	Grete	ethisch: unzureichende Hilfeleistung aus Egoismus (obj.)
	Prokurist	ethisch: heuchlerische erpresserische Ausbeutung (obj.)

Verknüpfungsaspekt 1: *Faust I*

Infolge der Aufklärung, die ja die Willensfreiheit eines jeden Menschen proklamierte, hat sich die Dramatik des 18. Jahrhunderts der Schuld-Thematik besonders gern angenommen. In **Goethes *Faust I*** prallen gleich mehrere Schuldformen aufeinander. Meist übersehen wird die Schuld, die der **Herr** schon im *Prolog im Himmel* auf sich lädt, als er Mephisto freie Hand gibt, an Faust seine Verführungskünste zu erproben. Er ist es sogar, der Faust als Versuchungsopfer Mephistos ins Spiel bringt, weil er ihn fälschlich für seinen Knecht hält. Er setzt damit Faust im Gegensatz zu der bekannten Vater-unser-Bitte der Versuchung aus, nimmt also auch die Konsequenzen dieser Versuchung billigend in Kauf. Zu diesen Konsequenzen zählt folglich alles, was sich durch Fausts Aktivitäten, die von Mephisto unterstützt werden, ereignet, also auch das Schicksal Gretchens, einschließlich des Todes von Mutter, Bruder und Kind sowie der eigenen Hinrichtung. Hier muss die Frage erlaubt sein, ob sich der Herr bzw. Gott wirklich „des rechten Weges“ seiner indirekten Aufforderung an Mephisto bewusst war. Andererseits ist es schwierig, einem (Über-)Wesen Schuld zuzusprechen, das letztlich die Menschen von aller Schuld erlöst wie am Ende auch Gretchen und Faust. Hier lässt sich wieder einmal die Frage der Theodizee diskutieren, die Frage, wie das Böse in die Welt gelangt. Nach Goethes Konstruktion müsste man das Böse (Mephisto) also als komplementären Teil des Guten (Herr) im Gottesbegriff mitdenken, ohne dass diesem etwas von seiner Substanz genommen würde. Sein metaphysisches Pendant **Mephisto** ist somit per definitionem das Böse und trägt die Schuld an allen Verhaltensweisen Fausts, die an sich wiederum schuldhaft sind. Doch auch darüber hinaus lädt Mephisto Schuld auf sich, ohne sich für sie verantworten zu müssen. Rein juristisch ist sein Diebstahl der Schatzkästchen, die Faust seinem Gretchen offerieren möchte, ebenso eine Straftat wie seine Beihilfe zur Vergiftung von Gretchens Mutter und zum Totschlag Valentins. Aber nur der Diebstahl wird von ihm selbst begangen, das Gift verabreicht Gretchen, den tödlichen Degenstoß Faust. Es ist natürlich kurios, wenn man den Teufel der ethischen Verstöße zeiht, geschieht der Vollständigkeit halber hier aber dennoch. Aus menschlicher Sicht ist es schäbig, jemanden in Versuchung zu führen, unmoralisch zu lügen, wie Mephisto es gegenüber Marthe und Faust tut, auch diese zur Lüge anstiftet, und charakterlos, sich über einen um Auskunft fragenden Schüler derart lustig zu machen. Aber das macht ja eben sein mephistophelisches Wesen aus.

Faust wird nach allen drei Aspekten schuldig: nach dem religiösen, ethischen und rechtlichen Aspekt. Mit seiner Hinwendung zur schwarzen Magie wendet er sich von der christlich-religiösen Basis ab, auch sein geplanter Selbstmord entfernt ihn von dem religiösen Rahmen. Noch im Religionsgespräch mit Gretchen vermag sich Faust nicht vorbehaltlos zu den gesellschaftlich überkommenen Religionsinhalten zu bekennen. Auch ethisch ist er nicht immer der von Mephisto Gelenkte, sondern muss sich auch umgekehrt die Anstiftung Mephistos zu schuldhaftem Verhalten anlasten lassen: Zuführung Gretchens als Sexualobjekt, Diebstahl eines weiteren Schatzkästleins. Gleichwohl sind bei ihm nicht alle ethischen Grundmuster verschüttet, wie seine Skrupel beweisen, die ihn angesichts der bevorstehenden Nacht mit Gretchen überfallen. Er ist sich im Gegensatz zum Herrn des Prologs im Himmel sehr wohl der Konsequenzen seines Handelns bewusst. Es ist der spöttischen Überredungskunst Mephistos zuzuschreiben, dass er diese Bedenken über Bord wirft, um seine Lust zu leben. Eigentümlicherweise ist das Schuldmaß Fausts bei seinen rechtlichen Straftaten stark gemildert. Das Fläschchen mit dem tödlichen Gift, das er Gretchen reicht, ist seiner subjektiven Überzeugung nach bei richtiger Dosierung nur ein Schlafmittel, und der tödliche Degenstoß, den er gegen Valentin ausführt, nur ein Akt der Notwehr. Somit bleibt insgesamt das Schuldenkonto Fausts weniger belastet, als man vielleicht vermuten möchte.

Auch **Gretchen** lädt Schuld auf sich. Dass sie in eine voreheliche Liebesnacht einwilligt, verstößt sicher gegen die Normen von Kirche und der damaligen Gesellschaft, ist aber als menschliche Schwäche und in Besonderheit ihres Alters und der Verführungssituation sicher nicht erst heute nachvollziehbar und leicht verzeihbar. Schwerer wiegt da bereits der Tod der Mutter, den sie durch die von ihr verabreichten Tropfen herbeigeführt. Es bleibt ungeklärt, ob die Tropfen grundsätzlich tödlich waren oder ob Gretchen sie unwillentlich falsch dosiert hat, eine bewusste Tötungsabsicht wird man ihr wohl nicht unterstellen wollen. Wohl aber *können*, was ein völlig neues Licht auf Gretchen würfe. Für den Tod Valentins ist sie rechtlich nicht verantwortlich zu machen, wiewohl sie nicht vermeiden kann, sich durch die Umstände seines Sterbens als Grund mitverantwortlich zu fühlen. Unentschuldbar ist die Kindstötung, die wegen ihres niedrigen Beweggrundes, der Verschleierung eines sozialen Fehlverhaltens, zunächst als Mord zu betrachten ist.[18] Allerdings lag schon zu Goethes Zeit und auch bei ihm selbst die Ansicht vor, dass der gesellschaftliche Druck in der Bewertung der unehelichen Mutterschaft als Schuldminderung betrachtet werden solle. Dass dieser psychische Druck in eine zwanghafte Haltung münden kann, macht Goethe anhand des Wahnsinns deutlich, der Gretchen während ihrer Kerkerhaft befällt.

Schließlich ist auch Gretchens **Nachbarin Marthe** in den Schuldzusammenhang des Dramas verwickelt. Sie ist es schließlich, die mit ihren lockeren Moralansichten die Bedingungen für die Möglichkeit schafft, dass Gretchen und Faust sich näherkommen können. Sie ist es, die das Spiel der Heimlichkeiten ermöglicht, angefangen von der Verheimlichung des Schmuckgeschenks bis hin zu Bereitstellung der räumlichen Gegebenheiten für die Treffen. Ihrer Aufsichtspflicht als Erwachsene über die minderjährige Nachbarin kommt sie dabei nur insoweit nach, als sie die Verfolgung der eigenen Interessen nicht behindern.

Verknüpfungsaspekt 2: *Die Verwandlung*

Ab dem 19. Jahrhundert nimmt mit der wachsenden Einsicht in die Bedingtheiten menschlichen Handelns die Relevanz, subjektive Schuld zu problematisieren, in dem Maße ab, in dem das Bewusstsein für die Schuld verursachenden Bedingungen des sozialen Umfeldes erwacht. Andererseits werden die Erscheinungsfelder der Schuld differenzierter. Das ist auch an **Franz Kafkas Erzählung *Die Verwandlung*** ablesbar. Viele Interpreten sehen den Grund für **Gregors** Verwandlung in seiner Schuld gegenüber der Familie. Indem er in seinem übersteigerten Pflichtbewusstsein den Familienmitgliedern durch seine Fürsorge alles Erdenkliche abnimmt, engt er dadurch zugleich ihr Leben zu parasitärer Untätigkeit ein, löst bei seinem Vater einen Verfallsprozess aus und nötigt seine Mutter und Schwester zu dankbarer Zuwendung. Es ist sein schuldhafter Irrtum anzunehmen, er opfere sich für das Wohl der Familie auf. Daraus resultiert die hinzutretende Schuld sich selbst gegenüber, die Entwicklung einer eigenen Persönlichkeit unterlassen und sich durch willfährige Servilität (Unterwürfigkeit) seiner Autonomie begeben zu haben. So nimmt sein Selbstgefühl an ihm Gestalt

---

18 Vgl. zum Thema Kindesmord und Schuldfrage auch Rüdiger Bernhardt: *Goethes* Faust *– Die ‚Gretchen'-Tragödie*. Hollfeld: C. Bange Verlag, 2015 (Königs Erläuterungen Spezial, Bd. 3092-1).

an: Er mutiert zum Ungeziefer. Gregors **Vater** kann sich vom mittelbaren Totschlag an seinem Ungeziefer-Sohn nicht freisprechen, weil sein gezieltes Apfelbombardement zur Behauptung seiner Machtsphäre ein wesentlicher Beitrag zu Gregors Tod ist. Auch **Grete** lädt Schuld auf sich, weil sie trotz Behauptung der Alleinpflege ihres Bruders dieser übernommenen Pflicht letztlich aus egoistischen Gründen nicht mehr nachkommt. Jenseits der Familie wird auch der **Prokurist** als Stellvertreter seines Chefs und allgemein des gesellschaftlichen Wirtschaftssystems schuldig, weil er den Angestellten Gregor auch in einer persönlichen Notsituation ausbeuterisch erpresst und ihn nur unter dem Gesichtspunkt des Nutzwertes behandelt.

Verknüpfungsaspekt 3: Lyrik

Die **Lyrik** kann sich sehr schuldsensibel zeigen, vor allem dann, wenn sie sich emotional mit der Problematik menschlicher Beziehungen oder gesellschaftlicher Mitverantwortung oder Zuwendung auseinandersetzt. Natürlich ist die Schuld in diesem Zusammenhang nie rechtlicher, kaum gesellschaftlicher, höchstens ethischer, meist sogar nur psychologischer Art. Mit seismografischer Feinfühligkeit wird jede Abweichung vom erwünschten Idealverhalten, sei es eines Menschen, sei es einer Gesellschaft, zum Grund für Schuldzuweisungen für vorliegende Beziehungsprobleme oder rückwirkend für ein erfolgtes Scheitern erhoben. Gerade bei vermeintlicher seelischer Verletzung – und das kann bereits eine nicht hinreichend empfundene Bestätigung oder sonstige Unstimmigkeit sein – findet die menschliche Neigung zur selbstrechtfertigenden Ungerechtigkeit dann in extrem subjektiven Bewertungen von menschlichen oder gesellschaftlichen Mängeln, Schwächen und Nachlässigkeiten ihren nachdrücklichen (und verurteilenden) Ausdruck. Umso aufmerksamer und distanzierter sollte deshalb der interpretierende Leser mit solchen Schuldzuweisungen umgehen.

4.3 DER WILLE ZWISCHEN SELBST- UND FREMD-BESTIMMUNG

Es war eines der zentralen Ergebnisse der Aufklärung, dass dem Menschen eine eigene Identität zugestanden wurde. Ein jeder Mensch wurde von nun an als eine Person mit eigenen Rechten und Pflichten betrachtet, auch wenn ihr diese Rechte und Pflichten politisch noch nicht von Anfang an gesetzlich verbrieft waren. Voraussetzung dieser neuen Sichtweise war die grundsätzliche Annahme, dass der Mensch Handlungsautonomie besitze, d. h. über einen freien Willen verfüge und ihm damit eine Eigenverantwortlichkeit zustehe.

Übersicht

Autor	Figur	Wille
Goethe	Mephistopheles	fremdbestimmte Freiheit
	Faust	theoretisch selbstbestimmt, praktisch abhängig
	Gretchen	theoretisch selbstbestimmt, praktisch abhängig
Kafka	Gregor	fremdbestimmte Anpassung
	Prokurist	totalitär fremdbestimmt
	Vater	autoritär selbstbestimmt

Verknüpfungsaspekt 1: *Faust I*

Die besondere Konstruktion von **Goethes Drama *Faust*** deutet schon darauf hin, dass die Handlungsautonomie des Einzelnen hier nicht absolut zu Grunde gelegt wird. Von den Hauptfiguren des Dramas ist **Mephistopheles** von vornherein dieser Ideologie enthoben, weil er seinem Wesen nach kein Mensch, sondern als anthropomorphe Erscheinungsform des Bösen ein Teufel ist. Aber auch Mephisto ist in seinen Entscheidungen und Handlungen nicht völlig frei und selbstbestimmt. Erstens zählt er nicht zu den ranghöchsten Teufeln, und zweitens ist er, wie das *Vorspiel im Himmel* deutlich macht, als Komplementärfigur des Herrn dessen Untergebener und an dessen Weisungen gebunden. Mephistos Willensmöglichkeiten sind also deutlich eingeschränkt und können sich allenfalls im Bereich des Verwirrens, Irritierens, Verführens, Zweifelns, Zerstörens und Vernichtens frei entfalten. Seine Handlungsautonomie wird also doppelt eingeschränkt: einerseits von dem Spielraum, der ihm vom Herrn per Definition zugestanden wird, und andererseits von dem Menschen, an dem er jeweils seine Künste erprobt. Nicht zu Unrecht bezeichnet er sich nämlich Faust gegenüber mehrfach als dessen Diener. Trotz aller schalkhaften Ironie, die in dieser Aussage mitschwingt, weil er sich selbst gegenüber Faust als Führerfigur versteht, muss er sich doch immer wieder eingestehen, dass er seine Vorhaben nicht frei planen kann, sondern sie den Vorstellungen Fausts anpassen muss.

Faust steht in einer vergleichbaren voluntativen (den Willen betreffenden) Situation. Einerseits ist ihm als Mensch zwar Willens- und Handlungsfreiheit gegeben, andererseits liegt es aber gerade im Wesen dieser Figur, die Grenzen dieser Freiheit deutlich zu spüren. Als Mensch ist ihm zwar ein absoluter Erkenntniswille gegeben, aber seine Handlungsautonomie ist auch genau durch dieses Menschsein eingeschränkt. Das wird ihm bei der Beschwörung des Erdgeistes deutlich. Auch Faust verfügt wie Mephisto nur über einen begrenzten, klar definierten Handlungsraum. Innerhalb dieses voluntativen Bewegungsraums des Menschen hat seine Autonomie Bestand. Es zählt nun zu dem vom Himmel initiierten Vorgaben, dass er im Rahmen der Mephisto zugestandenen Verführungsmöglichkeiten sich selbst mehr und mehr dieser Autonomie begibt und von Mephisto abhängig macht. Darin liegt seine anthropologische Schuld. Zwar flackert manchmal diese Erkenntnis in ihm auf, und er möchte seine Handlungsautonomie samt der mit ihr verbundenen Verantwortung zurückgewinnen (vgl. Szene *Wald und Höhle*), aber immer wieder erliegt er den Verlockungen Mephistos, ohne sich jedoch je der Eigenständigkeit seines Willens völlig zu begeben.

Gretchen scheint in dem Schachtelsystem der Einflussnahmen das geringste Maß an Willensfreiheit und Handlungsautonomie zugeschrieben zu sein. Ist Faust das Experimentobjekt Mephistos, so ist Gretchen das von Mephisto ausgewählte Experimentobjekt Fausts. Faust hat also auf dieser Handlungsebene des Dramas die gleiche Funktion des Verwirrers und Verführers wie Mephisto auf der übergeordneten Ebene. Trotz dieser Situation ist ihr als menschliche Figur dieselbe Willensfreiheit und Handlungsautonomie zuzusprechen wie Faust. Aber auch ihr Bewegungsraum ist nicht absolut, sondern wird ebenfalls von zwei Seiten begrenzt. Die eine Begrenzung liegt in den kirchlichen und gesellschaftlichen Normen, denen sie sich nicht entziehen kann und will, die andere setzt sie sich durch ihre Liebe zu Faust selbst. In dem Moment, wo sich die beiden Grenzen berühren, entsteht jener tragische Konflikt, den Gretchen allein nicht lösen und dessen Konsequenzen sie nicht mehr verantworten kann, weil sie keine Handlungsfreiheit mehr besitzt und ihr selbstbestimmter Wille der eigenen und der von ihr geliebten Person vor den Regeln der Gesellschaft das Primat einräumt. Das mag dann moralisch verwerflich erscheinen, trifft aber psychologisch auf Sympathie und macht sie vorderhand zu einem Opfer. Ihre nachgeordnete Handlung, die Tötung des eigenen Kindes, ist dem gleichen Konflikt unterworfen, wenn es auch weitaus schärfere Konsequenzen hat und sich jeglicher Sympathie verweigert. Hier führt der Wille zur Durchsetzung der eigenen Lebensvorstellungen zum Tode eines anderen Menschen. Dieser Egoismus ist ethisch nicht mehr zu rechtfertigen. Als umso wichtiger sahen es die Autoren der Zeit auch an, die Verhältnisse anzuprangern, die junge Frauen in eine solche Situation zwingen.

Verknüpfungsaspekt 2: *Die Verwandlung*

In **Franz Kafkas** Erzählung ***Die Verwandlung*** ist von einer stolzen moralischen Selbstbestimmung des Menschen nichts mehr zu spüren, im Gegenteil: **Gregor Samsa** stellt sein Handeln und Verhalten gleichsam den auf ihn Einfluss Nehmenden anheim, überlässt ihnen die Definition seiner Persönlichkeit und das Ziel seines Handelns. Aufgrund seiner wirtschaftlichen Abhängigkeit und seiner formalen Pflichten gegenüber seiner Familie glaubt er sich eigener Entscheidungen nahezu enthoben und fügt sich, zwar an seinem Geschick leidend, aber dennoch willfährig, in die Fremdbestimmung. Schließlich ist diese masochistisch anmutende Selbstaufopferung, in der der eigene Wille sich auch noch voller Stolz zum Sklaven als unausweichlich empfundener Anforderungen macht, eine Selbsttäuschung, die Gregor letztlich entmenschlicht. Dem

Willen der anderen Figuren kann Gregor deshalb nichts entgegensetzen. Der **Prokurist** tritt mit geballter Entschlossenheit und rücksichtslosem Durchsetzungswillen auf, wenn auch der Inhalt seines Willens nicht selbstbestimmt ist, sondern in ebenfalls eigennütziger Hörigkeit die rein wirtschaftlichen und betrieblichen Interessen seines Unternehmenschefs spiegelt. Der Wille von Gregors **Vater** ist ebenso schwer zu fassen wie der seiner **Schwester**, weil der Erzähler sie nicht aus ihrer Innensicht darstellt. Ihre äußeren Verhaltensweisen lassen lediglich darauf schließen, dass beide offenbar ihre Interessen selbstbestimmt vertreten, wobei beim Vater das Maß seines auf Unterwerfung gerichteten Machtstrebens deutlicher und gewaltsamer zutage tritt als bei seiner Tochter.

4.4 DAS TRAGISCHE ALS LITERARISCHES MOTIV

Der Begriff des Tragischen bezeichnet eine Grundsituation des menschlichen Daseins, der seine inhaltliche Füllung vor allem in der Diskussion der deutschen Philosophie seit Schelling entwickelt hat. Bis dahin hat sich seine Bedeutung weitgehend aus der Tragödie hergeleitet, die als künstlerische Gestaltungsform des Tragischen gilt.

Unausweichlicher Konflikt

Nach Georg Friedrich Wilhelm Hegel (1770–1831), der das Tragische als eine „**Dialektik der Sittlichkeit**" definiert, versteht man darunter den unausweichlichen Konflikt zwischen gleichberechtigten Werten oder Mächten, der für die an diesem Konflikt beteiligten Personen notwendig in Leid und Untergang endet. Man kann zwei Formen des Tragischen unterscheiden: das **Schicksal-Tragische**, bei dem die Person nicht für die über sie hereinbrechende Tragik verantwortlich ist, und das **Charakter-Tragische**, bei dem der Konflikt und der Ursprung des Leids aus den Eigenschaften oder Verhaltensweisen der Person selbst erwächst. Das Tragische erzeugt einerseits Ehrfurcht vor der Unvermeidlichkeit des tragischen Geschicks und andererseits Bewunderung für den heldenhaften, wenn auch letztlich erfolglosen Kampf gegen das unvermeidliche Verhängnis.

Übersicht

Autor	Werkbezug	Art des Tragischen
Goethe, *Faust I*	<u>Gelehrtendrama</u>: Faust	Keine (evtl. Charakter-Tragik)
	<u>Gretchendrama</u>: Faust Gretchen	Charakter-Tragik Keine Charakter-Tragik
Kafka, *Die Verwandlung*	Handlungsverlauf Gregor	keine Schicksals-Tragik, Charakter-Tragik

Verknüpfungsaspekt 1: *Faust I*

Da Goethe selbst sein Drama als Tragödie bezeichnet hat, ist man dieser Bezeichnung auch bei der Beschreibung seiner Teile gefolgt. So wird häufig sowohl von der „Gelehrtentragödie" als auch von der „Gretchentragödie" gesprochen. Beide Begriffe lassen sich jedoch kaum halten.

Besonders im **Gelehrtendrama** vermisst man weitgehend das Tragische. Sicher steht der Gelehrte Faust in einem Konflikt: Einerseits will er sein Wissen erweitern, andererseits sind ihm von der Natur Grenzen gesetzt. Der menschliche Erkenntnisdrang ist zweifelsfrei ein hoher anthropologischer Wert, die demütige Anerkennung der menschlichen Unvollkommenheit und Begrenztheit dagegen ein religiöser. Der Konflikt entsteht aus der unnachgiebigen Hartnäckigkeit, mit der Faust seinem Erkenntnisdrang folgt, also aus einer Charaktereigenschaft der Zentralfigur: Er wendet sich der schwarzen Magie zu. Für Faust ist dieser Konflikt zwar unausweichlich, er leidet unter ihm, aber er bedeutet nicht seinen Untergang. Faust ist den beschworenen Mächten der schwarzen Magie nicht gewachsen; sein Versuch der Erkenntniserweiterung scheitert, ohne ihn zu vernichten. Hätte der verzweifelte Faust das Gift getrunken, mit dem er seinem vermeintlich sinnentleerten Leben ein Ende setzen will, wäre auch dies kein tragisches Ende gewesen, weil diesem selbstgewählten Untergang die Unvermeidbarkeit gefehlt hätte. Letztlich hat der Konflikt für Faust sogar einen positiven Ausgang, weil sich ihm durch das Auftreten Mephistos die Chance eröffnet, seine Interessen von der fanatischen Suche nach theoretischen Erkenntnissen zu verlagern auf die Suche nach praktischer Lebensqualität und Welterfahrung.

Im **Gretchendrama** liegt die Sache etwas komplizierter. Für **Faust** entsteht abermals kein tragischer Konflikt, da er sich mit der vorehelichen Schwängerung eines jungen Mädchens in keine unausweichliche Auseinandersetzung mit der Gesellschaft setzt. Seine Verhaltensweise verletzt zwar Tugendwerte, hat aber keine Sanktionen zur Folge, erst recht keinen Untergang. Dass er an Gretchens Schicksal mitleidend Anteil nimmt, ehrt ihn menschlich, macht ihn aber nicht zu einer tragischen Figur. Anders ist es bei **Gretchen**. Sie steht in dem Konflikt, einerseits dem körperlichen Begehren der Liebe folgen zu wollen und andererseits den religiösen und sozialen Forderungen nach ehelicher Jungfräulichkeit folgen zu sollen. Diesen Konflikt zwischen Wollen und Sollen, zwischen subjektivem und objektivem Willen, hat Goethe als Kern des Tragischen angesehen. Zwar ist Gretchens Tragik nicht schicksalhaft über sie verhängt, sondern erwächst ihrer eigenen Leidenschaft, aber die sich einstellende Schwangerschaft bringt sie notwendig in eine leidschaffende Situation, aus der sie sich nicht selbst befreien kann. Ihr Versuch, durch die Kindstötung den Normverstoß zu verschleiern, scheitert und beschleunigt ihren Untergang: Gretchen ist eine tragische Figur. Sie ist es umso mehr, als ohne ihren unmittelbaren Willen, also eher schicksalhaft, der Tod von Mutter und Bruder ihr Schuldkonto belasten. Dieses Urteil wandelt sich etwas, sobald man die andere Seite ihrer Doppelexistenz fokussiert. Während sie nämlich als Gretchen von der irdischen Gerichtsbarkeit durch die Hinrichtung zu Tode gebracht wird, wird sie als **Margarete**, die aller Fährnisse und Leiden zum Trotz und letztlich sogar entsagungsvoll an ihrem religiösen Glauben festhält, von der himmlischen Gerichtsbarkeit erlöst und dem ewigen Leben zugeführt. Mit der Doppelbezeichnung macht Goethe also deutlich, dass die besondere Tragik der Figur Margarete/Gretchen darin liegt, dass sie sich in dem Wertekonflikt nicht nur für einen, sondern für beide Werte entscheidet, für die irdische Liebe und die religiöse Norm. Die Vereinbarkeit beider Werte ist in dem Begriff der Liebe begründet, der sozial zwar auch eine körperliche Ausdrucksform hat, aber zugleich auch Ausdruck eines zentralen Gottesbezuges ist (Pietismus). So gelingt, wenn auch nur unter Vernachlässigung des Kindsmordes, unter diesem Doppelaspekt der Figur die Vereinigung von Sinnlichkeit und Sittlichkeit. Dass eine solche Figur im Planspiel des Dramas trotzdem an den sozialen Verhältnissen scheitert, verdeutlicht, dass Goethe diese Verhältnisse für veränderungsbedürftig hält.

Verknüpfungsaspekt 2: *Die Verwandlung*

Franz Kafkas Werk ***Die Verwandlung*** ist zwar keine Tragödie, sondern eine Erzählung, aber sie enthält durchaus tragische Momente. Der **Handlungsverlauf** entspricht nicht der Tragödie. Immerhin endet die Erzählung nahezu mit einer Familienidylle und positiven Perspektiven für die Zukunft. Man könnte schon eher von einem tragikomischen Handlungsverlauf sprechen, weil die Hauptfigur **Gregor Samsa** eben doch tierisch verendet. In Bezug auf Gregor liegt sogar ein besonders tragischer Ablauf vor. Schicksalhaft sieht er sich eines Morgens in eine käferartige Gestalt verwandelt.

Er vermag dieses Ereignis, das er erleidet, weder zu vermeiden noch zu **überwinden. Nahezu schuld- und einflusslos muss er sein Leid und schließlich sein Ende ertragen.** Das spricht alles für eine Schicksalstragödie; aber dennoch mag man Gregor nicht davon freisprechen, an seinem Schicksal Mitschuld zu tragen. Und diese Mitschuld ergibt sich aus seinem Verhalten vor und auch nach der Verwandlung. Sein mangelndes Selbstbewusstsein ist ausschlaggebend für seine berufliche wie familiäre Erniedrigung, und sein Dahinscheiden ist weniger ein Opfertod als das Ergebnis einer selbstaufwertenden Selbsttäuschung über den allmählichen Verlust jeglicher Existenzberechtigung. Unter diesem Aspekt ist sein Tod das konsequente Resultat einer Charaktertragödie.

4.5 DAS KOMISCHE ALS LITERARISCHES MOTIV

Definition des Komischen

Das Komische gilt neben dem Tragischen als eine der beiden Grundformen menschlichen Erlebens. Seine vielfachen subjektiv wie kulturell unterschiedlichen Erscheinungsformen haben bislang eine umfassende und einheitliche Bestimmung verhindert. Als strukturell kennzeichnend für das Komische kann jedoch zusammengefasst werden, dass es als „Resultat einer Handlung" (Robert Gernhardt) auf einer Durchbrechung der Erwartungshaltung des Rezipienten beruht, die von einer irgendwie vom Rezipienten empfundenen Diskrepanz ausgelöst wird und zu einem emotionalen Effekt führt, der zwischen heiterem Gelächter und einem Gefühl distanzierter Betroffenheit liegen kann. Das Lachen hat dabei eine ausgleichende Funktion und ein distanzierendes Überlegenheitsgefühl gegenüber dem Verlachten zur Folge, sodass dies wie im Falle der Betroffenheit zum abzulehnenden Beispiel wird.

Abgrenzung der Begriffe des Wortfeldes Komik

Innerhalb der Literatur kann das Komische als **Handlungs- oder Situationskomik, Verhaltens- oder Charakterkomik** sowie **Sprachkomik** in Erscheinung treten.

- Wenn das Komische darauf abzielt, einen irgendwie gearteten Geltungsanspruch kritisch zu vernichten, wird das Komische zur **Ironie**,
- bedient es sich dabei entlarvender Mittel, wird es zur **Satire.**
- Sind die zur Gestaltung der Handlungs- oder Charakterkomik verwendeten Mittel grobschlächtige und derbe Übertreibungen, spricht man von einer **burlesken** Komik,
- haben sie zusätzlich einen verfremdenden oder sogar dämonischen Charakter, spricht man von **grotesker** Komik.

Der Begriff der **Ironie** dürfte als festgelegte rhetorische Form bekannt sein; er bezeichnet einen Ausdruck, den man zur Verstärkung benutzt, um das Gegenteil dessen zu verstehen zu geben, was man wortwörtlich sagt. Bemüht sich die Ironie dazu gar beißend verspottenden Hohns, so steigert sie sich zum **Sarkasmus,** und will sie zudem noch verletzen, redet man von **Zynismus**.

Im umgangssprachlichen Sinne **komisch** ist etwas dann, wenn man das Ungewohnte nicht einzuordnen vermag. Empfindet man es als eigenartig und seltsam, kann man es auch **bizarr** nennen oder, sofern es einem drollig erscheint, also niedlich und amüsant, **skurril**. So klar sich diese Begriffe zu unterscheiden scheinen, so schwierig sind sie in der Verwendung, zumal die zu Grunde liegende Subjektivität des Urteilenden nicht selten zu unterschiedlichen Bewertungen führt.

Übersicht

Autor	Art der Komik	Erscheinungsform
Goethe	Situationskomik	*Zwischen-Szenen*: 5: Auerbachs Keller: burlesk-grotesk 6: Hexenküche: grotesk 21: Walpurgisnacht: grotesk *Teilszenen:* Pentagramm-Szene in Szene 2: Studierzimmer: satirisch Schüler-Szene in Szene 4: Studierzimmer: satirisch
	Charakterkomik	Mephistopheles: satirisch, burlesk, grotesk

Autor	Art der Komik	Erscheinungsform
	Sprachkomik	Mephisto: ironisch, satirisch, sarkastisch Dialog: Schüler-Mephisto in Szene 4: Studierzimmer: satirisch Dialog: Marthe-Mephisto in Szene 12: Garten: ironisch Szene 22: Walpurgisnachtstraum: ironisch
Kafka	Situationskomik	Gregor: käferähnliche Gestalt: grotesk Chef: auf dem Pult: satirisch Mutter: Kaffeekanne, Rocklosigkeit: burlesk Vater: Verfolgung um Küchentisch, Apfelbombardement: grotesk Schlafen in Uniform: satirisch Prokurist: Flucht: burlesk Zimmerherren: grotesk
	Charakterkomik	Prokurist: satirisch Zimmerherren: ironisch
	Sprachkomik	Prokurist: satirisch Gregors Fehlinterpretationen des Erlebten: ironisch

Verknüpfungsaspekt 1: ***Faust I***

Obwohl **Goethes** Drama ***Faust I*** den Untertitelbegriff „Tragödie" trägt, ist es doch nicht frei von zahlreichen komischen Elementen. Der Begriff „Tragödie" besagt nur, dass die Handlung für die Protagonisten des Stücks (hier: Gretchen) unglücklich endet, was in der Regel bedeutet, dass sie sterben. Wie die Wirkung des Tragischen zumeist in ihrer Vorbildfunktion besteht, so gründet sich die Funktion des Komischen in der Distanzierung vom Dargestellten. Diese Möglichkeiten nutzt Goethe immer wieder, wenn der satanische Bereich Mephistos berührt wird. Man kann ganze Szenen oder Szenenteile der komischen Gestaltung zurechnen. Im **Gelehrtendrama** finden sich zwei satirische Teilszenen und eine ganze burleske Szene: Dass der Teufel Mephisto das Studierzimmer Fausts wegen des Pentagramms an der Tür nicht verlassen kann (1395) und auf die Hilfe einer Ratte angewiesen ist (1513), ist nicht nur komisch, sondern entlarvt bereits zu diesem frühen Zeitpunkt die Unvollkommenheit der mephistophelischen Mächte. Auch die bekannte Universitätssatire, in der Mephisto einen armen Schüler zum Besten hält, ist nicht nur wegen der sprachlichen Ironien sprachkomisch, sondern wird schon allein dadurch zu einem situationskomischen Moment, dass Mephisto sich als Faust ausgibt und verkleidet (1851). Situationskomik zur Gänze liegt dann abschließend in der Szene in *Auerbachs Keller* vor. Hier findet man alle Komikformen vor:

- Das **Situationskomische** wird in dieser Zauberszene am deutlichsten, als sich die vier Studenten in burlesker Art wechselseitig an der Nase ziehen (2319),
- das **Charakterkomische** ist durch die knorrigen Studententypen selbst gegeben,
- und das **Sprachkomische** lässt sich leicht in den andeutenden Sprachspielen nachweisen, als Frosch vergeblich versucht, Mephisto auszuhorchen (2189 ff.), oder an den satirischen Liedern, die gesungen werden.

Als grotesk ist ebenfalls die erste Szene des **Gretchendramas** zu bewerten. Die „Hexenküche“ ist mit ihren Elementen der Verfremdung und Dämonisierung schon per se ein grotesker Ort, dessen Charakter noch durch die spektakuläre Erscheinungsweise und zotige Gestik der Hexe gesteigert wird. Die Sprechweise der Meerkatzen und die Zaubersprüche der Hexe geben die befremdenden sprachlichen Farben dazu. Heute, im Zeitalter des gehobenen Showbusiness, werden sich Regisseure vermutlich auf eine solche Szene stürzen, um alle ihre komischen Unterhaltungselemente herauszustellen. Der Charakter des bürgerlichen Trauerspiels macht es Goethe schwer, im Gretchendrama weitere komische Teilszenen unterzubringen. Da bedarf es einer Figur wie der Frau Marthe, die das verlogene Spiel der Gesellschaft so gut beherrscht, dass selbst Mephisto Angst und Bange wird. So ist auch der Dialog während des gemeinsamen Spaziergangs im Garten mit einer rokokohaft tändelnden Sprache überzogen, in dem das andeutungsvoll Gemeinte Marthes und das vertuschend Gesagte Mephistos zu einem ironisch-erotischen Fangreigen wird, der aus dem Komischen heraus die ernsthafte Annäherung zwischen Faust und Gretchen kontrastreich beleuchtet. Mephistos Auftreten im Gretchendrama ist immer wieder einmal von ironischen oder satirischen Kommentaren begleitet. Am deutlichsten tritt das in der Szene 14: *Wald und Höhle* in Erscheinung, als Mephisto Faust nur mit brutalen Sarkasmen und Zynismen dazu bewegen kann, seine Gewissensskrupel in Leidenschaft zu ersticken. Wie im Gelehrtendrama fügt Goethe auch in das Gretchendrama eine Szene ein, die mit verfremdenden und dämonischen Mitteln einen grotesken Gegensatz zur Trauerspielhandlung bildet: *Walpurgisnacht*. Es ist schon eine bizarre Szenerie, die Goethe da auf die Bühne gestellt sehen will, ein groteskes Kaleidoskop dämonischer Welten, als gelte es, eine Rocky-Horror-Picture-Show zu antizipieren. Ob die gespenstische Hexenorgie wirklich wie eine schwarze Messe wirkt und nicht dilettantisch in exorzistischer Lächerlichkeit versinkt, hängt sicherlich von der Inszenierung der Szene ab. Hinreichend schockierende optische und sprachliche Effekte enthält sie jedenfalls. Allein das Bild des roten Mäuschens, das Faust aus dem Munde der tanzenden schönen jungen Hexe springen sieht (4179), gibt die Ambivalenz und Doppelbödigkeit der Szenerie wieder. Die folgende Szene *Walpurgisnachtstraum* ist allein wegen ihrer mangelhaften inhaltlichen Anbindung an das Gretchendrama bizarr. Hier setzt Goethe wie in einem intellektuellen kabarettistischen Pausenfüller ganz auf die ironische Assoziationsfähigkeit seines zeitgenössischen Publikums, wenn er in vierundvierzig Strophen selbstkritische Figurenaussagen aneinanderreiht. Einem heutigen Betrachter dürfte sich die Komik dieser Verse kaum noch erschließen, weshalb die Inszenierungen sie meistens streichen. Andererseits getraut sich niemand, diese Strophen in Anpassung an die heutige Zeit neu zu verfassen, wie es z. B. bei Stücken von Nestroy durchaus üblich ist.

Insgesamt bleibt festzustellen, dass Goethe das Komische in nahezu allen möglichen Erscheinungsformen nutzt, um seiner Tragödie ein komplementäres Gegengewicht zu geben und mit dieser an Shakespeare orientierten Stilmischung seinem Drama, das sich dadurch vom klassischen Drama unterscheidet, nicht nur eine unterhaltsame Abwechslung, sondern im Sinne eines universalpoetischen Werks einen harmonisierenden Ausgleich der Atmosphären zu schaffen.

Verknüpfungsaspekt 2: ***Die Verwandlung***

Auch **Franz Kafka** verwendet in seiner Erzählung ***Die Verwandlung*** häufig verschiedenartige Formen des Komischen. Das sollte nicht verwundern, bezeichnet ihn doch Patrick Modiano, Literaturnobelpreisträger von 2014, als den „großen Bruder Charlie Chaplins". Kafka bedient sich der **Situationskomik**, wenn er erzählt,

- wie Gregor sich in seiner käferähnlichen Gestalt auf dem Rücken liegend mit seinen vielen kleinen Beinchen abstrampelt,
- wie Gregors schwerhöriger Chef von seinen Angestellten umringt auf dem Pulte sitzt,
- wie die Mutter beim Sturz auf den Tisch die Kaffeekanne umwirft und dem Vater ohne Röcke um den Hals fällt,
- wie der Vater seinerseits mit seinem Sohn eine Verfolgungsjagd um den Küchentisch veranstaltet, ihn mit einem Apfelbombardement in sein Zimmer zurücktreibt und nach Feierabend in seiner Dienstuniform einschläft,
- wie der ängstlich-neugierige Prokurist vor Gregor flieht und
- wie schließlich die drei Zimmerherren sich gleich verhalten, als handele es sich um ein choreografisches Terzett.

Die Häufigkeit solch komischer Szenen dient dazu, der sympathetischen Betroffenheit, die dem Leser durch die figurennahe Erzählhaltung aufgedrängt wird, eine Möglichkeit der Distanz zu verschaffen und die mögliche emotionale Anspannung aufzuheben. Das Komische hat hier einen gleichsam **kathartischen**[19] **Effekt**, indem es dem Leser erlaubt, sich immer wieder von den von der Handlungsproblematik hervorgerufenen seelischen Konflikten und inneren Spannungen zu befreien.

Die in dem Prokuristen und den Zimmerherren zutage tretende **Charakterkomik** verfolgt dagegen **sozialkritische Absichten**. Der Prokurist wird als satirische Karikatur eines austauschbaren Vorgesetzten gezeichnet, der über die Rolle des erpresserischen Ausbeuters hinaus keine anderen Persönlichkeitsmerkmale aufweist. Die Zimmerherren repräsentieren bereits mit ihrem triadischen Auftreten sowohl die Eigenschaftslosigkeit wie die kopienhafte Automation des Menschen in der Welt und Klasse der angestellt Beschäftigten.

Die **Sprachkomik** ist in den Texten Kafkas relativ versteckt und tritt nur selten so deutlich hervor wie in der entlarvend heuchlerischen Beteuerung des Prokuristen, er habe „wahrhaftig fast" (14,24) sein Ehrenwort für Gregors Integrität eingelegt. Am häufigsten verwendet sie Kafka in den Gedankenberichten Gregors, wo dessen wohlmeinende Deutungen des Geschehens und des Verhaltens der Familienmitglieder vom Leser als selbsttäuschende Fehlinterpretationen erahnt werden. Die hier vorliegende **Ironie** ersetzt gleichsam den korrigierenden Erzählerkommentar, auf den Kafka zuliebe eines fast ausschließlich die Perspektive Gregors annehmenden personalen Erzählers verzichtet.

19 Katharsis: Reinigung; von Aristoteles für das Drama als Wirkungsziel definiert, soll durch die Erzeugung von „Mitleid und Furcht" von eben diesen Leidenschaften reinigen.

TEIL III: ÜBUNGSAUFGABEN
HINWEISE, TIPPS UND LÖSUNGSMÖGLICHKEITEN

1. DIE AUFGABENSTELLUNGEN IM ABITUR

Die Vorgaben

Für die Ablegung des schriftlichen Abiturs im Fach Deutsch gelten im Grund- und Leistungskurs die gleichen strukturellen **inhaltlichen Anforderungen**. Diese Anforderungen umfassen die Verstehensleistung und die Darstellungsleistung. Bei der Verstehensleistung wird unterschieden zwischen der Reproduktionsleistung, der Wiedergabe von Kenntnissen (Anforderungsbereich I), dem Transfer, der Anwendung von Kenntnissen (Anforderungsbereich II) und der Problemlösung und Wertung (Anforderungsbereich III). Jede Aufgabenstellung muss alle drei Anforderungsbereiche ansprechen. Dabei ist bei den analytischen Aufgabenarten I (nichtfiktionale Texte) und II (fiktionale Texte) das Verhältnis dieser Anforderungen gleich, bei der argumentativen Aufgabenart III verschiebt sich das Profil zugunsten des dritten Anforderungsbereichs. Die Aufgabenart IV scheint den Schwerpunkt eher auf den Anforderungsbereich I zu legen. Seit 2011 wird die Zuordnung der Anforderungsbereiche zu den Punktbewertungen nicht mehr ausgewiesen.
Die Art der im Abitur zulässigen **Aufgabenstellungen** ist seit 2014 auf vier Aufgabenarten erweitert worden; im Falle der analytischen Aufgabenarten ist eine Differenzierung durch Kennbuchstaben vorgesehen. Der Kennbuchstabe A bezeichnet dabei die Analyse eines einzigen Textes, die Buchstaben B und C weisen auf einen Vergleich zweier gleichartiger Texte hin oder auf eine spezielle Anforderung. Hier fehlt leider eine Bezeichnungssystematik. Die neu hinzugetretene Aufgabenart IV verlangt das „materialgestützte Verfassen eines Textes mit fachspezifischem Bezug“. Zu diesem Zwecke werden in der Klausur mehrere unterschiedliche Materialien (Texte, Bilder, Grafiken etc.) vorgelegt. Der zu erstellende Text soll eine konkrete Adressatenausrichtung haben. Wegen seiner relativen Neuheit und der geringen Erfahrung mit ihrem Umgang in Lehrer- und Schülerschaft ist nicht zwingend damit zu rechnen, dass auf diese Aufgabenart zurückgegriffen werden wird. Alle Aufgabenstellungen bestehen aus mindestens zwei Aufgabenteilen, die je nach Aufgabenart unterschiedlich gewichtet werden. Die Aufgabenstellung selbst enthält keine Kennzeichnung der vorliegenden Aufgabenart. Diese treten seit 2012 ohnehin zunehmend zugunsten von üppig formulierten Aufgabenstellungen in den Hintergrund. Deren Formulierung ist ebenfalls reglementiert, sodass vor allem an den auffordernden Verben (Operatoren) erkennbar ist, welche Leistung genau erwartet wird. So ist heute vor allem das Augenmerk auf diese bis zu fünf Operatoren zu lenken, die den Vorteil besitzen, die Prüflinge meist einer Reflexion des methodischen Vorgehens zu entheben.

Die Operatoren

In der Tradition mancher Schulen und sogar einiger Regierungsbezirke des Landes NRW liegt es, manchmal andere Operatoren als die vom Ministerium festgelegten zu verwenden, weil sie leider auch innerhalb der Fächer unterschiedlich definiert sind. Deshalb hat die Konferenz der Kultusminister sich im Oktober 2012 geeinigt, auf eine Operatorenliste zu verzichten und die Arbeitsaufträge so zu formulieren, „dass sie von Schülerinnen und Schülern aller Länder auch ohne Operatorenliste verstanden werden können."[20] Danach ist der übergreifende Operator „interpretieren" wieder für die Erschließung fiktionaler Texte verwendbar. Die am 26. 10. 2007 vom Schulministerium veröffentlichte Operatorenübersicht wird ab 2017 zurückgenommen.

Die **formalen Anforderungen** sind im Leistungskurs und im Grundkurs etwas unterschiedlich. Klausuren im Leistungskurs werden für viereinviertel Zeitstunden angesetzt, im Grundkurs beträgt die Bearbeitungszeit drei Zeitstunden. Da drei Aufgaben zur Auswahl vorgelegt werden, kommt zu dieser Bearbeitungszeit eine halbe Stunde Auswahlzeit hinzu. Es stehen im Grundkurs also insgesamt 210 Minuten Gesamtarbeitszeit zur Verfügung.

Anforderungsprofil der Aufgabenarten

Die punktgestützten Bewertungen der Lösungsbögen folgen den Abiturvorgaben und wurden auf der Grundlage der in den zurückliegenden Abiturprüfungen in Grund- und Leistungskursen verteilten Punktwerte erstellt. Die Aufgabenart I C und II B wurden bislang noch nicht angeboten. Das ist allerdings nur für die Aufgabenart II B nachvollziehbar. Bei der neuen Aufgabenart IV soll offenbar nur ein differenzierter Arbeitsauftrag gestellt werden.

Die Gesamtpunktzahl beträgt im LK und GK z. Zt. 100 Punkte. Die Teilpunktsumme für die Darstellungsleistung beträgt immer 28 Punkte. Die einzelnen Punktsummen bei den Teilaufgaben können je nach Aufgabe variieren und werden in Abhängigkeit von der Aufgabenformulierung zunehmend flexibler gehandhabt.

Übersicht: Punkteverteilung bei den Aufgabenarten

Aufgabenart	I A	I B	I C	II A	II B	II C	III A	IV
1. Teilaufgabe	39/42	36	36	42	42	30/42	24/30	72
2. Teilaufgabe	30/33	36	36	30	30	30/42	48/42	
Darstellung	28	28	28	28	28	28	28	28
Summe	100	100	100	100	100	100	100	100

---

20 www.kmk.org/fileadmin/veroeffentlichungen_beschluesse/2012/2012_10_18-Bildungsstandards-Deutsch-Abi.pdf, S. 40 (Stand: Februar 2016).

Die **Bewertung** der Klausurarbeiten geschieht für Grund- und Leistungskurs vergleichbar durch einen punktgestützten Bewertungsbogen, der aus einem Raster besteht, das den erwarteten Lösungskriterien eine maximal zu vergebende Punktzahl zuordnet. Dieser Bewertungsbogen berücksichtigt alle inhaltlichen Anforderungen und weist sie differenziert aus. Er lässt auch einen individuellen Bewertungsspielraum von bis zu 7 Punkten für nicht vorhergesehene, aber sinnvolle Lösungsbeiträge zu, sofern dadurch die Gesamthöchstpunktzahl der Teilaufgabe nicht überschritten wird. Die der Leistung zuzumessende Note wird durch Addition aller erreichten Punkte ermittelt und einer Bewertungstabelle entnommen. Es gehört m. E. zu den Vorbereitungen zum Abitur, auch in dieser Hinsicht einen möglichst differenzierten Kenntnisstand zu besitzen.

Übersicht: Darstellungsleistung

	Anforderungen **Der Prüfling**	**Maximal erreichbare Punktzahl**
1	strukturiert seinen Text kohärent, stringent und gedanklich klar: – angemessene Gewichtung der Teilaufgaben in der Durchführung – gegliederte und angemessen gewichtete Anlage der Arbeit – schlüssige Verbindung der einzelnen Arbeitsschritte – schlüssige gedankliche Verbindung von Sätzen	6
2	formuliert unter Beachtung der fachsprachlichen und fachmethodischen Anforderungen: – Trennung von Handlung und Metaebene – begründeter Bezug von beschreibenden, deutenden und wertenden Aussagen – Verwendung von Fachtermini in sinnvollem Zusammenhang – Beachtung der Tempora – korrekte Redewiedergabe (Modalität)	6
3	belegt die Aussagen durch angemessenes und korrektes Zitieren: – sinnvoller Gebrauch von vollständigen und gekürzten Zitaten in begründeter Funktion	3
4	drückt sich allgemein präzise, stilistisch sicher und begrifflich differenziert aus: – sachlich-distanzierte Schreibweise – Schriftsprachlichkeit – begrifflich abstrakte Ausdrucksfähigkeit	5
5	formuliert lexikalisch und syntaktisch sicher, variabel und komplex (und zugleich klar)	5
6	schreibt sprachlich richtig	3
	Summe	**28**

Übersicht: Notenfindung

Für die Zuordnung der Notenstufen zu den Punktzahlen wird zurzeit folgende Tabelle verwendet:

Note	Punkte	Erreichte Punktzahl
sehr gut plus	15	95 –100
sehr gut	14	90 – 94
sehr gut minus	13	85 – 89
gut plus	12	80 – 84
gut	11	75 – 79
gut minus	10	70 – 74
befriedigend plus	9	65 – 69
befriedigend	8	60 – 64
befriedigend minus	7	55 – 59
ausreichend plus	6	50 – 54
ausreichend	5	45 – 49
ausreichend minus	4	40 – 44
mangelhaft plus	3	34 – 39
mangelhaft	2	27 – 33
mangelhaft minus	1	20 – 26
ungenügend	0	0 –19

2. KLAUSURÜBUNGEN

2.1 KLAUSURAUFGABEN

Die Klausuren der Qualifikationsphase lehnen sich an die Anforderungen im Abitur an bzw. führen zu ihnen hin. Das gilt insbesondere für die Aufgabenarten und die Bewertungsgrundsätze. Der wesentliche Unterschied zwischen normalen Kursklausuren und der Abiturklausur besteht im Grundkurs in der zur Verfügung stehenden Zeit. In Q 1 beträgt die Klausurdauer wie in der Einführungsphase eine Doppelstunde, das sind je nach schulinterner Organisation zwischen 90 bis maximal 120 Minuten. In Q 2 steigt die Klausurdauer dann im ersten Halbjahr auf drei Unterrichtsstunden – was nominell 135 Minuten, in der Wirklichkeit aber unter Berücksichtigung von Pausenzeiten zwischen 155 bis 175 Minuten entspricht – und erreicht im zweiten Halbjahr mit drei Zeitstunden oder 210 Minuten (180 Minuten Arbeitszeit plus 30 Minuten Auswahlzeit) dann die Dauer der Abiturklausur.

An eine Klausur von nominell 90 Minuten Dauer können selbstverständlich nicht die gleichen quantitativen Leistungsanforderungen gestellt werden wie an eine von 180 Minuten. Insofern bedarf es für die Klausuren in Q 1 eines entsprechend reduzierten Bewertungsschemas. In seinen Beispielklausuren für zentrale Klausuren hat das Ministerium für Schule und Weiterbildung NRW deshalb ein spezielles Orientierungsschema vorgestellt.

Die Aufgabenstellung bleibt in ihrer zweigliedrigen Struktur erhalten, in der auf eine Hauptaufgabe ein weiterführender Schreibauftrag folgt. Die Auswertung sieht für die inhaltlichen Lösungen zur ersten Teilaufgabe maximal 30 Punkte und für die der zweiten Teilaufgabe maximal 15 Punkte vor. Dazu kommen dann noch 15 Punkte für die Darstellungsleistung, die sich unabhängig von der Aufgabenstellung wie folgt aufteilen:

Darstellungsleistung

	Anforderungen **Der Prüfling**	**Maximal erreichbare Punktzahl**
1.	strukturiert seinen Text kohärent, schlüssig, stringent und gedanklich klar: – angemessen gewichtete Anlage der Arbeit – schlüssige Verbindung der einzelnen Arbeitsschritte – schlüssige gedankliche Verknüpfung von Sätzen	3

2.	formuliert unter Beachtung der fachsprachlichen und fachmethodischen Anforderungen: – begründeter Bezug von beschreibenden, deutenden und wertenden Aussagen – Anwendung gelernter Fachtermini in sinnvollem Zusammenhang – Beachtung der Tempora – korrekte Redewiedergabe (Modalität)	3
3.	belegt Aussagen durch angemessenes und korrektes Zitieren: – sinnvoller Gebrauch von vollständigen oder gekürzten Zitaten in begründeter Funktion	2
4.	formuliert allgemeinsprachlich präzise, stilistisch sicher, variabel und komplex	3
5.	schreibt sprachlich richtig	4
	Summe Darstellungsleistung	**15**

Aus dieser Punkteverteilung ergibt sich aus allen drei Teilbereichen (30+15+15) eine Summe von 60 Punkten. Für die Notenfindung findet abschließend folgende Tabelle Anwendung:

Note	Punkte	Erreichte Punktzahl
sehr gut plus	15	57 – 60
sehr gut	14	54 – 56
sehr gut minus	13	51 – 53
gut plus	12	48 – 50
gut	11	45 – 47
gut minus	10	42 – 44
befriedigend plus	9	39 – 41
befriedigend	8	36 – 38
befriedigend minus	7	33 – 35
ausreichend plus	6	30 – 32
ausreichend	5	27 – 29
ausreichend minus	4	24 – 26
mangelhaft plus	3	20 – 23
mangelhaft	2	16 – 19
mangelhaft minus	1	12 – 15
ungenügend	0	0 – 11

Inhaltliche Anlage der Übungsklausuren

Im Folgenden werden vier Klausurübungen angeboten. Sie beziehen sich auf die einzelnen obligatorischen Themen und sind einzelnen Halbjahren der Qualifikationsphase zugeordnet. Im Unterschied zu den Abituraufgaben sind sie inhaltlich noch nicht kurs- und damit themaübergreifend formuliert. Ansonsten unterliegen alle Klausuren der Qualifikationsphase demselben Anforderungsprofil wie die Abiturklausuren. Sie sind also eine gute Übung, sich auf die Aufgabenarten und das Bewertungssystem im Abitur vorzubereiten.

Die Abfolge der Übungsaufgaben orientiert sich an der vom Ministerium gewählten Reihenfolge der inhaltlichen Schwerpunkte, also:
Q 1.1: Inhaltsfeld Sprache: Mehrsprachigkeit
Q 1.2: Inhaltsfeld Texte: Johann Wolfgang von Goethe, *Faust I*
Q 2.1: Inhaltsfeld Texte: Franz Kafka, *Die Verwandlung*
Q 2.2: Inhaltsfeld Texte: Expressionismus
Die tatsächliche Abfolge der Inhalte im Unterricht kann je nach Fachcurriculum der Schulen davon abweichen. Das wirkt sich dann natürlich auch auf die jeweiligen Klausurdauern aus (vgl. oben), die also ebenfalls von der hier gewählten Abfolge abweichen können.

2.1.1 Aufgabe 1 (K 1)

Bezüge zu den Vorgaben 2018
- Inhaltsfeld Kommunikation
  Rhetorisch ausgestaltete Kommunikation in funktionalen Zusammenhängen
- Inhaltsfeld Sprache
  Fokus: Mehrsprachigkeit

AUFGABENSTELLUNG

1. Analysieren Sie die Neujahrsansprache der Bundeskanzlerin Angela Merkel vom 31. 12. 2014. *(30 Punkte)*
2. Setzen Sie sich mit der angesprochenen Problematik auseinander, indem Sie prüfen, inwieweit Mehrsprachigkeit zu einer Lösung des Problems beitragen kann. *(15 Punkte)*

Materialgrundlage:
Neujahrsansprache der Bundeskanzlerin Dr. Angela Merkel am 31. 12. 2014[21]

---

21 Das Video der Ansprache findet sich unter: http://www.bundeskanzlerin.de/Content/DE/Artikel/2014/12/2014-12-31-merkel-ansprache-neujahr.html [Stand: Februar 2016].

Zugelassene Hilfsmittel:
Wörterbuch zur Deutschen Rechtschreibung

Text

Angela Merkel
***Neujahrsansprache* v. 31. 12. 2014**

Liebe Mitbürgerinnen und Mitbürger,
(...)
2014 mussten wir außerdem erleben, dass die Terrororganisation IS* alle Menschen verfolgt und auf bestialische Weise ermordet, die sich ihrem Herrschaftswillen nicht unterwerfen. Diese Terrororganisation wütet ganz besonders in Syrien und im Nordirak, aber sie bedroht auch unsere Werte zu Hause. Die freie Welt stellt sich ihr entgegen. Dazu leisten auch wir Deutschen unseren Beitrag, denn das ist in unserem Interesse.

Eine Folge dieser Kriege und Krisen ist, dass es weltweit so viele Flüchtlinge gibt wie noch nie seit dem Zweiten Weltkrieg. Viele sind buchstäblich dem Tod entronnen. Es ist selbstverständlich, dass wir ihnen helfen und Menschen aufnehmen, die bei uns Zuflucht suchen.

Kürzlich erzählte mir jemand von einem Kurden, der heute Deutscher ist. Vor vielen Jahren sei er aus dem Irak geflohen – unter sehr schwierigen Bedingungen. Unter Lebensgefahr. Er habe gesagt, das Wichtigste sei für ihn in Deutschland, dass seine Kinder hier ohne Furcht aufwachsen könnten.

Das ist vielleicht das größte Kompliment, das man unserem Land machen kann: dass die Kinder Verfolgter hier ohne Furcht groß werden können.

Und das war auch ein Motiv der vielen Menschen, die vor 25 Jahren in der DDR jeden Montag auf die Straße gingen. Hunderttausende demonstrierten 1989 für Demokratie und Freiheit und gegen eine Diktatur, die Kinder in Furcht aufwachsen ließ.

Heute rufen manche montags wieder „Wir sind das Volk". Aber tatsächlich meinen sie: Ihr gehört nicht dazu – wegen eurer Hautfarbe oder eurer Religion.

Deshalb sage ich allen, die auf solche Demonstrationen gehen: Folgen Sie denen nicht, die dazu aufrufen! Denn zu oft sind Vorurteile, ist Kälte, ja, sogar Hass in deren Herzen!

Und, liebe Mitbürgerinnen und Mitbürger, welch großes Glück es ist, dass wir seit bald 25 Jahren in einem in Frieden und Freiheit geeinten Land leben können, das konnten wir trotz aller Anstrengungen und trotz aller Probleme auch unseres Alltags gerade auch in diesem Jahr spüren. (...)

Anmerkungen:
IS: Islamischer Staat, eine vor allem in Syrien und im Irak aktive dschihadistische Terrororganisation

2.1.2 Aufgabe 2 (K 2)

Bezug zu den Vorgaben 2018
Inhaltsfeld Texte
strukturell unterschiedliche Dramen aus unterschiedlichen historischen Kontexten
Fokus: Johann Wolfgang von Goethe, *Faust I*

AUFGABENSTELLUNG

1. Geben Sie die Gedanken des Auszuges aus Friedrich Schillers Ausführungen *Über die tragische Kunst* (1792) wieder, und beschreiben Sie ihren argumentativen Zusammenhang. *(18 Punkte)*
2. Prüfen Sie anschließend, ob und inwieweit das Gelehrtendrama in Johann Wolfgang von Goethes Drama *Faust. Der Tragödie Erster Teil* als Tragödie bezeichnet werden kann. *(27 Punkte)*

Materialgrundlage:
Friedrich Schiller: *Über die tragische Kunst*. In: Ders.: Sämtliche Werke in zehn Bänden. Berliner Ausgabe, Bd. 8 Philosophische Schriften. Berlin: Aufbau-Verlag, 2005, S. 162 f.

Zugelassene Hilfsmittel:
Wörterbuch zur Deutschen Rechtschreibung

Text

Friedrich Schiller:
***Über die tragische Kunst* (1792, Auszug)**

Die Tragödie ist fünftens Nachahmung einer Handlung, welche uns *Menschen im Zustand des Leidens zeigt*. Der Ausdruck, *Menschen*, ist hier nichts weniger als müßig und dient dazu, die Grenzen genau zu bezeichnen, in welche die Tragödie in der Wahl ihrer Gegenstände eingeschränkt ist. Nur das Leiden sinnlichmoralischer Wesen, dergleichen wir selbst sind, kann unser Mitleid erwecken. Wesen also, die sich von aller *Sittlichkeit* lossprechen, wie sich der Aberglaube des Volks oder die Einbildungskraft der Dichter die bösen Dämonen malt, und Menschen, welche ihnen gleichen, – Wesen ferner, die von dem Zwange der *Sinnlichkeit* befreit sind, wie wir uns die reinen Intelligenzen denken, und Menschen, die sich in höherm Grade, als die menschliche Schwachheit erlaubt, diesem Zwange entzogen haben, sind gleich untauglich für die

Tragödie. Überhaupt bestimmt schon der Begriff des Leidens, und eines Leidens, an dem wir teilnehmen sollen, daß nur *Menschen* im vollen Sinne dieses Worts der Gegenstand desselben sein können. Eine reine Intelligenz kann nicht leiden, und ein menschliches Subjekt, das sich dieser reinen Intelligenz in ungewöhnlichem Grade nähert, kann, weil es in seiner sittlichen Natur einen zu schnellen Schutz gegen die Leiden einer schwachen Sinnlichkeit findet, nie einen großen Grad von Pathos erwecken. Ein durchaus sinnliches Subjekt ohne Sittlichkeit, und solche, die sich ihm nähern, sind zwar des fürchterlichsten Grades von Leiden fähig, weil ihre Sinnlichkeit in überwiegendem Grade wirkt, aber von keinem sittlichen Gefühl aufgerichtet, werden sie diesem Schmerz zum Raube – und von einem Leiden, von einem durchaus hülflosen Leiden, von einer absoluten Untätigkeit der Vernunft wenden wir uns mit Unwillen und Abscheu hinweg. Der tragische Dichter gibt also mit Recht den gemischten Charakteren den Vorzug, und das Ideal seines Helden liegt in gleicher Entfernung zwischen dem ganz verwerflichen und dem vollkommenen.

Die Tragödie endlich vereinigt alle diese Eigenschaften, *um den mitleidigen Affekt zu erregen*. Mehrere von den Anstalten, welche der tragische Dichter macht, ließen sich ganz füglich zu einem andern Zweck, z. B. einem moralischen, einem historischen u. a. benutzen; dass er aber gerade diesen und keinen andern sich vorsetzt, befreit ihn von allen Forderungen, die mit diesem Zweck nicht zusammenhängen, verpflichtet ihn aber auch zugleich, bei jeder besondern Anwendung der bisher aufgestellten Regeln sich nach diesem letzten Zwecke zu richten.

2.1.3 Aufgabe 3 (K 3)

Anlage der Klausur

Die Klausuren im ersten Halbjahr Q 2 sind für eine Arbeitszeit von drei Unterrichtsstunden, also etwa 155 – 175 Minuten, zu entwickeln. Dementsprechend müsste folgerichtig ein Punktschema anwendbar sein, das in angemessener Interpolation zwischen dem Schema der zweistündigen Klausuren und dem für Abiturklausuren liegt. **Diesem im Folgenden dargestellten Schema liegt wohlgemerkt keine amtliche Unterlage zu Grunde**.

Die Punkte für die inhaltliche Leistung müssten sich auf 36 Punkte für die Hauptaufgabe und 23 Punkte für den weiteren Schreibauftrag verteilen bzw. bei Vergleichsaufgaben auf eine Punkteverteilung von 30 und 29 Punkten hinauslaufen. Die Punkte für die Darstellungsleistung könnten sich auf insgesamt 21 Punkte erhöhen und zu nachfolgender Verteilung führen:

	Anforderungen **Der Prüfling**	**maximal erreichbare Punktzahl**
1	strukturiert seinen Text kohärent, stringent und gedanklich klar: – angemessene Gewichtung der Teilaufgaben in der Durchführung – gegliederte und angemessen gewichtete Anlage der Arbeit – schlüssige Verbindung der einzelnen Arbeitsschritte – schlüssige gedankliche Verbindung von Sätzen	4
2	formuliert unter Beachtung der fachsprachlichen und fachmethodischen Anforderungen: – Trennung von Handlung und Metaebene – begründeter Bezug von beschreibenden, deutenden und wertenden Aussagen – Verwendung von Fachtermini in sinnvollem Zusammenhang – Beachtung der Tempora – korrekte Redewiedergabe (Modalität)	4
3	belegt die Aussagen durch angemessenes und korrektes Zitieren: – sinnvoller Gebrauch von vollständigen und gekürzten Zitaten in begründeter Funktion	3
4	drückt sich allgemein präzise, stilistisch sicher und begrifflich differenziert aus: – sachlich-distanzierte Schreibweise – Schriftsprachlichkeit – begrifflich abstrakte Ausdrucksfähigkeit	3
5	formuliert lexikalisch und syntaktisch sicher, variabel und komplex (und zugleich klar)	4
6	schreibt sprachlich richtig	3
	Summe	**21**

Zur Notenfindung könnte nachfolgende Tabelle zur Anwendung kommen:

Note	Punkte	Erreichte Punktzahl
sehr gut plus	15	77 – 80
sehr gut	14	73 – 76
sehr gut minus	13	68 – 72
gut plus	12	64 – 67
gut	11	59 – 63
gut minus	10	55 – 58
befriedigend plus	9	51 – 54
befriedigend	8	46 – 50
befriedigend minus	7	42 – 45
ausreichend plus	6	38 – 41
ausreichend	5	33 – 37
ausreichend minus	4	29 – 32
mangelhaft plus	3	25 – 28
mangelhaft	2	20 – 24
mangelhaft minus	1	16 – 19
ungenügend	0	0 – 15

Bezug zu den Vorgaben 2018
Inhaltsfeld Texte
strukturell unterschiedliche Erzähltexte aus unterschiedlichen historischen Kontexten
Fokus: Franz Kafka, *Die Verwandlung*

AUFGABENSTELLUNG

1. Analysieren Sie den Auszug aus Franz Kafkas Erzählung *Die Verwandlung*, indem Sie besonders die Bedeutung des Bildes herausarbeiten. *(33 Punkte)*
2. Stellen Sie im Anschluss Gretes Zukunftspläne dar, und untersuchen Sie, welches Bild der Gesellschaft den Wunschträumen der beiden Kinder der Familie Samsa zu Grunde liegt. *(26 Punkte)*

Materialgrundlage
Franz Kafka: *Die Verwandlung*. Stuttgart: Reclam, 2001 (2012) (RUB Nr. 9900), S. 39 f.

Zugelassene Hilfsmittel
Wörterbuch der deutschen Rechtschreibung
Unkommentierte Ausgabe von Franz Kafka, *Die Verwandlung*

Text

Franz Kafka
***Die Verwandlung* (1912)**

Und so brach er denn hervor – die Frauen stützten sich gerade im Nebenzimmer an den Schreibtisch, um ein wenig zu verschnaufen –, wechselte viermal die Richtung des Laufes, er wusste wirklich nicht, was er zuerst retten sollte, da sah er an der im Übrigen schon leeren Wand auffallend das Bild der in lauter Pelzwerk gekleideten Dame hängen*, kroch eilends hinauf und presste sich an das Glas, das ihn festhielt und seinem heißen Bauch wohltat. Dieses Bild wenigstens, das Gregor jetzt ganz verdeckte, würde nun gewiss niemand wegnehmen. Er verdrehte den Kopf nach der Tür des Wohnzimmers, um die Frauen bei ihrer Rückkehr zu beobachten.
Sie hatten sich nicht viel Ruhe gegönnt und kamen schon wieder; Grete hatte den Arm um die Mutter gelegt und trug sie fast. »Also was nehmen wir jetzt?«, sagte Grete und sah sich um. Da kreuzten sich ihre Blicke mit denen Gregors an der Wand. Wohl nur infolge der Gegenwart der Mutter behielt sie ihre Fassung, beugte ihr Gesicht zur Mutter, um diese vom Herumschauen abzuhalten, und sagte, allerdings zitternd und unüberlegt: »Komm, wollen wir nicht lieber auf einen Augenblick noch ins Wohnzimmer zurückgehen?« Die Absicht Gretes war für Gregor klar, sie wollte die Mutter in Sicherheit bringen und dann ihn von der Wand hinunterjagen. Nun, sie konnte es ja immerhin versuchen! Er saß auf seinem Bild und gab es nicht her. Lieber würde er Grete ins Gesicht springen.

Anmerkungen:
„Über dem Tisch (...) hing das Bild, das er vor kurzem aus einer illustrierten Zeitschrift ausgeschnitten und in einem hübschen, vergoldeten Rahmen untergebracht hatte. Es stellte eine Dame dar, die, mit einem Pelzhut und einer Pelzboa versehen, aufrecht dasaß und einen schweren Pelzmuff, in dem ihr ganzer Unterarm verschwunden war, dem Beschauer entgegenhob."
(*Die Verwandlung*, S. 5)

2.1.4 Aufgabe 4 (K 4)

Bezug zu den Vorgaben 2018
Inhaltsfeld Texte
lyrische Texte zu einem Themenbereich aus unterschiedlichen historischen Kontexten
Fokus: Expressionismus

AUFGABENSTELLUNG

1. Analysieren Sie das Gedicht *Städter* (1924) von Alfred Wolfenstein. *(42 Punkte)*
2. Prüfen Sie im Anschluss, inwieweit der Text dem Expressionismus zuzuordnen ist. *(30 Punkte)*

Materialgrundlage:
Alfred Wolfenstein: *Städter*. In: Ders.: Gedichte (Werke, Band 1). Hrsg. v. Günter Holtz. Mainz: v. Hase & Koehler Verlag, 1982, S. 59. (Die Mainzer Reihe, 53/I). Abdruck mit freundlicher Genehmigung der Akademie der Wissenschaften und der Literatur, Mainz.

Zugelassene Hilfsmittel
Wörterbuch der deutschen Rechtschreibung

Text 1

Alfred Wolfenstein
***Städter* (1914)**

Dicht wie Löcher eines Siebes stehn
Fenster beieinander, drängend fassen
Häuser sich so dicht an, dass die Straßen
Grau geschwollen wie Gewürgte sehn.

Ineinander dicht hineingehakt
Sitzen in den Trams die zwei Fassaden
Leute, ihre nahen Blicke baden
ineinander, ohne Scheu befragt.

Unsre Wände sind so dünn wie Haut,
Dass ein jeder teilnimmt, wenn ich weine.
Unser Flüstern, Denken .. wird Gegröhle ..

– Und wie still in dick verschlossner Höhle
Ganz unangerührt und ungeschaut
Steht doch jeder fern und fühlt: alleine.

Anmerkungen:

Alfred Wolfenstein (1883–1945): Sohn eines jüdischen Kaufmanns; Jurastudium und Promotion in Berlin, freier Schriftsteller in München und Berlin, 1934 Flucht über Prag nach Paris. Nach dem deutschen Einmarsch 1940 dreimonatige Gefangenschaft, danach Flucht durch Südfrankreich; angesichts eines schweren Herzleidens Suizid in einem Pariser Krankenhaus

2.2 LÖSUNGSVORSCHLÄGE ZU DEN KLAUSURAUFGABEN

2.2.1 Lösungsvorschlag Aufgabe 1 (K 1)

Aufgabenart
Analyse eines Sachtextes mit weiterführendem Schreibauftrag (I A)

ERLÄUTERUNGEN DER AUFGABENSTELLUNG

Die Aufgabenstellung I A wird im Grundkursbereich nicht ungern benutzt. In diesem Falle ist nach der ersten Teilaufgabe der Auszug aus einer Rede zu analysieren, die die Bundeskanzlerin zum Jahreswechsel 2014/15 gehalten hat. Diese Aufgabenstellung erfordert von Ihnen zunächst die Darstellung der Situation, in der die Rede gehalten worden ist, sodann schließt sich eine gegliederte Reproduktion der inhaltlichen Aussagen an. Nach dieser Reproduktionsleistung haben Sie den Redeauszug daraufhin zu untersuchen, wie er argumentativ aufgebaut ist und welche sprachlichen Mittel wozu verwendet werden. Diese Untersuchungsergebnisse nutzen Sie anschließend zur Bestimmung der in diesem Auszug deutlich werdenden Redeabsicht. Zum Abschluss Ihrer Texterarbeitung setzen Sie sich wertend mit der Rede auseinander.

Die zweite Teilaufgabe schließt an die von Ihnen erarbeiteten Ergebnisse und Ihre Wertung an, insofern sie von Ihnen eine Reflexion darüber erfordert, inwieweit das in der Rede angesprochene Problem durch Mehrsprachigkeit eine Lösung erfahren kann. Hier verschiebt sich also der Schwerpunkt vom Inhaltsfeld Kommunikation zum Inhaltsfeld Sprache. Angesichts einer zweistündigen Klausur kann selbstverständlich keine breite Argumentation erwartet werden, sondern lediglich ein begründetes Statement. Diesem sollte aber eine kurze Klärung des Begriffes Mehrsprachigkeit vorangestellt werden. Die Aufgabenbearbeitung schließt mit einem abschließenden zusammenfassenden Urteil.

SCHREIBPLAN ZUR TEILAUFGABE 1

BAUSTEIN	ERLÄUTERUNG	OPERATION
Einleitung	Darstellung der Redesituation	formuliert eine aufgabenbezogene Einleitung
Reproduktion	gegliederte Wiedergabe des Textes mit eigenen Worten	gibt den Inhalt des Redeauszugs korrekt wieder
Analyse der Argumentation	Untersuchung des argumentativen Aufbaus: These – Argument – Beleg/Beispiel; Kennzeichnung der logischen Verknüpfung	untersucht den gedanklichen Aufbau des Redeauszugs

Analyse der sprachlichen Gestaltung	Untersuchung des Darstellungsstils: Funktion der phonetischen, semantischen, syntaktischen und pragmatischen Besonderheiten	untersucht die sprachliche Gestaltung des Redeauszugs
Bestimmung der Intention	Auswahl und Neustrukturierung der vorliegenden Informationen	erschließt die Intention des Redeauszugs
Wertung	begründete Bewertung der Rede nach einem angemessenen Maßstab	bewertet den Textauszug angemessen und begründet

LÖSUNGSMÖGLICHKEIT ZU ANSPRUCHSEBENE 1

	Anforderungen **Der Prüfling**	**maximal erreichbare Punktzahl**
1	*formuliert eine aufgabenbezogene Einleitung, z. B.:* Darstellung der Redesituation: Rundfunk- und Fernsehansprache an das deutsche Volk zum Jahreswechsel	3
2	*gibt den Inhalt des Redeauszugs gegliedert und korrekt wieder, z. B.:* 1. Bedrohung durch die Terrororganisation IS (3–8), 2. Flüchtlinge auch in Deutschland (9–12), 3. in Deutschland ohne Furcht (13–18), 4. Rückblick auf DDR (19–21), 5. Montagsdemonstrationen heute (22 f.), 6. Appell, diesen Demonstrationen nicht zu folgen, 7. Erinnerung an 25 Jahre Wiedervereinigung (27–30)	3
3	*untersucht den gedanklichen Aufbau des Redeauszugs, z. B.:* Faktendarstellung, Wertung: Bedrohung eigener Werte; Konsequenz: Kampf gegen den IS, Flüchtlinge in Deutschland; Beispiel (Kurdenepisode); positive Wertung des Beispiels; positiver Vergleich mit den Montagsdemonstrationen der DDR; negativer Vergleich mit den Montagsdemonstrationen heute; Konsequenz: begründeter Appell; Beschwichtigung: Erinnerung an Wiedervereinigung	6
4	*untersucht die sprachliche Gestaltung des Redeauszugs, z. B.:* – semantisch: Kontraste (Betonung der Gegensätze): Zwillingsformeln (Kriege und Krisen vs. Friede und Freiheit), emotionale Hochwertwörter (frei, helfe, Glück, Friede vs. bestialisch, ermordet, bedroht, Tod, Lebensgefahr, Furcht, Diktatur, Vorurteil, Hass, Kälte); Form der 1. Pers. Pl. bei Personal- u. Possessivpronomen (wir, unser: 7, 11, 17, 26, 29: Gemeinschaftbildung)	6

	– syntaktisch: Dominanz einfacher Satzgefüge (Verständlichkeit), Kurzsätze (6 f., 10: Eindringlichkeit), Ellipse (14 f.: Eindringlichkeit), Nachstellungen (14), 23: Hervorhebung – pragmatisch: indirekte Rede (13 f.) vs. direkte Rede (22), Correctio (25: Betonung), Anrede (24: Gemeinschaft), Schlagwort (freie Welt)	
5	*erschließt die Intention des Redeauszugs, z. B.:* Verständnis für die deutsche Politik (Kampf gegen IS, Aufnahme von Flüchtlingen); Appell, den neuen Montagsdemonstrationen nicht zu folgen; Stärkung des Nationalgefühls	6
6	*bewertet den Redeauszug angemessen und begründet, z. B.:* Teil einer Festrede (Standardsituation): Ermutigung und Stärkung des affirmativen Bürgerwillens; Reduktion der neuen Montagsdemonstrationen auf Ausländerfeindlichkeit	6
7	erfüllt ein weiteres aufgabenbezogenes Kriterium (max. 4 Punkte)	
	Summe 1. Teilaufgabe	**30**

SCHREIBPLAN ZUR ANSPRUCHSEBENE 2: ARGUMENTATION (30 Punkte)

BAUSTEIN	ERLÄUTERUNG	OPERATION
Überleitung	Formulierung einer Überleitung von der Flüchtlingsproblematik zur Mehrsprachigkeit	formuliert eine angemessene Überleitung
Begriffsklärung	Klärung des Begriffs „Mehrsprachigkeit“	klärt den Begriff der Mehrsprachigkeit
Darstellung der Vorteile	Darstellung der möglichen Vorteile der Mehrsprachigkeit	stellt die möglichen Vorteile der Mehrsprachigkeit zur Lösung des Problems dar
Prüfung der Vorteile	Prüfung der Bedeutung der Mehrsprachigkeit für die Lösung der Problematik	prüft die Bedeutung der Mehrsprachigkeit zur Lösung des Problems
Schlussurteil	abschließendes Schlussurteil	formuliert ein abschließendes Schlussurteil

LÖSUNGSMÖGLICHKEIT ZU ANSRUCHSEBENE 2

	Anforderungen Der Prüfling	maximal erreichbare Punktzahl
1	*formuliert eine angemessene Überleitung, z. B.:* Mehrsprachigkeit als Lösungsmöglichkeit gegen Ausländerfeindlichkeit	2
2	*klärt den Begriff der Mehrsprachigkeit, z. B.:* Barcelona-Beschluss: Jeder Europäer lernt zwei Fremdsprachen neben seiner Muttersprache.	2
3	*stellt die möglichen Vorteile der Mehrsprachigkeit zur Lösung der Problematik dar, z. B.:* Erleichterung der Kommunikation mit Ausländern; Abbau der Ängste vor Fremdheiten; Öffnung für kulturelle Andersartigkeiten; Grundlage eines demokratischen Weltbürgertums	4
4	*prüft die Bedeutung der Mehrsprachigkeit zur Lösung der Problematik, z. B.:* Schulsprachen (Englisch, Französisch, Spanisch) nur bedingt bei den Flüchtlingen anwendbar; Schwierigkeit in der kulturellen Differenz: Zentraleuropa vs. Vorderasien; grundlegender: demokratische und humanistische Einstellung	4
5	*formuliert ein abschließendes Schlussurteil, z. B.:* Mehrsprachigkeit kann nur sehr bedingt und indirekt dazu beitragen, das Problem der Ausländerfeindlichkeit zu lösen.	3
6	erfüllt ein weiteres aufgabenbezogenes Kriterium (max. 3 Punkte)	
	Summe 2. Teilaufgabe	**15**

2.2.2 Lösungsvorschlag Aufgabe 2 (K 2)

Aufgabenart
Argumentative Entfaltung eines fachspezifischen Sachverhalts bzw. Problems oder eines Problems, dessen fachlicher Hintergrund aus dem Unterricht bekannt ist, im Anschluss an die eingeschränkte Analyse einer Textvorlage (III A)

ERLÄUTERUNG DER AUFGABENSTELLUNG

Im Gegensatz zu allen anderen Aufgabenarten hat der Aufgabentyp III A sein theoretisches und praktisches Schwergewicht auf der Argumentation. Während in der ersten Teilaufgabe das theoretische Vermögen im Umgang mit argumentativen Texten überprüft wird, ist in der zweiten Teilaufgabe, die stärker wiegt als die erste, die eigene Argumentationsfähigkeit nachzuweisen. Die Punktverteilung in der Abiturklausur schwankt zwischen 24 : 48 und 30 : 42, je nach Anforderungsprofil des vorgelegten Textes und der Aufgabenstellung. Hier wird ein Verhältnis von 18 : 27 zu Grunde gelegt. Das theoretische Vermögen erstreckt sich im Wesentlichen darauf, die Problemstellung eines Textes zu verstehen, den Aufbau der Argumentation mit ihren Thesen, Argumenten und Belegen zu durchschauen und die Intention und Position des Verfassers zu erkennen. Dementsprechend sind die methodischen Schritte der ersten Teilaufgabe anzulegen. Eine sprachliche Analyse braucht nicht durchgeführt zu werden; es ist jedoch ratsam, den Darstellungsstil kurz zu kennzeichnen.

Die zweite wichtigere Teilaufgabe umfasst in der Regel eine gelenkte argumentative Auseinandersetzung mit Positionen und Aussagen der Textvorlage. Bislang ist bei der Aufgabenstellung auf die generelle Anweisung „Erörtern Sie …" zugunsten der Vorgabe leitender Aspekte verzichtet worden. Sinn solcher Aspekte ist es, die Thematik in einem gedanklich übergeordneten Bereich zu verankern und die aktuelle Relevanz des Themas diskutieren zu lassen oder eine komplexere Problematik in Einzelaspekte aufzuschlüsseln.

In dieser Aufgabenstellung sollen Sie im Anschluss an die Beschäftigung mit den Aussagen Schillers prüfen, inwieweit sich das Gelehrtendrama als Tragödie auffassen lässt. Die Erörterung besteht darin, die von Schiller aufgestellten Kategorien abwägend auf das Gelehrtendrama zu übertragen und zu einem begründeten Schlussurteil zu gelangen.

SCHREIBPLAN ZU TEILAUFGABE 1

BAUSTEIN	ERLÄUTERUNG	OPERATOR
Einleitung	Ausgangspunkt: Zentraldaten des Textes	verfasst eine aufgabenbezogene Einleitung
Texterschließung	Darstellung von Thematik und Problematik des Textes	stellt die Thematik des Textes dar
Reproduktion	gegliederte Wiedergabe des Textauszuges mit eigenen Worten	gibt den Inhalt des Textes gegliedert wieder
Analyse	Untersuchung des argumentativen Aufbaus; Kennzeichnung der logischen Verknüpfung	untersucht den argumentativen Aufbau des Textauszuges
Kennzeichnung der Darstellungsform	Beschreibung des Darstellungsstils	beschreibt die Darstellungsform des Textes
Schlussurteil	Urteil über die zeitgenössische Relevanz der Thematik	bewertet den Text

LÖSUNGSMÖGLICHKEIT ZU TEILAUFGABE 1

	Anforderungen **Der Prüfling**	**maximal erreichbare Punktzahl**
1	*formuliert eine aufgabenbezogenen Einleitung, z. B.:* Verwendung der bekannten Textdaten	3
2	*stellt die Thematik des Textes dar, z. B.:* Poetologische Reflexion zur Tragödie; hier Definition der Tragödie als Handlung, die den Menschen im Zustand des Leidens zeigt	3
3	*gibt den Inhalt des Textauszuges gegliedert und korrekt wieder, z. B.:* Tragödie: Mensch im Zustand des Leidens (1 f.); Mensch als sinnlich-moralisches Wesen (2–5), also nicht als Dämon oder reine Intelligenzen (5–11); der Begriff des Leidens schließt das Fehlen von Sittlichkeit und Sinnlichkeit aus (12–21), der gemischte Charakter als Ideal des tragischen Helden (22–24); Ziel der Tragödie: mitleidiger Affekt (25–31)	3
4	*untersucht den argumentativen Aufbau des Textauszuges, z. B.:* These (1 f.); Erläuterung des Thesenarguments „Mensch" (2–5); Ablehnung der Gegenargumente (5–11), Erläuterung des Thesenarguments „Leiden" (11–22), Konsequenz der Erläuterungen (22–24); Funktionsbestimmung der Tragödie (25–31); logische Argumentation	3
5	*beschreibt die Darstellungsform des Textes, z. B.:* sachlich erörternd, fast philosophisch abwägend	3
6	*bewertet den Text, z. B.:* fünfter Baustein einer komplexeren Argumentation; bedeutende poetologische Definition der Tragödie in der Epoche der Klassik	3
7	erfüllt ein weiteres aufgabenbezogenes Kriterium (max. 3 Punkte)	
	Summe 1. Teilaufgabe	**18**

SCHREIBPLAN ZU TEILAUFGABE 2

BAUSTEIN	ERLÄUTERUNG	OPERATOR
Überleitung	Diskussion um die Benennung der beiden Dramenteile im ersten Teil von Goethes Faustdichtung	verfasst eine sachbezogene Überleitung
Darstellung	Darstellung des Problems	stellt das Problem dar

Transfer 1	Untersuchung, inwieweit Faust als Mensch im Sinne Schillers zu betrachten ist	prüft, inwieweit die Schillersche Bezeichnung Mensch auf die Faustfigur zutrifft
Transfer 2	Untersuchung, inwieweit Faust im Zustand des Leidens dargestellt wird	prüft, inwieweit die Schillersche Vorstellung vom Zustand des Leids auf die Faustfigur zutrifft
Transfer 3	Untersuchung, inwieweit die Faustfigur des Gelehrtendramas beim Zuschauer Mitleid erweckt	prüft, inwieweit die Faustfigur einen mitleidigen Affekt erzielt
Schlussurteil	Zusammenfassung der Untersuchungsergebnisse in einem begründeten Schlussurteil	beurteilt das Problem abschließend

LÖSUNGSMÖGLICHKEIT ZU TEILAUFGABE 2

	Anforderungen **Der Prüfling**	**maximal erreichbare Punktzahl**
1	*formuliert eine aufgabenbezogene Überleitung, z. B.:* Unterschied in der Bezeichnung der beiden Dramenteile im ersten Teil der Faustdichtung	3
2	*stellt das Problems dar, z. B.:* Übernahme der von Goethe gewählten Gattungsbezeichnung „Tragödie" für das Gesamtdrama auch für die Bezeichnung ihrer beiden Teile: Gelehrtentragödie, Gretchentragödie; Fokus: Berechtigung des Begriffs „Gelehrtentragödie"	3
3	*prüft, inwieweit die Schillersche Bezeichnung Mensch auf die Faustfigur zutrifft, z. B.:* Mensch als Mittelwesen zwischen Dämon (verwerflicher Mensch) und Engel (vollkommener Mensch): Faust trotz des Umgangs mit schwarzer Magie nicht unsittlich, böse; auch nicht abgehoben unsinnlich (Empfänglichkeit für die Ostergesänge): gemischter Charakter. Aber kein Repräsentant für den durchschnittlichen Menschen, mit dem eine Identifikation möglich ist: Faust bleibt Extremfigur.	6

4	*prüft, inwieweit die Schillersche Vorstellung vom Zustand des Leids auf die Faustfigur zutrifft , z. B.:* Faust leidet an seiner Unvollkommenheit (keine reine Intelligenz), diesem Leiden liegt aber ein Maß von unsittlicher Überheblichkeit zugrunde: hilfloses Leiden, aber keine Untätigkeit der Vernunft: erfüllt die Schillerschen Bedingungen nicht vollständig: Faust ist Grenzfigur	6
5	*prüft, inwieweit die Faustfigur einen mitleidigen Affekt erregt, z. B.:* Faust steht außerhalb der Normen; sein Leid erwächst einem extremen Charakter und mündet nicht in eine existenzielle Katastrophe: Faust erregt keinen Affekt des Mitleids.	6
6	*beurteilt das Problem abschließend, z. B.:* Aufgrund des Schillertextes keine Eindeutigkeit: Faust als Extrem- und Grenzfigur; die Mehrheit der Argumente spricht aber dagegen, Faust als tragische Figur zu betrachten.	3
7	erfüllt ein weiteres aufgabenbezogenes Kriterium (max. 4 Punkte)	
	Summe 2. Teilaufgabe	**27**

2.2.3 Lösungsvorschlag Aufgabe 3 (K 3)

Aufgabenart
Analyse eines literarischen Textes mit weiterführendem Schreibauftrag (II A)

ERLÄUTERUNG DER AUFGABENSTELLUNG

Die Aufgabenstellung II fordert zunächst immer eine textsortengemäße Analyse. Für einen narrativen Textauszug heißt das, dass man nach einer kontextuellen Einordnung und einer gegliederten Zusammenfassung seiner inhaltlichen Aussagen, mit der man sein Textverständnis unter Beweis stellt, den Text nach seinen gattungstypischen Kategorien genau analysiert. Danach erläutert man unter Berücksichtigung der erzählerischen Darstellungsweise die inhaltlichen Aussagen, um die Textintention zu ermitteln. Erst im dritten Schritt interpretiert und deutet man den Text. Hier soll ein besonderer Schwerpunkt auf die Bedeutung des Bildes gelegt werden.

Der weiterführende Schreibauftrag verlangt von Ihnen zunächst die Darstellung von Gretes Zukunftsplänen, bei der Sie Textwissen über die Erzählung einbringen müssen. Sodann müssen Sie diese Zukunftspläne deuten. Diese Deutung und die aus der ersten Teilaufgabe resultierenden Untersuchungsergebnisse sind sodann zu einer Darstellung zusammenzufassen, die das Bild der Gesellschaft wiedergibt, das den Geschwistern zu Grunde liegt. Am Ende wird von Ihnen erwartet, dass Sie zu diesem Gesellschaftsbild Stellung beziehen.

SCHREIBPLAN ZU TEILAUFGABE 1

BAUSTEIN	ERLÄUTERUNG	OPERATOR
Einleitung	Verwendung der bekannte Textdaten	verfasst eine aufgabenbezogene Einleitung
Kontextuelle Einordnung	Einordnung in den Gesamtkontext der Erzählung. Keine Inhaltsangabe!	ordnet den Text in den Gesamtkontext der Erzählung ein
Textwiedergabe	Gliederung und inhaltliche Zusammenfassung des Textes	gibt den Inhalt des Textauszugs gegliedert wieder
Formale Analyse	Untersuchung der formalsprachlichen Gestaltung und der dazu verwendeten Mittel	untersucht die narrative Gestaltung des Textes
Inhaltliche Analyse	Untersuchung der inhaltlichen Aussagen	erschließt und erläutert die inhaltlichen Aussagen des Textes
Interpretation	Deutung des Textes unter Berücksichtigung der Analyseergebnisse; besonders Bedeutung des Bildes	deutet den Textauszug
Textkontext	Deutung des Textes vor dem Hintergrund des Gesamttextes	deutet den Text vor dem Hintergrund des Gesamttextes

LÖSUNGSMÖGLICHKEIT ZU TEILAUFGABE 1

	Anforderungen **Der Prüfling**	**maximal erreichbare Punktzahl**
1	*formuliert eine aufgabenbezogenen Einleitung, z. B.:* Verwendung der bekannten Daten des Textes	3
2	*ordnet den Text in den Gesamtkontext ein, z. B.:* Nachdem die Familie Samsa erkannt hat, dass die Verwandlung Gregors in einen Käfer von Dauer sein wird, beginnen Grete und die Mutter sein Zimmer um- und auszuräumen, darunter auch Dinge, die Gregor ans Herz gewachsen sind.	3

3	*gibt den Inhalt des Auszugs gegliedert wieder, z. B.:* Gregor bricht unter dem Kanapee hervor und läuft wirr in seinem Zimmer umher, um seine Habe vor dem Zugriff der Frauen zu retten (1–3), er presst sich an das Bild (3–8); Rückkehr der Frauen (9–11), Versuch Gretes, die Mutter ins Wohnzimmer zurückzubringen (11–15); Entschluss Gregors, sein Bild bis zuletzt zu verteidigen (15–18).	3
4	*untersucht die narrative Gestaltung des Textes, z. B.:* – personaler Er-Erzähler; Erzählbericht, Figurenrede: direkte Rede (10, 14 f.), erlebte Rede (3, 6 f., 15–18), leicht zeitraffend – phonetisch: Assonanzen auf a (3 f., 16, 17) und i (2, 3, 15 f., 18): Betonung; Alliteration auf w (3) und g (18): Betonung – syntaktisch: Kontrast: langes, aufzählendes Satzgefüge (6 Aktionsverben, lange Parenthese, 1–6) vs. Kurzsatz (17); zwei Fragen (10, 14 f.) vs. ein Ausrufesatz (16 f.)	6
5	*erschließt und erläutert die inhaltlichen Aussagen des Textes, z. B.:* – die Frauen: Aufräumen als angepasste Reaktion an die neue Situation – Gregor: Verteidigung seines Besitzes und Lebensraums; erotischer Hintergrund des Bildes	6
6	*deutet den Text, z. B.:* – Frauen: Aufräumen als Entpersonalisierung Gregors: Für sie ist er gesellschaftlich bereits tot. – Gregor: materielle Selbstrettung; Bild: Ikone und Fetisch: einzig dargestellter Bezug Gregors zu fremden Frauen, Pelz: Verhüllung der Frau in animalisches Gewand (weich, anschmiegsam); sexuelle Ersatzprojektion („heißer Bauch“); Bereitschaft, gesellschaftliche Prestigewerte höher zu schätzen als familiäre Bindungen	9
7	*deutet den Text vor dem Hintergrund des Gesamttextes, z. B.:* im Sozialverhalten vorgezogener Tod Gregors, der keinen Rückhalt mehr in der Familie hat und sich an Prestigeobjekten der Gesellschaft orientiert; Verlagerung der sexuellen Orientierung vom außerfamiliären Bereich (Dame: imaginär) in den inzestuösen Bereich (Grete: illusionär)	3
8	erfüllt ein weiteres aufgabenbezogenes Kriterium (max. 4 Punkte)	
	Summe 1. Teilaufgabe	**33**

SCHREIBPLAN ZU TEILAUFGABE 2

BAUSTEIN	ERLÄUTERUNG	OPERATOR
Überleitung	Verlagerung der Perspektive auf Grete	verfasst eine sachbezogene Überleitung
Reproduktion	kurze Darstellung der Lebenspläne Gretes nach Gregors Verwandlung	stellt die Zukunftspläne Gretes korrekt dar
Deutung	Deutung der Zukunftspläne Gretes	deutet die Zukunftspläne Gretes
Transfer	Zusammenfassung der Untersuchungsergebnisse aus Teilaufgabe 1 unter dem Aspekt: Beziehung zur Gesellschaft	fasst Gregors Beziehung zur Gesellschaft zusammen
Darstellung	Darstellung des Gesellschaftsbildes, das den Vorstellungen von Grete und Gregor zu Grunde liegt	stellt das Bild der Gesellschaft dar, das den Vorstellungen der Geschwister Samsa zu Grunde liegt
Schlussurteil	abschließende Bewertung des Gesellschaftsbildes	beurteilt das Gesellschaftsbild abschließend

LÖSUNGSMÖGLICHKEIT ZU TEILAUFGABE 2

	Anforderungen **Der Prüfling**	**maximal erreichbare Punktzahl**
1	*formuliert eine aufgabenbezogene Überleitung, z. B.:* scheinbarer Gegensatz zwischen Grete und Gregor (17 f.)	2
2	*stellt die Zukunftspläne Gretes korrekt dar, z. B.:* Grete hat eine Stellung als Verkäuferin angenommen, lernt am Abend Stenografie und Französisch, um später einmal einen besseren Posten zu erreichen (S. 45).	3
3	*deutet die Zukunftspläne Gretes, z. B.:* Grete hat aufgegeben, sich auf Gregor, seine Stellung und seine Einkünfte zu verlassen: Sie emanzipiert sich, integriert sich in die Gesellschaft, passt sich den gesellschaftlichen Regeln des sozialen Aufstiegs an.	6

4	*fasst Gregors Beziehung zur Gesellschaft zusammen, z. B.:* Gregor hat sich beruflich den Regeln der Gesellschaft bis zur Selbstaufgabe unterworfen; privat bleibt er sozial isoliert, träumt aber einen gesellschaftlichen Prestigetraum: Frau im Pelz: kostbare Mode-Accessoirs; Gregor sehnt sich nach gesellschaftlichem Ansehen.	6
5	*stellt das Bild der Gesellschaft dar, das den Vorstellungen der Geschwister Samsa zu Grunde liegt, z. B.:* bei beiden: Anpassung an die Gesellschaft als Lebensziel: beruflicher Erfolg, soziales Ansehen; interessant: das Schicksal Gregors (Preisgabe, Opferung der Privatsphäre, der eigenen Persönlichkeit) warnt Grete nicht	6
6	*beurteilt das Gesellschaftsbild abschließend, z. B.:* Kafka projiziert eigene Problemsituationen in den Text (Beruf, Scheitern der Beziehungen, Liebe zu Ottla), warnt vor der Selbstaufgabe, deutet aber keine grundsätzliche Lösung an: Grete.	3
7	erfüllt ein weiteres aufgabenbezogenes Kriterium (max. 4 Punkte)	
	Summe 2. Teilaufgabe	**26**

2.2.3 Lösungsvorschlag Aufgabe 4 (K 4)

Aufgabenart
Vergleichende Analyse literarischer Texte (II C)

ERLÄUTERUNG DER AUFGABENSTELLUNG

Die Aufgabe besteht aus zwei Teilen, einer vollständigen Gedichtanalyse und einer anschließenden Prüfung des Textes auf seine Zugehörigkeit zur Epoche des Expressionismus. Es ist also der Text in seiner äußeren Form zu beschreiben, hinsichtlich seiner sprachlichen Gestaltung und inhaltlichen Aussagen sowie deren Zusammenhang zu untersuchen und letztlich intentional zu deuten.

In der zweiten Teilaufgabe ist der Text daraufhin zu überprüfen, inwieweit er der Epoche des Expressionismus zuzurechnen ist. Dazu ist die Epoche kurz hinsichtlich ihrer kennzeichnenden Thematik und Stilistik darzustellen, um im Anschluss daran den vorliegenden Text angemessen zu verorten.

SCHREIBPLAN ZU TEILAUFGABE 1

BAUSTEIN	ERLÄUTERUNG	OPERATOR
Einleitung	Ausgangspunkt: Zentraldaten des Textes	verfasst eine aufgabenbezogene Einleitung
Textbeschreibung	Beschreibung der äußeren Textgestalt	beschreibt den formalen Aufbau des Gedichts
Formale Analyse	Untersuchung der formalsprachlichen Gestaltung und der dazu verwendeten Mittel	untersucht die Gestaltung des Textes
Inhaltliche Analyse	Untersuchung der inhaltlichen Aussagen des Gedichts, seiner gedanklichen Gliederung und seines gedanklichen Zusammenhangs	erschließt die inhaltlichen Aussagen des Textes
Interpretation	Deutung des Textes: Mit welchen Zuständen, Denk- und Verhaltensweisen setzt sich der Text auseinander, welche Absicht verfolgt er?	deutet den Text
Schlussurteil	Formulierung eines zusammenfassenden Schlussurteils	formuliert ein zusammenfassendes Schlussurteil

LÖSUNGSMÖGLICHKEIT ZU TEILAUFGABE 1

	Anforderungen **Der Prüfling**	**maximal erreichbare Punktzahl**
1	*formuliert eine aufgabenbezogenen Einleitung, z. B.:* Verwendung der zentralen Daten: Autor, Titel, Textsorte, Erscheinungsjahr	3
2	*beschreibt den formalen Aufbau des Gedichts, z. B.:* Sonett: zwei Quartette (umarmende Reime: abba, cddc), zwei Terzette (efg, gef): untypische Form; 5-hebiger Trochäus (untypisch) mit wechselnder Kadenz, Hakenstil (Quartette) und Zeilenstil (Terzette): sechs Enjambements (1, 2, 3, 5, 6, 7)	6

3	*untersucht die Gestaltung des Textes, z. B.:* – phonetisch: Assonanzen auf a (3, 6, 7), e (14), i (3, 5, 6, 7, 12), ei (10); Alliterationen auf b (7), f (14), w (4, 7): Versinnlichung – semantisch: Gegensätze: urbanes Wortfeld („Fenster“, „Häuser“, „Straßen“, „Tram“, „Fassaden“, „Wände“) vs. humanes Wortfeld (‚teilnehmen‘ [positiv], „sitzen“, „Leute“, „Blicke“, „baden“, „befragt“, „Haut“, „Flüstern“, „Denken“, ‚fühlen‘ [neutral], „Scheu“, „Gegröle“, „unangerührt“, „ungeschaut“, ‚weinen‘, „Gewürgte“ [negativ]); visueller Gegensatz: Verse 7, 8 vs. „ungeschaut“ (13), akustischer Gegensatz: dritte vs. vierte Strophe – syntaktisch: zwei Sätze pro Strophe; Partizipien (2, 4, 5, 8, 13); Ellipse (14); spannungssteigernde Satzzeichen (11, 12, 14) – pragmatisch: Vergleiche (2, 4, 12), Personifizierung (2, 4, 6 f., 7), Hyperbel (11)	9
5	*erschließt die inhaltlichen Aussagen des Textes, z. B.:* enge Bebauung mit Häusern, eingequetschte Straßen (1); enges Nebeneinander der Menschen in der Tram: keine Privatsphäre (2); Hellhörigkeit der Wohnungen, keine Privatsphäre (3); Einsamkeit des Einzelnen (4)	6
6	*erschließt den Zusammenhang von formaler und inhaltlicher Gestaltung, z. B.:* Hakenstil der Quartette = „hineingehakt“ (5); Zeilenstil der Terzette, Ellipse (14) = Bindungsverlust, zunehmende Einsamkeit; Reimform der Terzette (efg gef statt efg efg / eef ggf / efg gfe= Bindungsverlust; Partizipien = Teilhabe (lat: partizipieren): erst negativ (2, 4, 5), dann verneinend (un-, 14)	6
7	*deutet den Text, z. B.:* – Trostlosigkeit und Bedrohlichkeit der Stadtarchitektur: zu dichte Bebauung, zu enge Straßen, zu dünne Wände – Trostlosigkeit und Vereinsamung des Einzelnen: gesichtslose Anonymität des Menschen (7 f.), Isolation (12), Distanziertheit (14) – Gegensatz: Dichte der Bebauung, Dichte der Menschenmenge vs. Einsamkeit des Einzelnen; Verlust der Privatheit vs. Verlust des sozialen Kontakts = Folgen der Vermassung; Gleichsetzung von Haus und Mensch (Fassade): Oberflächlichkeit sowie Mensch und Haus (Fensterlöcher): inhaltliche Leere	9
8	*formuliert ein abschließendes Schlussurteil, z. B.:* kulturpessimistische Großstadtkritik aus anthropologischer Perspektive	3
9	erfüllt ein weiteres aufgabenbezogenes Kriterium (max. 6 Punkte)	
	Summe 1. Teilaufgabe	**42**

SCHREIBPLAN ZU TEILAUFGABE 2

BAUSTEIN	ERLÄUTERUNG	OPERATOR
Überleitung	Erscheinungszeitpunkt des Gedichts	verfasst eine sachbezogene Überleitung
Darstellung	Darstellung der soziohistorischen Situation um 1914	stellt die soziohistorische Situation der Zeit dar
Reorganisation	Darstellung der inhaltlichen Schwerpunkte der expressionistischen Lyrik	stellt die inhaltlichen Schwerpunkte der expressionistischen Lyrik dar
Reorganisation	Darstellung der stilistischen Schwerpunkte des Expressionismus	stellt die stilistischen Schwerpunkte der expressionistischen Lyrik dar
Vergleich	Vergleich der im Texte auftretenden Inhalte und Stilmittel mit denen des Expressionismus	vergleicht die im Text zutage tretenden Inhalte und Stilmittel mit denen des Expressionismus
Schlussurteil	fasst das Vergleichsergebnis abschließend zusammen	gelangt zu einem begründeten Schlussurteil

LÖSUNGSMÖGLICHKEIT ZU TEILAUFGABE 2

	Anforderungen **Der Prüfling**	**maximal erreichbare Punktzahl**
1	*formuliert eine aufgabenbezogene Überleitung, z. B.:* Veröffentlichungszeitpunkt des Gedichts 1914: Autor: 26 Jahre alt, Epoche des Expressionismus	3
2	*stellt die soziohistorische Situation der Zeit dar, z. B.:* Zeit der weltpolitischen Konflikte im Zeitalter des Imperialismus: Beginn des Ersten Weltkriegs; Zeit der wachsenden sozialen Spannungen in Deutschland; wachsender Protest gegen Obrigkeitsstaat, sozialer Zersetzungsprozess, subjektive Entfremdung; Expressionismus als Ausdrucksform dieser Protestbewegung	6
3	*stellt die inhaltlichen Schwerpunkte des Expressionismus dar, z. B.:* mehrere Motivkreise: allgemeiner Weltschmerz (Apokalypse, Verfall), Großstadtkritik (Unwirtlichkeit, Zivilisationsverteufelung, Dämonisierung), politische Thematik (Revolution, Untergang, Krieg)	6

4	*stellt die stilistischen Schwerpunkte des Expressionismus dar, z. B.:* experimentelle Gedichtformen, Loslösung von der Tradition; lautliche Akzentsetzungen, kräftige Bildlichkeit, dynamische Verben, Verwendung von Extremen und Kontrasten, Neologismen, Personifizierungen, Synästhesien	6
5	*vergleicht die im Text auftretenden Inhalte und Stilmittel mit denen des Expressionismus, z. B.:* – Inhalt: Großstadtkritik aus anthropologischer Perspektive: Paradoxie von Menschenballung und Einsamkeit, Verdinglichung des Menschen – Stil: untypische Verwendung einer traditionellen Gedichtform; behutsame Verwendung expressionistischer Stilmittel: Kontrast, Personifizierung; keine semantischen oder bildentwerfenden Kraftakte	6
6	*gelangt zu einem begründeten Schlussurteil, z. B.:* gemäßigtes Gedicht des Expressionismus; treffende Kennzeichnung der auch heute noch herrschenden großstädtischen Anonymität	3
7	erfüllt ein weiteres aufgabenbezogenes Kriterium (max. 4 Punkte)	
	Summe 2. Teilaufgabe	**30**

3. ABITURPRÜFUNG

Anlage des Übungsabiturs

Im Folgenden wird mit zwei Abiturprüfungspaketen zu jeweils drei Aufgaben die schriftliche Abiturprüfung simuliert. Eine feste Reihenfolge der Aufgaben gibt es nicht. Es muss damit gerechnet werden, dass eine Aufgabenart zweimal vorkommt, im Grundkurs am ehesten der Typ I A oder II A, aber auch damit, dass ein Aufgabentyp ganz fehlt. Bis 2015 sah die Verteilung folgendermaßen aus: I A (8-mal), II A (9-mal), II C (6-mal), III A (5-mal).

Die insgesamt sechs Aufgaben sind so gewählt, dass alle drei literarischen Gattungen angesprochen werden. Im Anschluss an jedes Prüfungspaket erfolgt der Lösungsteil mit Erläuterungen zur Aufgabenstellung, Schreibplan und Lösungsbogen für beide Teilaufgaben. Das soll ermöglichen, sich wie im Abitur zunächst mit allen Aufgaben auseinanderzusetzen, eine Aufgabenwahl zu treffen und die gewählte Aufgabe zu bearbeiten. Erst danach sollte man sich den Hinweisen, Tipps und Lösungsmöglichkeiten zuwenden. So kann man sowohl zweimal eine Abiturprüfung simulieren, als auch sich sechsmal mit einer Aufgabe intensiv auseinandersetzen.

3.1 ABITURPRÜFUNG ÜBUNGSPAKET 1

3.1.1 Aufgabe 1 (Ü I)

AUFGABENSTELLUNG

1. Analysieren Sie das Gedicht *Vor Gericht* von Johann Wolfgang von Goethe. *(42 Punkte)*
2. Setzen Sie Ihre Untersuchungsergebnisse anschließend in Vergleich zur Szene *Am Brunnen* aus Goethes Drama *Faust. Der Tragödie Erster Teil*. (30 Punkte)

Materialgrundlage:
Johann Wolfgang von Goethe: *Vor Gericht.* In: Ders.: Werke. Hamburger Ausgabe, Bd. 1: Gedichte und Epen I. Hamburg: Christian Wegner Verlag, 8. Aufl. 1966. S. 85.
Johann Wolfgang Goethe: *Faust. Der Tragödie Erster Teil*. Stuttgart: Reclam, durchgesehene Ausgabe 2010 (2013) (RUB Nr. 1), S. 103–104 (Vers 3544–3586)

Zugelassene Hilfsmittel
Wörterbuch zur deutschen Rechtschreibung
Unkommentierte Ausgaben von Johann Wolfgang von Goethe, *Faust. Der Tragödie Erster Teil*

TEXT

Johann Wolfgang von Goethe
***Vor Gericht* (1776)**

Von wem ich's habe, das sag' ich euch nicht,
Das Kind in meinem Leib.
Pfui, speit ihr aus, die Hure da!
Bin doch ein ehrlich Weib.

Mit wem ich mich traute, das sag' ich euch nicht.
Mein Schatz ist lieb und gut,
Trägt er eine goldene Kett' am Hals,
Trägt er einen strohernen Hut.

Soll Spott und Hohn getragen sein,
Trag' ich allein den Hohn.
Ich kenn' ihn wohl, er kennt mich wohl,
Und Gott weiß auch davon.

Herr Pfarrer und Herr Amtmann ihr,
Ich bitt', lasst mich in Ruh!
Es ist mein Kind und bleibt mein Kind,
Ihr gebt mir ja nichts dazu.

Johann Wolfgang von Goethe
***Faust I* (1806)**
Am Brunnen

GRETCHEN und LIESCHEN mit Krügen.
LIESCHEN. Hast nichts von Bärbelchen gehört?
GRETCHEN. Kein Wort. Ich komm gar wenig unter Leute.
LIESCHEN. Gewiss, Sibylle sagt' mir's heute!
Die hat sich endlich auch betört.
Das ist das Vornehmtun!
GRETCHEN: Wieso?
LIESCHEN. Es stinkt!
Sie füttert zwei, wenn sie nun isst und trinkt.

GRETCHEN. Ach!
LIESCHEN. So ist's ihr endlich recht ergangen.
Wie lange hat sie an dem Kerl gehangen!
Das war ein Spazieren,
Auf Dorf und Tanzplatz Führen,
Musst überall die Erste sein,
Kurtesiert'* ihr immer mit Pastetchen und Wein;
Bild't' sich was auf ihre Schönheit ein,
War doch so ehrlos, sich nicht zu schämen
Geschenke von ihm anzunehmen.
War ein Gekos und ein Geschleck;
Da ist denn auch das Blümchen weg!
GRETCHEN. Das arme Ding!
LIESCHEN. Bedauerst sie noch gar!
Wenn unsereins am Spinnen war,
Uns nachts die Mutter nicht hinunterließ;
Stand sie bei ihrem Buhlen süß,
Auf der Türbank und im dunkeln Gang
Ward ihnen keine Stunde zu lang.
Da mag sie denn sich ducken nun,
Im Sünderhemdchen Kirchbuß tun!
GRETCHEN. Er nimmt sie gewiss zu seiner Frau.
LIESCHEN. Er wär ein Narr! Ein flinker Jung
Hat anderwärts noch Luft genung,
Er ist auch fort.
GRETCHEN. Das ist nicht schön!
LIESCHEN. Kriegt sie ihn, soll's ihr übel gehen.
Das Kränzel reißen die Buben ihr,
Und Häckerling streuen wir vor die Tür! *(Ab.)*
GRETCHEN *(nach Hause gehend)*.
Wie konnt ich sonst so tapfer schmälen*,
Wenn tät ein armes Mägdlein fehlen!
Wie konnt ich über andrer Sünden
Nicht Worte g'nug der Zunge finden!
Wie schien mir's schwarz, und schwärzt's noch gar,
Mir's immer doch nicht schwarz g'nug war,
Und segnet' mich und tat so groß,
Und bin nun selbst der Sünde bloß!
Doch – alles, was dazu mich trieb,
Gott! war so gut! ach war so lieb!

Anmerkungen:
Kurtesiert: kurtesieren, jemandem den Hof machen, umwerben
schmälen: herabsetzen, zanken

3.1.2 Aufgabe 2 (Ü I)

AUFGABENSTELLUNG

1. Analysieren Sie den Textauszug aus Franz Kafkas Erzählung *Die Verwandlung,* und arbeiten Sie heraus, inwiefern die dargestellte Szene komisch zu nennen ist. *(42 Punkte)*
2. Untersuchen Sie im Vergleich dazu, wie das Komische in Johann Wolfgang von Goethes Drama *Faust. Der Tragödie Erster Teil* zur Darstellung gelangt. *(30 Punkte)*

Materialgrundlage:
Franz Kafka: *Die Verwandlung*. Stuttgart: Reclam, 2001 (2012) (RUB Nr. 9900), S. 42–44.
Johann Wolfgang Goethe: *Faust. Der Tragödie Erster Teil*. Stuttgart: Reclam, durchgesehene Ausgabe 2010 (2013) (RUB Nr. 1), S. 65 f. (Vers 2295–2337)

Zugelassene Hilfsmittel
Wörterbuch zur deutschen Rechtschreibung
Unkommentierte Ausgaben von Franz Kafkas *Die Verwandlung* und Johann Wolfgang von Goethes *Faust I*

TEXT 1

Franz Kafka
***Die Verwandlung* (1911)**

Und so lief er vor dem Vater her, stockte, wenn der Vater stehen blieb, und eilte schon wieder vorwärts, wenn sich der Vater nur rührte. So machten sie mehrmals die Runde um das Zimmer, ohne dass sich etwas Entscheidendes ereignete, ja ohne dass das Ganze infolge seines langsamen Tempos den Anschein einer Verfolgung gehabt hätte. Deshalb blieb auch Gregor vorläufig auf dem Fußboden, zumal er fürchtete, der Vater könnte eine Flucht auf die Wände oder den Plafond* für besondere Bosheit halten. Allerdings musste sich Gregor sagen, dass er sogar dieses Laufen nicht lange aushalten würde, denn während der Vater einen Schritt machte, musste er eine Unzahl von Bewegungen ausführen. Atemnot begann sich schon bemerkbar zu machen, wie er ja auch in seiner früheren Zeit keine ganz vertrauenswürdige Lunge besessen hatte. Als er nun so dahintorkelte, um alle Kräfte für den Lauf zu sammeln, kaum die Augen offenhielt; in seiner Stumpfheit an eine andere Rettung als durch Laufen gar nicht dachte; und fast schon vergessen hatte, dass ihm die Wände freistanden, die hier allerdings mit sorgfältig geschnitzten Möbeln voll Zacken und Spitzen verstellt waren – da flog knapp neben ihm, leicht geschleudert, irgend etwas nieder und rollte vor ihm her. Es war ein Apfel; gleich flog ihm ein zweiter nach; Gregor blieb vor Schrecken stehen; ein Weiterlaufen war nutzlos, denn der Vater hatte sich entschlossen, ihn zu bombardieren. Aus der Obstschale auf der Kredenz* hatte er sich die Taschen gefüllt und warf nun, ohne vorläufig scharf zu zielen, Apfel für Apfel. Diese kleinen roten Äpfel rollten wie elektrisiert auf dem Boden herum und stießen aneinander. Ein schwach geworfener Apfel streifte Gregors Rücken, glitt aber unschädlich ab. Ein ihm sofort nachfliegender drang dagegen förmlich in Gregors Rücken ein; Gregor wollte sich weiterschleppen, als könne der überraschende unglaubliche Schmerz mit dem Ortswechsel vergehen; doch fühlte er sich wie festgenagelt und streckte sich in vollständiger Verwirrung aller Sinne. Nur mit dem letzten Blick sah er noch, wie die Tür seines Zimmers aufgerissen wurde, und vor der schreienden Schwester die Mutter hervoreilte, im Hemd, denn die Schwester hatte sie entkleidet, um ihr in der Ohnmacht Atemfreiheit zu verschaffen, wie dann die Mutter auf den Vater zulief und ihr auf dem Weg die aufgebundenen Röcke einer nach dem anderen zu Boden glitten, und wie sie stolpernd über die Röcke auf den Vater eindrang und ihn umarmend, in gänzlicher Vereinigung mit ihm – nun versagte aber Gregors Sehkraft schon – die Hände an des Vaters Hinterkopf um Schonung von Gregors Leben bat.

Anmerkungen:
Plafond: (frz.) Zimmerdecke
Kredenz: (ital.) Anrichte

TEXT 2

Johann Wolfgang von Goethe
Faust. Der Tragödie Erster Teil

MEPHISTOPHELES.
Das Volk ist frei, seht an, wie wohl's ihm geht!
FAUST. Ich hätte Lust, nun abzufahren.
MEPHISTOPHELES.
Gib nur erst Acht, die Bestialität
Wird sich gar herrlich offenbaren.
SIEBEL *(trinkt unvorsichtig, der Wein fließt auf die Erde und wird zur Flamme)*.
Helft! Feuer! Helft! Die Hölle brennt!
MEPHISTOPHELES *(die Flamme besprechend)*.
Sei ruhig, freundlich Element! *(Zu den Gesellen.)*
Für diesmal war es nur ein Tropfen Fegefeuer.
SIEBEL.
Was soll das sein? Wart! Ihr bezahlt es teuer!
Es scheinet, dass Ihr uns nicht kennt.

FROSCH. Lass' Er uns das zum zweiten Male bleiben!
ALTMAYER.
Ich dächt, wir hießen ihn ganz sachte seitwärts gehn.
SIEBEL. Was, Herr? Er will sich unterstehn,
Und hier sein Hokuspokus treiben?
MEPHISTOPHELES. Still, altes Weinfass!
SIEBEL. Besenstiel!
Du willst uns gar noch grob begegnen?
BRANDNER. Wart nur! Es sollen Schläge regnen!
ALTMAYER *(zieht einen Pfropf aus dem Tisch, es springt ihm Feuer entgegen)*.
Ich brenne! ich brenne!
SIEBEL. Zauberei!
Stoßt zu! der Kerl ist vogelfrei!
(Sie ziehen die Messer und gehn auf Mephistopheles los.)
MEPHISTOPHELES *(mit ernsthafter Gebärde)*.
Falsch Gebild und Wort
Verändern Sinn und Ort!
Seid hier und dort!
(Sie stehn erstaunt und sehn einander an.)
ALTMAYER. Wo bin ich? Welches schöne Land?
FROSCH. Weinberge! Seh ich recht?
SIEBEL. Und Trauben gleich zur Hand!
BRANDNER. Hier unter diesem grünen Laube,
Seht, welch ein Stock! Seht, welche Traube!
(Er fasst Siebeln bei der Nase. Die andern tun es wechselseitig und heben die Messer.)
MEPHISTOPHELES *(wie oben)*.
Irrtum, lass los der Augen Band!
Und merkt euch, wie der Teufel spaße.
(Er verschwindet mit Faust, die Gesellen fahren auseinander.)
SIEBEL. Was gibt s?
ALTMAYER. Wie?
FROSCH. War das deine Nase?
BRANDNER. *(zu Siebel)*. Und deine hab ich in der Hand!
ALTMAYER. Es war ein Schlag, der ging durch alle Glieder!
Schafft einen Stuhl, ich sinke nieder!
FROSCH. Nein, sagt mir nur, was ist geschehn?
SIEBEL. Wo ist der Kerl? Wenn ich ihn spüre,
Er soll mir nicht lebendig gehn!
ALTMAYER. Ich hab ihn selbst hinaus zur Kellertüre –
Auf einem Fasse reiten sehn – –
Es liegt mir bleischwer in den Füßen.
(Sich nach dem Tische wendend.)
Mein! Sollte wohl der Wein noch fließen?
SIEBEL. Betrug war alles, Lug und Schein.

FROSCH. Mir deuchte doch, als tränk ich Wein.
2335 BRANDNER. Aber wie war es mit den Trauben?
ALTMAYER.
Nun sag' mir eins, man soll kein Wunder glauben!

3.1.3 Aufgabe 3 (Ü I)

AUFGABENSTELLUNG

1. Analysieren Sie das Gedicht *Der Kriegsgott* (1916) von Albert Ehrenstein. *(42 Punkte)*
2. Stellen Sie im Anschluss dar, wie das Diabolische in Goethes *Faust. Der Tragödie Erster Teil* in Erscheinung tritt und welche Funktion ihm dort zukommt. *(30 Punkte)*

Materialgrundlage
Albert Ehrenstein: *Der Kriegsgott.* In: Ders.: Gedichte. Werke 4/1. Hrsg. von Hanni Mittelmann. Klaus Boer Verlag, 1997, S. 93 f. © Wallstein Verlag, Göttingen.

Zugelassene Hilfsmittel
Wörterbuch zur deutschen Rechtschreibung
Unkommentierte Ausgabe von Goethes *Faust I*

TEXT

ALBERT EHRENSTEIN
***Der Kriegsgott* (1916)**

Heiter rieselt ein Wasser,
abendlich blutet das Feld,
aber aufreckend das wildbewachsene Tierhaupt,
den Menschen feind,
zerschmettere ich, Ares*,
zerkrachend schwaches Kinn und Nase,
Kirchtürme abdrehend vor Wut,
euere Erde.
Lasset ab, den Gott zu rufen, der nicht hört.

Nicht hintersinnet ihr dies:
ein kleiner Unterteufel herrscht auf der Erde,
es dient ihm Unvernunft und Tollwut.
Menschenhäute spannte ich an Stangen um die Städte.
Der ich der alten Burgen Wanketore
auf meine Dämonsschultern lud,
ich schütte aus die dürre Kriegszeit,
steck' Europa in den Kriegssack.
Rot umblüht euer Blut
meinen Schlächterarm,
wie freut mich der Anblick!
Der Feind flammt auf
in regenbitterer Nacht,
Geschosse zerhacken euere Frauen,
auf den Boden
verstreut sind die Hoden
euerer Söhne
wie die Körner von Gurken.
Unabwendbar eueren Kinderhänden
rührt euere Massen der Tod.
Blut gebt ihr für Kot,
Reichtum für Not,
schon speien die Wölfe
nach meinen Festen,
euer Aas muss sie übermästen.
Bleibt noch ein Rest
nach Ruhr und Pest?
Aufheult in mir die Lust,
euch gänzlich zu beenden.

Anmerkungen:
Albert Ehrenstein (1886–1950): Sohn kleinbürgerlicher ungarisch-jüdischer Eltern, Studium der Philologie und Geschichte in Wien, Promotion, freier Schriftsteller und Kritiker in Berlin, unstetes Dasein mit Reisen nach Afrika und Asien, 1932 Übersiedlung in die Schweiz, 1941 nach New York.
Ares: griech. Gott des Krieges

3.2 LÖSUNGSVORSCHLÄGE ZUM ÜBUNGSPAKET I

3.2.1 Lösungsvorschlag Aufgabe 1 (Ü I)

Aufgabenart
Analyse eines literarischen Textes mit weiterführendem Schreibauftrag (II A)

Bezüge zu den Vorgaben 2018
Inhaltsfeld Texte
Strukturell unterschiedliche Dramen aus unterschiedlichen historischen Kontexten
Fokus: Johann Wolfgang von Goethe, *Faust I*

ERLÄUTERUNG DER AUFGABENSTELLUNG

Die erste Teilaufgabe besteht in der vollständigen Analyse eines Gedichts. Die Textauseinandersetzung ist wie gewohnt anzulegen: Nach einer Beschreibung der textsortenspezifischen äußeren Form ist die Thematik oder das Problem des Textes zu kennzeichnen. Dann erfolgt die Analyse der sprachlichen Gestaltung und der inhaltlichen Aussagen, der sich die Deutung und Wertung des Textes anschließen.

Mit der zweiten Teilaufgabe sollen dann die Untersuchungsergebnisse auf Goethes Faustdichtung bezogen werden, hier speziell auf die Szene *Am Brunnen*. Wenn Sie die Ergebnisse Ihrer Gedichtanalyse zu der Dramenszene in Beziehung setzen sollen, ist damit selbstverständlich kein Vergleich der Form, sondern des Inhalts gemeint. Deshalb reicht es aus, wenn Sie die Szene in den Dramenkontext einordnen und seinen Inhalt gegliedert wiedergeben, bevor Sie die Szene deuten und ihre Relevanz für das Gesamtdrama abklären. Erst dann erfolgt der eigentliche Vergleich der inhaltlichen Aussagen. Zum Abschluss sollte Ihr Ergebnis in einer Schlussbeurteilung zusammengefasst werden.

SCHREIBPLAN ZU TEILAUFGABE 1

BAUSTEIN	ERLÄUTERUNG	OPERATOR
Einleitung	Verwendung der gegebenen Textdaten	verfasst eine aufgabenbezogene Einleitung
Beschreibung	Beschreibung der äußeren Textgestalt	beschreibt den formalen Aufbau des Gedichts
Thema	Bestimmung des im Text behandelten Problems oder Themas	benennt das Thema oder Problem des Textes
Analyse der Form	Untersuchung der sprachlichen Gestaltung des Auszuges: Reimformen, Metrum, sprachliche Besonderheiten	untersucht die sprachliche Gestaltung des Textauszugs

Textverständnis	Erläuterung der inhaltlichen Aussagen	erschließt die inhaltlichen Aussagen des Textes
Deutung	detaillierte Deutung der Textaussagen des Gedichts	deutet die Textaussagen im Detail
Wertung	Beurteilung des Textes unter Berücksichtigung der soziohistorischen Situation	bewertet den Text vor seinem zeitgenössischen Hintergrund

LÖSUNGSMÖGLICHKEIT ZU TEILAUFGABE 1

	Anforderungen **Der Prüfling**	**maximal erreichbare Punktzahl**
1	*formuliert eine aufgabenbezogenen Einleitung, z. B.:* Nutzung der vorgegebenen Textdaten	3
2	*beschreibt den formalen Aufbau des Gedichts , z. B.:* vier Strophen, Kreuzreim (xaxa, xbxb, xcxc, xdxd), männliche Kadenz; Chevy-Chase-Strophe (abwechselnd vier bzw. drei Hebungen), jambisch, daktylisch, Besonderheiten: Vers 1, 5: vierhebiger Daktylus mit Auftakt und unregelmäßiger Füllung, Vers 3: Betonungsinversion am Anfang; Vers 7, 8: doppelte Senkungen im 2. Takt; Vers 8: doppelte Senkung im 3. Takt; Zeilenstil; insgesamt: scheinbar ästhetisch nicht durchgearbeitete Balladenform	6
3	*benennt das Problem oder Thema des Textes, z. B.:* Mutterschaft außerhalb der Ehe	3
4	*untersucht die sprachliche Gestaltung des Textauszuges, z. B.:* – phonetisch: Assonanz auf a (1, 13), i (15), o (9, 11, 12) und ei (2) – semantisch: Kontrast („golden“ vs. „strohern“) – syntaktisch: Wiederholungen: Anapher (6, 7), Epipher (1, 5), Parallelismen (1, 5, 7, 8, 11, 15): Nachdrücklichkeit – pragmatisch: Zwillingsformel („Spott und Hohn“)	6
5	*beschreibt die Kommunikationssituation des Gedichts, z. B.:* Titel: *Vor Gericht*; Verhör-/Gerichtsszene: unverheiratete Schwangere (lyrisches Ich) als Angeklagte, Pfarrer und Amtmann als Ankläger und/oder Richter; Gedicht als monologes Verteidigungsplädoyer in einer Dialogsituation; als Richtinstanz auch der Leser möglich	6

6	*erschließt die inhaltlichen Aussagen des Textes, z. B.:* Die Angeklagte weigert sich, den Kindsvater zu benennen, und verwahrt sich gegen Verunglimpfungen (1); sie bekennt sich nachdrücklich zu ihrem Partner (2); ist gewillt, alle sozialen Schmähungen allein zu tragen (3), und bittet die Ankläger, sie in Frieden zu lassen, da sie ohnehin ohne Hilfe von außen allein für ihr Kind verantwortlich sei (4).	6
7	*deutet die Textaussagen im Detail, z. B.:* doppelte Verweigerung der Benennung des Kindsvaters (1, 5) (Aussageverweigerung); Zurückweisung aller Beschimpfungen, da sie sich selbst als ehrbare Frau sieht (Kontrast: schimpf [pfui] vs. glimpf [ehrlich], 3 vs. 4); ihre Liebesbeziehung hat ihren Segen und damit auch den Gottes (das christliche Sakrament der Ehe spenden sich die Eheleute, 5, 12), weil sie ihre Partnerwahl von der Person ihres Partners (6) und nicht von seinen sozialen Verhältnissen abhängig gemacht hat (7 f.); sie will die sozialen Schmähungen allein ertragen, weil die Festigkeit ihrer Partnerschaft (11) und ihres Glaubens (12) ihr die Kraft dazu geben; sie spricht den beiden Vertretern von Kirche und Staat (13), die sie anklagen, das Recht der Richterinstanz ab, weil sie keine verantwortliche Zuständigkeit (15) für das Kindswohl übernehmen (16).	6
8	*bewertet den Text vor seinem zeitgenössischen Hintergrund, z. B.:* Lyrisches Ich als aufrechte, selbstbewusste und emanzipierte Frau, die Positionen und Werte der Aufklärung vertritt: Rechte einer freien Selbstbestimmung (Idealfigur); freimütige Rollenhaltung der Frau völlig untypisch und mit dem Zeitgeist in Widerspruch: nahezu utopisch; appellative Textfunktion möglich, wenn sich der Leser als Richter angesprochen fühlt; Rebellion des Sturm und Drang im Verein mit dem Ideal der Klassik: frühklassischer Text	6
9	erfüllt ein weiteres aufgabenbezogenes Kriterium (max. 6 Punkte)	
	Summe 1. Teilaufgabe	**42**

SCHREIBPLAN ZU TEILAUFGABE 2

BAUSTEIN	ERLÄUTERUNG	OPERATOR
Überleitung	Bedeutung des Themas am Ende des 18. Jh.: Fausts Gretchendrama	verfasst eine aufgabenbezogene Überleitung
Kontext	Einordnung der Szene in den Zusammenhang des Gretchendramas	ordnet die Szene korrekt in den Dramenkontext ein

Reorganisation	kurze (!) gegliederte Wiedergabe der Szenenhandlung	gibt inhaltliche Zusammenhänge in eigenen Worten sachlich korrekt wieder
Deutung	Deutung der Szene vor dem Hintergrund des Dramas	deutet die Szene vor dem Hintergrund des Dramas
Vergleich	Untersuchung und Erläuterung, wie sich die Inhalte der beiden Texte zueinander verhalten	prüft und erläutert, wie sich die Aussagen der Szene zum Goethe-Gedicht verhalten
Schlussurteil	begründetes abschließendes Schlussurteil	fasst die Ergebnisse in einem begründeten Schlussurteil zusammen

LÖSUNGSMÖGLICHKEIT ZU TEILAUFGABE 2

	Anforderungen **Der Prüfling**	**maximal erreichbare Punktzahl**
1	*formuliert eine aufgabenbezogenen Überleitung, z. B.:* Problem der Schwangerschaft außerhalb der Ehe und Kindsmord beliebtes Thema der Zeit: Goethe, Gretchendrama	3
2	*ordnet die Szene korrekt in den Zusammenhang des Gretchendramas ein, z. B.:* erste Szene nach der Liebesnacht mit Faust: erste Begegnung mit der öffentlichen Meinung zum Thema uneheliche Geburt; erste Gewissensbisse Gretchens	3
3	*gibt die inhaltlichen Zusammenhänge des Textes gegliedert und sachlich korrekt wieder, z. B.:* Lieschen klatscht weiter, was sie von Dritten erfahren hat (3544–50): Bärbel ist schwanger. Lieschen listet die Gründe auf (3551–61), zeigt kein Mitleid (3562–69), aber Verständnis für den abgängigen Partner (3571–73) und weist auf die zu erwartenden sozialen Reaktionen auf die uneheliche Geburt hin (3574–76). Gretchen bereut in einem monologartigen Kommentar ihre bisherige Einstellung zu dem Problem, vor das sie sich nun selbst gestellt sieht (3577–86).	3

4	*deutet die Szene vor dem Hintergrund des Gretchendramas, z. B.:* – Lieschen: Darstellung der öffentlichen (Am Brunnen) gesellschaftlichen Gesinnung der Zeit, verschärft durch die weibliche Perspektive; Gründe der Problematik werden im Fehlverhalten der Frau gesehen: Hochmut (Vornehmtun: 3548, 3555), Zurschaustellung der Beziehung (3553 f.), Luxus (3556), Eitelkeit (3557), Besitzgier (3559), Trägheit (3563–67); gesellschaftliche Folgen: öffentliche Kirchenbuße (3569), gesellschaftliche Ächtung (3574 f.); – Gretchen hat Mitleid mit Bärbel (3562), hofft auf eine nachträgliche Legitimierung der Liebesbeziehung durch Heirat (3570) und erkennt anhand des eigenen Schicksals das gesellschaftliche Urteilsklischee, das auf Gefühle keine Rücksicht nimmt.	9
5	*prüft und erläutert, wie sich die Aussagen der Szene zu dem des Gedichts verhalten, z. B.:* – Szene *Am Brunnen* wie Erläuterung der im Gedicht von Pfarrer und Amtmann vertretenen Position; verdeutlicht die Akzeptanz männlicher Verantwortungswillkür und die unaufgeklärte, abhängige und unterdrückte Position der Frau: Keine der Dramenfiguren begehrt gegen das gesellschaftliche Urteil auf, auch Gretchen eine Frau ihrer Zeit. – Lyrisches Ich des Gedichts: unerhörte Zurückweisung dieses Gesellschafts- und Frauenbildes: nahezu modernste Sittlichkeit (Bejahung der außerehelichen Partner- und Mutterschaft) und modernstes Rechtsempfinden (Aussageverweigerungsrecht, freie Trauungszeremonie, mütterliches Bestimmungsrecht für ihr Kind)	9
6	*fasst die Ergebnisse in einem begründeten Schlussurteil zusammen, z. B.:* Beide Texte zeichnen die gleiche gesellschaftliche Gesinnung, stehen aber in der Zeichnung des Frauenbildes kontradiktorisch zueinander.	3
7	erfüllt ein weiteres aufgabenbezogenes Kriterium (max. 4 Punkte)	
	Summe 2. Teilaufgabe	**30**

3.2.1 Lösungsvorschlag Aufgabe 2 (Ü I)

Aufgabenart
Analyse eines literarischen Textes mit weiterführendem Schreibauftrag (II A)

Bezüge zu den Vorgaben 2018
Inhaltsfeld Texte
- Strukturell unterschiedliche Dramen aus unterschiedlichen historischen Kontexten
  Fokus: Johann Wolfgang von Goethe, *Faust I*
- Strukturell unterschiedliche Erzähltexte aus unterschiedlichen historischen Kontexten
  Fokus: Franz Kafka, *Die Verwandlung*

ERLÄUTERUNG DER AUFGABENSTELLUNG

Die Formulierung des Arbeitsauftrages erfordert nach einer kompletten Texterarbeitung die Herausarbeitung eines Schwerpunktes. Es ist der Inhalt des Textauszuges mit eigenen Worten zusammengefasst und gegliedert wiederzugeben und in den Gesamtzusammenhang der Erzählung einzuordnen. Es ist eine textsortentypische Untersuchung durchzuführen, die die Komponenten des Erzählens ebenso beschreibt wie die verwendeten stilistischen und sprachlichen Mittel. Es sind letztlich Bedeutung und Funktion des Auszuges im Rahmen des Gesamttextes zu ermitteln. Hier gipfelt die Aufgabenstellung darin, dass Sie erfassen sollen, was an der Darstellung dieses Auszuges komisch ist und welche Funktion dieser Komik zukommt.

Die zweite Teilaufgabe läuft auf einen Vergleich begrifflicher Kriterien hinaus, nach denen sich das Komische definiert. Als Bezugstext wird Ihnen ein Auszug vorgelegt, der sowohl hinsichtlich der Textsorte, der Intention des literarischen Werks und der soziohistorischen Bezüge einem völlig anderen Hintergrund entstammt. Hier wird es also nötig sein, den Dramenauszug kurz in den kontextuellen Zusammenhang des Dramas einzuordnen, seinen Inhalt gegliedert zusammenzufassen und im Zusammenhang des Gelehrtendramas zu deuten, bevor man die in ihm befindlichen Elemente des Komischen analysiert und in ihrer Funktion bestimmt. Der abschließende Vergleich in der Verwendung des Komischen bezieht sich auf seine jeweils verwendeten Formen ebenso wie auf die ihnen jeweils zugeschriebenen Funktionen.

SCHREIBPLAN ZU TEILAUFGABE 1

BAUSTEIN	ERLÄUTERUNG	OPERATOR
Einleitung	Verwendung von bekannten Informationen zu Autor und Text	verfasst eine aufgabenbezogene Einleitung
Gegliederte Reproduktion	Wiedergabe des Textinhalts in logischer Textgliederung	gibt inhaltliche Zusammenhänge in eigenen Worten sachlich korrekt wieder

kontextuelle Einordnung	kurze (!) Darstellung, worum es im Gesamtkontext geht und wo der Textauszug im Handlungsverlauf zu verorten ist.	ordnet den Auszug korrekt in den Gesamtzusammenhang ein
Textbeschreibung	Kennzeichnung der Erzählhaltung und Erzählweise	beschreibt die Erzählweise des Auszuges
Analyse der Form	funktionale Untersuchung der stilistischen und sprachlichen Mittel: Phonetik, Semantik, Syntax, Pragmatik	untersucht die stilistische und sprachliche Gestaltung des Auszugs
Analyse des Inhalts	funktionale Untersuchung der Textaussagen im Detail	erschließt die inhaltlichen Aussagen im Detail
Interpretation	Deutung der Textinhalte vor dem Hintergrund der Gesamterzählung	deutet den Textauszug vor dem Hintergrund der Gesamterzählung
Analyse des Komischen	Untersuchung des Textes auf Elemente des Komischen	erschließt die Formen des Komischen
Deutung	Bestimmung, welche Funktion den Elementen des Komischen vor dem Hintergrund der Gesamterzählung zukommt	deutet die Verwendung des Komischen vor dem Hintergrund der Gesamterzählung
Schlussurteil	Zusammenfassung der Untersuchungsergebnisse in einem reflektierten Schlussurteil	formuliert ein reflektiertes Schlussurteil

LÖSUNGSMÖGLICHKEIT ZU TEILAUFGABE 1

	Anforderungen **Der Prüfling**	**maximal erreichbare Punktzahl**
1	*formuliert eine aufgabenbezogenen Einleitung, z. B.:* Verwendung der bekannten Informationen zu Franz Kafkas Erzählung *Die Verwandlung*	3
2	*gibt den Textinhalt sachlich korrekt und gegliedert wieder, z. B.:* Vater Samsa verfolgt seinen zum Käfer mutierten Sohn Gregor in der Küche (1–11), bombardiert ihn mit Äpfeln aus der Obstschale (11–25), sodass die unfertig bekleidete Mutter sich dem Vater in die Arme werfen muss, um Gregor zu retten (25–32).	3

3	*ordnet den Textauszug korrekt in den Gesamtkontext ein, z. B.:* Die Apfeljagd beschließt das mittlere der drei Erzählkapitel des Gesamttextes. Sie beendet Gregors zweiten vergeblichen Ausbruchsversuch aus seinem Zimmer und leitet durch die Verletzung sein Ende ein.	3
4	*beschreibt die Erzählweise des Auszuges, z. B.:* personaler Er-Erzähler, szenische Situation, fast zeitdeckendes Erzählen, fast ausschließlicher Erzählbericht, Figurenrede: innerer Monolog in indirekter Rede (7) und erlebter Rede (9 f.)	3
5	*untersucht die sprachliche und stilistische Gestaltung des Auszugs, z. B.:* – phonetisch: Assonanz auf au (8), Alliteration auf f (6 f.): Betonung – syntaktisch: Voranstellung (9), Nachstellung (27): Hervorhebung; Lange Sätze mit drei bis vier Aufzählungen und gedanklichem, teils parenthetischem Einschub (11–16, 25–32) vs. Kurzsätze (16 f.), verzögernder Gedankenstrich (15): Dynamisierung, Spannungssteigerung; Partizipialkonstruktionen (15, 20, 30): Raffung – pragmatisch: Correctio (3), Symbol (Apfel: Macht, rot: Leben und Tod)	6
6	*erschließt die inhaltlichen Aussagen im Detail, z. B.:* – Gregor nimmt auf seinen Vater Rücksicht, will ihn durch mögliche Fehldeutungen eines alternativen Verhaltens nicht erzürnen (5 f.), körperliche Unterlegenheit gegenüber dem Vater (8 f.), gesundheitliche Schwäche (10 f.). – alternative Fluchtwege unrealistisch: Zacken, Spitzen (14 f.), eindringender Apfel: äußere wie innere Verletzung Gregors: körperlicher und seelischer Schmerz – Vater: Apfelbombardement als symbolische Machtdemonstration – Mutter im Hemd: Bloßstellung, Verlust der Röcke: Enthüllungsvorgang; gänzliche Vereinigung: Schulterschluss mit dem Vater, Form der angepassten Unterwerfung, Hand am Hinterkopf: Besänftigung	6
7	*deutet den Textauszug vor dem Hintergrund der Gesamterzählung, z. B.:* Handlungsumschwung von Versorgung zu Entsorgung Gregors; Vater gewinnt verlorene Familienmacht zurück, Gregor erkennt schmerzhaft seine Unterlegenheit an, führt sie aber auf von ihm nicht zu verantwortende Ursachen (kleine Füße, kränkliche Lunge) zurück.	6

8	*erschließt die Formen des Komischen, z. B.:* – Handlungskomik: Apfelbombardement: burlesk; Röcke verlierende Mutter: burlesk – Charakterkomik: Selbstbetrug Gregors: hält für Rücksichtnahme, was ihm gar nicht möglich ist (Flucht über die Wände)	3
9	*deutet die Verwendung des Komischen vor dem Hintergrund der Gesamterzählung, z. B.:* Erzählelemente scheinen glaubhaft und nachvollziehbar aus der Situation entwickelt, haben aber Slapstick-Charakter wie aus einem Stummfilm. Verdeutlichung sozialer und psychischer Strukturen und Verhältnisse durch symbolische Handlungen und Verhaltensweisen; schwarzer Humor, da die grenzwertige Handlung ihren Verfremdungscharakter nicht verliert, sondern steigert.	6
10	*formuliert eine reflektierte Schlussfolgerung, z. B.:* Komik ist kaum als Komik wahrnehmbar, weil sie in ihrer Uneindeutigkeit den Rezeptionsvorgang verunsichert und deshalb albtraumhaft wirkt.	3
11	erfüllt ein weiteres aufgabenbezogenes Kriterium (max. 6 Punkte)	
	Summe 1. Teilaufgabe	**42**

SCHREIBPLAN ZU TEILAUFGABE 2

BAUSTEIN	ERLÄUTERUNG	OPERATOR
Einleitung	Komik auch in Goethes *Faust*	verfasst eine aufgabenbezogene Überleitung
Kontext	Kontextuelle Einordnung der Szene in das Gelehrtendrama (keine Inhaltsangabe!)	ordnet den Textauszug sachlich korrekt in den Gesamtzusammenhang des Gelehrtendramas ein
Reproduktion	gegliederte Wiedergabe des Inhalts des Szenenauszugs	gibt den Inhalt des Szenenauszugs gegliedert wieder
Deutung	Deutung der Szene unter Berücksichtigung des kontextuellen Dramenzusammenhangs	deutet den Szenenausschnitt vor dem Hintergrund des Gelehrtendramas
Analyse	Untersuchung, welche Formen des Komischen in dem Szenenauszug vorhanden sind	untersucht den Textauszug auf Elemente des Komischen

Funktionsbestimmung	Bestimmung, welche Funktion die verwendeten Elemente des Komischen haben: innerhalb der Szene und bezogen auf das gesamte Gelehrtendramas	erschließt die Funktion der verwendeten Komik im Zusammenhang des Gelehrtendramas
Vergleich	Vergleich der Untersuchungsergebnisse zu den Texten von Kafka und Goethe	vergleicht die Verwendung der Komik in beiden Texten
Schlussurteil	Formulierung eines zusammenfassenden Schlussurteils	gelangt zu einem zusammenfassenden Schlussurteil

LÖSUNGSMÖGLICHKEIT ZU TEILAUFGABE 2

	Anforderungen **Der Prüfling**	**maximal erreichbare Punktzahl**
1	*formuliert eine aufgabenbezogenen Überleitung, z. B.:* Auch in Goethes Drama *Faust. Der Tragödie Erster Teil* kommt Komik vor.	3
2	*ordnet den Textauszug korrekt in den Kontext des Gelehrtendramas ein, z. B.:* letzte Szene des Gelehrtendramas: Mephisto führt Faust in Auerbachs Keller, um ihn an die „leichte Lebensart" heranzuführen. Dort frönen vier Studenten dem Trunke und einer lästernden Gesellschaftskritik, denen Mephisto aus dem Tischholz ihre Wunschgetränke zaubert.	3
3	*gibt den Inhalt des Szenenauszugs gegliedert wieder, z. B.:* Mephisto verspricht Faust, der sich entfernen will, ein entlarvendes Spektakel (2295–2298); als Wein auf der Erde zur Flamme wird, erzürnen die Studenten und wollen über Mephisto herfallen (2299–2312); Mephisto verwirrt sie durch einen Zauber, in dem sie die Nase eines Kommilitonen für eine Traube halten und abschneiden wollen (2313–2319); Mephisto löst den Zauber auf und verschwindet mit Faust (2320 f.); die genasführten Studenten verwundern sich (2321–2337).	3
4	*deutet den Szenenausschnitt vor dem Hintergrund des Gelehrtendramas, z. B.:* Mit dieser Szene schließt das Gelehrtendrama. Sie zeigt in absteigendem Niveau nach Fausts übermenschlichen Bestrebungen, dem biederen Famulus Wagner und dem nur auf Nützlichkeit bedachten Schüler jetzt die sich in platter Lebenslust suhlenden Studenten. Mephisto treibt seinen Spaß in der falschen Hoffnung, Faust zu amüsieren.	3

5	*untersucht den Textauszug auf Elemente des Komischen, z. B.:* – Situationskomik: Zauberwirkung: das wechselseitige An-der-Nase-halten: burlesk – Sprachkomik: Benennungen (Weinfass, Besenstiel 2308)	3
6	*erschließt die Funktion der verwendeten komischen Elemente im Zusammenhang des Gelehrtendramas, z. B.:* Wendung des fast tragischen Beginns (Fausts Suizidvorhaben) ins Komische; *Auerbachs Keller* als unterhaltsame Zwischenszene: Entspannungsfunktion; erster wirkungsvoller Auftritt Mephistos: Legitimationsszene seiner Kräfte	6
7	*vergleicht die Verwendung der komischen Elemente in beiden Texten, z. B.:* unterschiedliche Funktionen: – Kafka: intentionsstützende Symbolfunktion; schwarzer Humor; psychische Belastung statt Entlastung des Lesenden – Goethe: magische Legitimation einer Figur; derbe Schwankkomik; Entspannung und Unterhaltung des Zuschauers	6
8	*gelangt zu einem zusammenfassenden Schlussurteil, z. B.:* Goethe setzt Komik als Komik ein, bei Kafka tritt Komik funktional verfremdet in Erscheinung: historischer Zuwachs an literarischer Psychologisierung.	3
9	erfüllt ein weiteres aufgabenbezogenes Kriterium (max. 4 Punkte)	
	Summe 2. Teilaufgabe	30

3.2.1 Lösungsvorschlag Aufgabe 3 (Ü I)

Aufgabenart
Analyse eines literarischen Textes mit weiterführendem Schreibauftrag (II A)

Bezüge zu den Vorgaben 2018
Inhaltsfeld Texte

- Strukturell unterschiedliche Dramen aus unterschiedlichen historischen Kontexten
  Fokus: Johann Wolfgang von Goethe, *Faust I*
- Lyrische Texte zu einem Themenbereich aus unterschiedlichen historischen Kontexten
  Fokus: Expressionismus

ERLÄUTERUNG DER AUFGABENSTELLUNG

Der Aufgabentyp II A zählt zu den Standardaufgaben im Abitur. Die erste Teilaufgabe verlangt von Ihnen die vollständige Analyse eines Gedichts von Ehrenstein. Sie sollen also den Text in seiner äußeren Form beschreiben, seinen Inhalt kurz reproduzieren, seine sprachliche Gestaltung und seine inhaltlichen Aussagen untersuchen, das Verhältnis von Form und Aussage prüfen und den Text vor seinem soziohistorischen oder literarhistorischen Hintergrund deuten und bewerten.

In der zweiten Teilaufgabe sollen Sie einen Teilaspekt des Gedichts, das Diabolische, auf das Drama von Goethe übertragen und prüfen, wo, wie und zu welchem Zweck es dort in Erscheinung tritt. Dazu werden Sie zunächst den Begriff des Diabolischen abklären müssen, sodann aufzeigen, wo Sie in Handlung, Figuren oder Problemen das Diabolische zu erkennen meinen, und abschließend erläutern, welche Funktion dem Diabolischen jeweils zugewiesen wird.

SCHREIBPLAN ZU TEILAUFGABE 1

BAUSTEIN	ERLÄUTERUNG	OPERATOR
Einleitung	Verwendung der vorgegebenen Textdaten	verfasst eine aufgabenbezogene Einleitung
Beschreibung	Beschreibung der formalen Textgestalt	beschreibt die äußere Form des Textes
Analyse	Untersuchung der sprachlichen Gestaltung des Gedichts und der dazu verwendeten Mittel	untersucht die sprachliche Gestaltung des Textes
Textverständnis	Untersuchung der inhaltlichen Aussagen und ihrer gedanklichen Gliederung	erschließt die inhaltlichen Aussagen des Gedichts
Deutung	Deutung des Gedichts vor seinem zeitlichen Hintergrund	deutet das Gedicht vor seinem zeitlichen Hintergrund
Schlussurteil	Bewertung des Textes unter Berücksichtigung seiner Epochenzugehörigkeit	beurteilt das Gedicht mit Bezug auf erworbenes Fachwissen

LÖSUNGSMÖGLICHKEIT ZU TEILAUFGABE 1

	Anforderungen **Der Prüfling**	**maximal erreichbare Punktzahl**
1	*formuliert eine aufgabenbezogenen Einleitung, z. B.:* Verwendung der gegebenen Textdaten	3
2	*erschließt das Thema des Gedichts, z. B.:* Erster Weltkrieg	3
3	*beschreibt die äußere Form des Gedichts, z. B.:* eine Strophe aus 38 Versen, freirhythmisch, überwiegend reimlos	3
4	*untersucht die sprachliche Gestaltung des Gedichts* – Rollengedicht: Ares = lyrisches Ich; trochäisch-daktylisches Metrum, 2-hebig (4, 6, 21, 24, 26, 31, 33, 35, 36) bis 7-hebig (13); Reime (12, 15, 18; 24, 25; 29, 30, 31; 33, 34, 35, 36); fünf Enjambements (18, 24, 25, 32, 35) – phonetisch: Assonanzen auf a (6), e (11), i (3, 10), u (12), ö (26 f.), ü (16); Alliterationen auf b (18), f (21), r (35 f.), st (13), w (3): Nachdrücklichkeit – semantisch: Wortfelder: Landschaft (Wasser, Feld, Kirchtürme, Städte, Burgen), Menschen (Menschen [-häute], Frauen, Söhne, Kinder), Lyrisches Ich („Ares", „Tierhaupt", „Unterteufel", „Dämon", „Schlächterarm") ; chiastischer Pronomenkontrast: (Pers. Pron.: 1. Pers. Sing. 6-mal vs. 2. Pers. Plur. 2-mal; Poss. Pron.: 1. Pers.Sing., 2-mal vs. 2. Pers. Plur, 6-mal); anaphorischer Versbeginn (5, 6) – syntaktisch: zwölf Sätze, ein Fragesatz (36), ein Ausrufesatz (38); Part. Präs. (3, 6, 7), – pragmatisch: Personifikation (2, 29, 37), Vergleich (27), Metapher (13, 14, 16, 18, 21, 32); Kontrast (1 f.)	9
5	*erschließt die inhaltlichen Aussagen des Gedichts, z. B.:* Zerstörungswut des Kriegsgotts Ares gegenüber Mensch und Menschenwerk (Kirchtürme,1–8); Ares als neuer Anti-Gott (9–12): Abwesenheit Gottes (9), Herrschaft Ares' als Unterteufel (11), gestützt auf menschliches Fehlverhalten (12); Ares als Kriegsstifter (13–17): Ersatz baulich-materieller Schutzmaßnahmen durch Menschenmassen (13–15) als Voraussetzung der Kriegsstiftung (16 f.); Folgen des Krieges für die Menschen (18–34): Tod in der Schlacht (18–20), Tod in der Heimat (21), Tod der genetischen Zukunft (21–27), Unausweichlichkeit des Sterbens (28 f.), Verlust von Leben und Besitz (30 f.), Bild: Überproduktion an Toten (32–34); Lust zur Auslöschung des Menschen (35–38): weiterer Tod durch Krankheiten (35 f.)	9

6	*deutet das Gedicht vor seinem zeitlichen Hintergrund, z. B.:* Kriegsgedicht; Erklärung des Krieges und Darstellung seiner Folgen durch einen Mythos (Ares: griechischer Kriegsgott); Kriegsursache: Glaubensverlust (7–11), Unvernunft und krankhafte Überheblichkeit der Macht (12); Folgen: alle betreffender Tod und Verlust, sei es direkt oder indirekt (Krankheiten); Mythisierung des Krieges zur Kennzeichnung des Archetyps und einer apokalyptischen Grundstimmung	6
7	*bewertet das Gedicht vor seinem literarhistorischen Hintergrund, z. B.:* typisches Gedicht des Expressionismus: keine traditionelle Form, expressionistische Elemente der sprachlichen Gestaltung in Semantik und Syntax; rebellierender Ton; expressionistische Thematik: Krieg, Zerstörung, Untergang	6
8	*formuliert ein zusammenfassendes Schlussurteil, z. B.:* markanter Anti-Hymnus voll diabolischer Wucht (fast Gegenentwurf zu Goethes Prometheus-Gedicht): aggressives Anti-Kriegsgedicht	3
9	erfüllt ein weiteres aufgabenbezogenes Kriterium (max. 6 Punkte)	
	Summe 1. Teilaufgabe	**42**

SCHREIBPLAN ZU TEILAUFGABE 2

BAUSTEIN	ERLÄUTERUNG	OPERATOR
Überleitung	Verschiebung des Akzents zum Goethe-Drama	verfasst eine aufgabenbezogene Überleitung
Erläuterung	Definition und Erläuterung des Begriffs „diabolisch"	erläutert den Begriff des Diabolischen
Transfer	Erschließung, wo im *Faust I* das Diabolische in Erscheinung tritt	erschließt das Vorkommen des Diabolischen in Goethes *Faust I*
Untersuchung 1	Untersuchung, inwieweit das Diabolische an der Figur des Mephistopheles in Erscheinung tritt und welche Funktion ihm zukommt	untersucht das Diabolische der Mephisto-Figur in seiner Funktion
Untersuchung 2	Untersuchung, inwieweit und zu welchem Zweck das Diabolische im Gelehrtendrama in Erscheinung tritt	untersucht das Diabolische im Gelehrtendrama in seiner Funktion

Untersuchung 3	Untersuchung, inwieweit und zu welchem Zweck das Diabolische im Gretchendrama in Erscheinung tritt	untersucht das Diabolische im Gretchendrama in seiner Funktion
Schlussurteil	Zusammenfassung der Untersuchungsergebnisse in einem abschließenden Urteil	fasst die Untersuchungsergebnisse abschließend zusammen

LÖSUNGSMÖGLICHKEIT ZU TEILAUFGABE 2

	Anforderungen **Der Prüfling**	**maximal erreichbare Punktzahl**
1	*formuliert eine aufgabenbezogenen Überleitung, z. B.:* In Goethes *Faust, Der Tragödie Erster Teil* spielt das Diabolische keine geringe Rolle.	3
2	*erläutert den Begriff des Diabolischen, z. B.:* diabolisch: teuflisch; alles was mit der Hölle und ihren bösen Kräften und Mächten zu tun hat	3
3	*erschließt das Vorkommen des Diabolischen im* Faust I, *z. B.:* Figur: Mephistopheles; Gelehrtenhandlung: schwarze Magie; Gretchenhandlung: Hexenküche, Walpurgisnacht	3
4	*untersucht das Diabolische der Mephisto-Figur in seiner Funktion, z. B.:* Mephisto: Widersacher des Herrn, Unterteufel: Verwirrer und Zerstörer im Bereich des Menschlichen: Versuchsobjekt Faust; Wirkung des Bösen: indirekte Schuld am Tod der Mutter Gretchens, ihres Bruders Valentin, am Schicksal Gretchens; Funktion: ironisch-satirischer Handlungsmotor und Versuchsleiter	6
5	*untersucht das Diabolische im Gelehrtendrama in seiner Funktion, z. B.:* Faust scheitert beim Versuch der schwarzen Magie; er vermag seine menschlichen Grenzen nicht zu überschreiten, erträgt den reinen Geist nicht, hält aber das menschgewordene Böse (Mephisto) aus; Funktion: Herausforderung und Prüfung des Menschen im Rahmen seiner Grenzen	6
6	*untersucht das Diabolische im Gretchendrama in seiner Funktion, z. B.:* Hexenküche: Fausts Verjüngungskur, Funktion: unterhaltsamer handlungsbedingter Hokuspokus; Walpurgisnacht: Schwarze Messe auf dem Blocksberg, Funktion: unterhaltsame Darstellung der Lebenswelt Mephistos und einer von Faust abgelehnten Lebensextremität (bedingungsloser sinnlicher Genuss)	6

7	*fasst die Untersuchungsergebnisse abschließend zusammen, z. B.:* Im *Faust* dient das Diabolische weniger der Darstellung des Furcht einflößenden Bösen (vergl. Ares), denn als komisch-unterhaltsames Gegengewicht des Tragischen.	3
9	erfüllt ein weiteres aufgabenbezogenes Kriterium (max. 4 Punkte)	
	Summe 2. Teilaufgabe	**30**

3.3 ABITURPRÜFUNG ÜBUNGSPAKET II

3.3.1 Aufgabe 1 (Ü II)

AUFGABENSTELLUNG

1. Analysieren Sie den Szenenausschnitt aus Johann Wolfgang von Goethes Drama *Faust. Der Tragödie Erster Teil*, indem Sie besonders das Geschwisterverhältnis zwischen Gretchen und Valentin herausarbeiten. *(42 Punkte)*
2. Stellen Sie im Anschluss im Vergleich dar, welches Geschwisterverhältnis Kafka in seiner Erzählung *Die Verwandlung* zeichnet. *(30 Punkte)*

Materialgrundlage
Johann Wolfgang Goethe: *Faust. Der Tragödie Erster Teil*. Stuttgart: Reclam, durchgesehene Ausgabe 2010 (2013) (UB Nr. 1), S. 109 f. (Vers 3722–3775)

Zugelassene Hilfsmittel
Wörterbuch der deutschen Rechtschreibung
Unkommentierte Ausgaben von Goethes *Faust I* und Kafkas *Die Verwandlung*

TEXT

Johann Wolfgang von Goethe
***Faust. Der Tragödie Erster Teil* (1806)**

VALENTIN. Ich sterbe! das ist bald gesagt
Und bälder noch getan.
Was steht ihr Weiber, heult und klagt?
Kommt her und hört mich an! *(Alle treten um ihn.)*
Mein Gretchen, sieh! du bist noch jung,
Bist gar noch nicht gescheit genung,
Machst deine Sachen schlecht.
Ich sag dir's im Vertrauen nur:
Du bist doch nun einmal eine Hur;
So sei's auch eben recht!
GRETCHEN. Mein Bruder! Gott! Was soll mir das?
VALENTIN. Lass unsern Herrgott aus dem Spaß!
Geschehn ist leider nun geschehn
Und wie es gehn kann, so wird's gehn.
Du fingst mit Einem heimlich an,

Bald kommen ihrer mehre dran,
Und wenn dich erst ein Dutzend hat,
So hat dich auch die ganze Stadt.

Wenn erst die Schande wird geboren,
Wird sie heimlich zur Welt gebracht,
Und man zieht den Schleier der Nacht
Ihr über Kopf und Ohren;
Ja, man möchte sie gern ermorden.
Wächst sie aber und macht sich groß,
Dann geht sie auch bei Tage bloß,
Und ist doch nicht schöner geworden.
Je hässlicher wird ihr Gesicht,
Je mehr sucht sie des Tages Licht.

Ich seh wahrhaftig schon die Zeit,
Dass alle brave Bürgersleut,
Wie von einer angesteckten Leichen,
Von dir, du Metze*! seitab weichen.
Dir soll das Herz im Leib verzagen,
Wenn sie dir in die Augen sehn!
Sollst keine goldne Kette mehr tragen!
In der Kirche nicht mehr am Altar stehn!
In einem schönen Spitzenkragen
Dich nicht beim Tanze wohlbehagen!
In eine finstre Jammerecken
Unter Bettler und Krüppel dich verstecken,
Und, wenn dir dann auch Gott verzeiht,
Auf Erden sein vermaledeit!

MARTHE. Befehlt Eure Seele Gott zu Gnaden!
Wollt Ihr noch Lästrung auf Euch laden?
VALENTIN. Könnt ich dir nur an den dürren Leib,
Du schändlich kupplerisches Weib!
Da hofft' ich aller meiner Sünden
Vergebung reiche Maß zu finden.
GRETCHEN. Mein Bruder! Welche Höllenpein!
VALENTIN. Ich sage, lass die Tränen sein!
Da du dich sprachst der Ehre los,
Gabst mir den schwersten Herzensstoß.
Ich gehe durch den Todesschlaf
Zu Gott ein als Soldat und brav. *(Stirbt.)*

Anmerkungen:
Metze: (veraltet für) Prostituierte

3.3.2 Aufgabe 2 (Ü II)

AUFGABENSTELLUNG

1. Analysieren Sie die Laien- bzw. Kundenrezension von Vanessa Milbrecht zu Franz Kafkas Erzählung *Die Verwandlung. (42 Punkte)*
2. Untersuchen Sie anschließend im Vergleich dazu die Laien- bzw. Kundenrezension von „weiser111". Begründen Sie, welche der dargestellten Positionen Sie bevorzugen. *(30 Punkte)*

Materialgrundlage
Text 1: Vanessa Milbrecht, „…, fand er sich in seinem Bett zu einem ungeheuren Ungeziefer verwandelt", 9. Juli 2008,
http://www.amazon.de/product-reviews/3938484136/ref=cm_cr_pr_top_link_1?ie=UTF 8&showViewpoints=0&sortBy=byRankDescending (Stand: Februar 2016)
Text 2: weiser111, peng! Volltreffer!, 19. August 2006,
http://www.amazon.de/product-reviews/3938484136/ref=cm_cr_pr_top_link_1?ie=UTF 8&showViewpoints=0&sortBy=byRankDescending (Stand: Februar 2016)

Zugelassene Hilfsmittel
Wörterbuch zur deutschen Rechtschreibung
Unkommentierte Ausgabe von Kafka *Die Verwandlung*

TEXT 1

Vanessa Milbrecht
„…, *fand er sich in seinem Bett zu einem ungeheuren Ungeziefer verwandelt*" (2008)

Leser, die keinen Wert darauf legen, eine Novelle vor dem Hintergrund der persönlichen Erfahrungen des Autors zu betrachten, sind bei Kafka an der falschen Adresse. Das Antimärchen *Die Verwandlung* handelt von Gregor Samsa, der eines Morgens erwacht und erkennen muss, dass er sich in einen Käfer verwandelt hat. Er ignoriert diese Verwandlung zunächst und ist kaum verwundert. Im Laufe der Zeit gewöhnt sich Gregor an seinen neuen Körper, er wird jedoch von Schuldgefühlen geplagt, da er bisher die Familie alleine durch sein Einkommen ernährt hat. Der Familie gelingt es dennoch, die Schwierigkeiten der veränderten Situation zu bewältigen, der Vater und die Tochter finden eine Arbeit und auch die kranke Mutter verdient ein bisschen dazu, indem sie von Zuhause Näharbeiten erledigt. Durch die Selbstständigkeit der Familie wird Gregor mehr und mehr isoliert und als Belastung angesehen. Die scheinbar heile Familienidylle treibt Gregor schließlich in den Tod. *Die Verwandlung* ist als eine Art literarische Lebensbewältigung Kafkas anzusehen und durchaus interessant zu lesen und zu interpretieren. Ohne die Intention des Textes zu beachten, ist es abnorm, sich eine Vater vorzustellen, der seinen Sohn mit einem Apfel bewirft, statt sich Gedanken darüber zu machen und zu verstehen, warum sich sein Sohn in einen Käfer verwandelt hat und welche Gründe dafür eine Rolle spielen. Betrachtet man dieses im Zusammenhang mit Kafkas Intention, so stellt man im Vergleich mit anderen Werken, wie etwa *Das Urteil* oder *Eine kaiserliche Botschaft*, fest, dass Kafka in seinen Werken das Herkömmliche durch etwas Fremdartiges interpretiert und somit die Wahrheit, die sich hinter der Fassade des Herkömmlichen versteckt hat, auf wundervolle Weise zum Vorschein bringt. Die Verwandlung in einen Käfer ist also symbolisch zu deuten. In Gestalt eines Käfers ist Gregor machtlos, es wird deutlich, dass Gregor es vorher ebenfalls schon war, die Idylle des sorgenden Sohnes wird zerstört, besser gesagt, es gab sie nie. Gregor war zeit seines Lebens seinem Vater und seinem Arbeitgeber untergeordnet. Die Verwandlung verbildlicht seine Situation und seine Minderwertigkeit gegenüber seiner Familie und [seinem] Chef. Liest man die Verwandlung ohne biografisches Hintergrundwissen, bleiben also viele Fragen offen, warum etwa Gregor sich nicht über seine Verwandlung wundert. Doch nach näherer Beschäftigung wird vieles klarer, besonders die Ähnlichkeit zwischen Kafka und Gregor wird deutlich. Auch Kafka hatte eine jüngere Schwester, zu der er ein besonderes und inniges Verhältnis aufrechterhielt, Ottla. Das Konkurrenzverhalten zwischen Gregor und seinem Vater lässt sich mit dem ödipalen Konflikt in Verbindung bringen, der besagt, dass der Vater und der Sohn sich konkurrierend gegenüberstehen. Verständnisvoller wird es also, wenn man den Konflikt zwischen Kafka und seinem Vater analysiert. Auch Kafka fühlte sich nie von seinem Vater anerkannt, wie Gregor, der nie ein Lob von seinem Vater zu hören bekam, für all die Arbeit, die er für die Familie erledigte. Beide waren also einer dominanten Vaterfigur untergeordnet. Kafka versuchte zunächst, seine Kindheit in einem Brief an seinen Vater seine meist erniedrigenden Auseinandersetzungen mit dem Vater zu verarbeiten. Doch er fürchtete sich, diesen Brief seinem Vater zu übergeben. Mit der grandiosen Darstellung des Vater-Sohn-Konfliktes in seiner Novelle verarbeitete Kafka also seine Kindheit auf andere Weise.

Sprachlich ist sein Werk ebenfalls exzellent gelungen. Mit seiner realistischen Schreibweise und durch exakte und genaue Beschreibungen ist es dem Leser möglich, eine objektiv wertungsfreie Darstellung der Situation zu erhalten. Dialoge zwischen den Charakteren verdeutlichen das Scheitern einer Verständigung innerhalb der Familie Samsa. *Die Verwandlung* fordert den Verstand des Lesers heraus, man hat Angst, jeden Morgen selbst als Käfer zu erwachen und als Verlierer enttarnt zu werden. Das Buch zieht einen vollständig in seinen Bann vom ersten Satz: „Als Gregor Samsa eines Morgens aus unruhigen Träumen erwachte, fand er sich in seinem Bett zu einem ungeheuren Ungeziefer verwandelt.“ bis zum letzten „Und es war ihnen wie eine Bestätigung ihrer neuen Träume und guten Absichten, als am Ziele ihrer Fahrt die Tochter sich erhob und ihren jungen Körper dehnte“.

TEXT 2

weiser111
***Peng! Volltreffer!* (2006)**

„Als Gregor Samsa eines Morgens aus unruhigen Träumen erwachte, fand er sich in seinem Bett zu einem ungeheueren Ungeziefer verwandelt." – – Wassn Anfang! Kafka teilt dem Leser Gregor Samsas Verwandlung in ein „ungeheures Ungeziefer" mit, als würde er feststellen, dass es draußen regnet. Keine Einleitung, keine Begründung, nur diese sachliche Feststellung – – päng! Volltreffer!

In diesem Stil geht die Erzählung weiter. Gregor Samsa ist also über Nacht zum Ungeziefer mutiert, einfach so. Niemand wundert sich darüber, auch nicht Gregor Samsa selbst; niemand forscht nach den Ursachen; man arrangiert sich irgendwie mit diesem ungeheuerlichen (!) Sachverhalt. Gregors Familie zeigt zunächst Mitleid, gemischt mit dem Bestreben, die Peinlichkeit verborgen zu halten, doch allmählich verwandelt das Mitleid sich in Abscheu. Schließlich wird der Sohn, das nunmehrige Ungeziefer, isoliert. Eine alptraumhafte Situation für alle Beteiligten entwickelt sich, und nur Gregor Samsas Tod (besser: Verenden) könnte seine Umgebung erlösen. Oder auch nicht. Eine Parabel auf die Entfremdung des modernen Menschen, geschrieben in einer Sprache, wie sie präziser nicht sein könnte.

Ob Kafka in der *Verwandlung* mitteilen wollte, wie er selbst seine Stellung innerhalb der Familie empfand? – – Vielleicht. Einiges deutet darauf hin, aber eine Interpretation nur darauf zu stützen, wäre allzu kurz gedacht. Die Stärke dieser Erzählung liegt auch in einem absurden Humor, wie er schwärzer nicht auszudenken ist. Vor allem die ersten Begegnungen des Ungeziefers mit seiner Umwelt sind geprägt von einer nicht zu überbietenden grausamen Komik, bei der einem das Lachen im Halse steckenbleibt. Man lese nur einmal die Passage, in der der Prokurist von Samsas Firma bei den Samsas erscheint und sich nach Gregors Verbleib erkundigt. Wie hier der arme Gregor sich um Kontaktaufnahme bemüht, ohne an die Wirkung zu denken, die seine äußere Gestalt auf andere haben muss, und wie der Prokurist panikartig die Wohnung verlässt, das ist ein furioses Meisterstück, das die absurden Theaterstücke etwa eines Ionesco blass aussehen lässt.

Und genau das ist es, was in meinen Augen die *Verwandlung* zu einer der besten Erzählungen aller Zeiten macht: Der lakonische Ton des ersten Satzes setzt sich durch die gesamte Erzählung hindurch fort und steht in krassem Gegensatz zu der „ungeheuerlichen Begebenheit", die hier erzählt wird. Eine groteske Wirklichkeit, der die menschliche Sprache nicht mehr gewachsen ist; ein Alptraum, zu dessen Schilderung die Worte fehlen. Eine Katastrophe, die zur Farce wird.

3.3.3 Aufgabe 3 (Ü II)

AUFGABENSTELLUNG

1. Analysieren Sie die Hunnenrede Wilhelms II. vom 28. Juli 1900. *(36 Punkte)*
2. Untersuchen Sie anschließend das Gedicht *Sonnenuntergang* (1914) von Oskar Kanehl, und vergleichen Sie beide Texte hinsichtlich ihrer Einstellung zum Krieg. (*36 Punkte*)

Materialgrundlage:
Text 1: Wilhelm II: *Ansprache bei der Verabschiedung des Ostasiatischen Expeditionskorps zur Niederschlagung des Boxeraufstandes im Kaiserreich China vom 27. Juli 1900*; Nordwestdeutsche Zeitung, Bremerhaven, 28. Juli 1900; Quelle: http://www.zum.de/psm/imperialismus/hunnen1.php (Stand: April 2015).
Text 2: Oskar Kanehl: *Sonnenuntergang*. In: Lyrik des expressionistischen Jahrzehnts. Von den Wegbereitern bis zum Dada. München: Deutscher Taschenbuch Verlag, 1963, S. 119.

Zulässige Hilfsmittel
Wörterbuch der deutschen Rechtschreibung

TEXT 1

Kaiser Wilhelm II.
Ansprache bei der Verabschiedung des Ostasiatischen Expeditionskorps zur Niederschlagung des Boxeraufstandes im Kaiserreich China vom 27. Juli 1900*

[Im Zuge des europäischen, nordamerikanischen und japanischen Imperialismus' wurden in China verschiedene Hafenstädte gepachtet (Deutschland: Tsingtau). Von hier aus versuchten die Kolonialmächte, ihre Machtbereiche religiös und kulturell zu vergrößern. Dagegen formierte sich der chinesische Geheimbund der „Boxer", der mit dem wachsenden Einfluss der Kolonialmächte immer fremdenfeindlicher wurde und schließlich darum kämpfte, China zu befreien. Im Frühjahr 1900 versuchte man trotz der Unterstützung der chinesischen Armee vergeblich, ins Pekinger Gesandtenviertel einzudringen. Als der deutsche Botschafter Klemens Freiherr von Ketteler am 20. 06. 1900 ermordet wurde, nutzte Wilhelm II. die allgemeine Entrüstung, um die europäischen Großmächte zu veranlassen, zur Niederschlagung des Aufstandes ein Expeditionskorps unter deutschem Oberbefehl zu entsenden.]

Stillgestanden!
Zum ersten Mal, seitdem das Deutsche Reich wiedererstanden ist, treten an dasselbe große überseeische Aufgaben heran. Dieselben sind früher und in größerer Ausdehnung an uns herangetreten, als die meisten meiner Landsleute erwartet haben. Sie sind die Folge dessen, dass das Deutsche Reich wiedererstanden ist und damit die Verpflichtung hat, für seine im Auslande lebenden Brüder einzustehn im Moment der Gefahr. Mithin sind nun die alten Aufgaben, die das alte Römische Reich deutscher Nation* nicht lösen konnte, von neuem herangetreten, und das neue Deutsche Reich ist in der Lage, sie zu lösen, weil es ein Gefüge bekommen hat, das ihm die Möglichkeit giebt durch unser Heer.

In dreißigjähriger harter, angestrengter Friedensarbeit sind viele Hunderttausende von Deutschen zum Kriegsdienste herangebildet worden, ausgebildet nach den Grundsätzen Meines verewigten Großvaters*, bewährt in drei ruhmvollen Kriegen*. So sollt Ihr nunmehr auch vor dem Feinde die Probe daraufhin ablegen, ob die Richtung, in der wir uns in militärischer Richtung bewegt haben, die richtige gewesen. Eure Kameraden von der Marine haben uns schon gezeigt, dass die Ausbildung und die Grundsätze, nach denen wir unsere militärischen Streitkräfte ausbilden, die richtigen sind, und an Euch wird es sein, es ihnen nachzuthun. Nicht im geringsten erfüllt uns auch mit Stolz, dass gerade aus dem Munde ausländischer Führer das höchste Lob unseren Streitern zuerkannt worden ist.

Die Aufgabe, zu der Ich Euch hinaussende, ist eine große. Ihr sollt schweres Unrecht sühnen! Denn ein Fall in der Art, wie es die Chinesen gethan haben, die es gewagt, tausendjährige alte Völkerrechte umzuwerfen und der Heiligkeit des Gastrechts in so abscheulicher Weise Hohn zu sprechen, ist ein Vorfall, wie er in der Weltgeschichte noch nicht vorgekommen ist, und dies hat sich noch dazu ein Volk geleistet, welches stolz ist auf seine vieltausendjährige Kultur! Aber Ihr könnt daraus ersehen, wohin eine Kultur kommt, die nicht auf dem Boden des Christentums aufgebaut ist; jede heidnische Kultur, mag sie noch so schön und herrlich sein, wird bei der ersten Kraftprobe erliegen!

So sende ich Euch aus, dass Ihr bewähren möget einmal unsere alte preußische Tüchtigkeit, zum zweiten die Hingebung, Tapferkeit und freudiges Ertragen jeglichen Ungemachs, wie Ihr es gelernt habt als Christen, und zum dritten die Ehre und den Ruhm unserer Waffen und unserer Fahnen! Ihr sollt Beispiele abgeben von Manneszucht und Disziplin, Selbstüberwindung und Selbstbeherrschung. Ihr sollt fechten mit einem Euch ebenbürtigen, tapferen, verschlagenen Feind, gut bewaffnet und gut ausgerüstet. Aber Ihr sollt auch rächen den Tod unseres Gesandten und so vieler, nicht nur Landsleute, auch anderer Europäer! Kommt Ihr vor den Feind, so wird derselbe geschlagen! Pardon wird nicht gegeben! Gefangene werden nicht gemacht! Wer Euch in die Hände fällt, sei Euch verfallen. Wie vor tausend Jahren die Hunnen unter ihrem König Etzel sich einen Namen gemacht, der sie noch jetzt in Überlieferung und Märchen gewaltig erscheinen lässt, so möge der Name Deutscher in China auf 1000 Jahre durch euch in einer Weise bestätigt werden, dass es niemals wieder ein Chinese wagt, einen Deutschen scheel anzusehen!

Ihr werdet mit einer Übermacht zu fechten haben; doch dies sind wir gewohnt, unsere Kriegsgeschichte beweist es! Ihr habt es gelernt aus der Geschichte des Großen

Kurfürsten* und aus Eurer Regimentsgeschichte. Heftet neuen Ruhm an Eure Fahnen; der Segen des Herrn sei mit Euch! Die Gebete der Euren, eines ganzen Volkes begleiten Euch auf allen Euren Wegen!

Meine besten Wünsche für Euch, für das Glück Eurer Waffen! Eure Leistungen werden Euch folgen, wohin es auch sei! Und Gottes Segen möge an Eure Fahnen sich heften und dieser Krieg den Segen bringen, dass das Christentum in jenem Lande seinen Einzug hält, damit solch' traurige Fälle nicht mehr vorkommen! Dafür steht Ihr Mir mit Eurem Fahneneid!

Und nun glückliche Reise!

Adieu, Kameraden!

Anmerkungen:

Wilhelm II. (1859–1941):	Friedrich Wilhelm von Preußen, letzter deutscher Kaiser und König von Preußen, dankte 1918 ab und starb im niederländischen Exil
Ansprache:	1914 nutzte die britische Kriegspropaganda diese Rede, um die Deutschen allgemein als „Hunnen" zu bezeichnen.
Römisches Reich Deutscher Nation:	1806 durch Niederlegung der römischen Kaiserwürde Kaiser Franz II. beendet
Großvater:	Kaiser Wilhelm I., Gründer des deutschen Kaiserreichs 1871
Kriege:	1864 Sieg Preußens über Dänemark, 1866 Sieg Preußens über Österreich, 1870/71 Sieg Preußens über Frankreich
Großer Kurfürst:	Friedrich Wilhelm von Brandenburg (1620–1688), ebnete Preußen den Weg zur europäischen Großmacht

TEXT 2

Oskar Kanehl
***Sonnenuntergang* (1914)**

Die letzten weißen Wolkenflotten fliehen.
Der Tag hat ausgekämpft
über dem Meer.
Wie eine rote Blutlache liegt es,
in der das Land wie Leichen schwimmt.
Vom Himmel tropft ein Eiter, Mond.
Es wacht kein Gott.
In Höhlen ausgestochner Sternenaugen
hockt dunkler Tod.

Und ist kein Licht.
Und alles Tier schreit wie am Jüngsten Tag.
Und Menschen brechen um
am Ufer.

Anmerkungen:

Oskar Kanehl (1888–1929): Studium der Germanistik und Philosophie in Berlin und Greifswald, Herausgeber der umstrittenen Zeitschrift *Wieker Bote*, Mitarbeiter an der Zeitschrift *Die Aktion*, veröffentlichte 1922 seine Kriegsgedichte, wurde Bühnenregisseur in Berlin und nahm sich dort durch einen Sturz aus dem Fenster das Leben.

3.4 LÖSUNGSVORSCHLÄGE ZUM ÜBUNGSPAKET II

3.4.1 Lösungsvorschlag Aufgabe 1 (Ü II)

Aufgabenart
Analyse eines fiktionalen Textes mit weiterführendem Schreibauftrag (II A)

Bezug zu den Vorgaben 2018
Inhaltsfeld Texte

- Strukturell unterschiedliche Dramen aus unterschiedlichen historischen Kontexten
  Fokus: Johann Wolfgang von Goethe *Faust I*
- Strukturell unterschiedliche Erzähltexte aus unterschiedlichen historischen Kontexten
  Fokus: Franz Kafka *Die Verwandlung*

ERLÄUTERUNG DER AUFGABENSTELLUNG

Der Aufgabentyp II A ist die im Grundkursbereich am häufigsten verwendete Aufgabenstellung. Die erste Teilaufgabe verlangt die Analyse eines Szenenausschnitts aus Goethes Faust-Tragödie. Dazu ist der Ausschnitt in den Gesamtkontext des Gretchendramas einzuordnen und gegliedert zu reproduzieren. Die eigentliche Analyse besteht aus einem sprachlichen Teil, in dem Sie die äußere Form des Auszuges beschreiben und seine sprachlichen Besonderheiten funktional herausarbeiten, und einem inhaltlichen Teil, in dem Sie die Textaussagen im Detail erläutern sollen. Daran schließt sich die Deutung des Textauszuges an, die ebenfalls zweigliedrig anzulegen ist. Einmal ist der Text zu deuten unter dem vorgegebenen Aspekt der Geschwisterbeziehung, und zum anderen ist der Stellenwert des Auszugs im kontextuellen Zusammenhang des Gretchendramas zu bestimmen.

Die zweite Teilaufgabe zielt auf einen Vergleich der Beziehung zwischen den Geschwistern Valentin und Gretchen mit den Geschwistern Gregor und Grete in Kafkas Erzählung *Die Verwandlung* ab. Dazu müssen Sie den Inhalt der Erzählung in aller Kürze zusammenfassen und das Verhältnis zwischen Gregor und Grete beschreiben. Nach einer kurzen allgemeinen Reproduktion folgt also eine selektive Reorganisation des Erzählinhalts. Daran sollte sich eine Analyse der Geschwisterbeziehung anschließen, in der Sie untersuchen, wie sich die Figuren warum so zueinander verhalten, wie es in der Erzählung dargestellt wird. Zum Abschluss dieser Untersuchung ist das Geschwisterverhältnis wiederum unter dem schon oben genannten Doppelaspekt zu deuten. Erst dann kann der eigentliche Vergleich durchgeführt werden, der nun das Verhältnis selbst, seine Gründe und Motive sowie seine Bedeutung erfassen kann. Mit einer kurzen wertenden Zusammenfassung ist die Arbeit zu beschließen.

SCHREIBPLAN ZU TEILAUFGABE 1

BAUSTEIN	ERLÄUTERUNG	OPERATOR
Einleitung	Ausgangspunkt: bekannte Daten des Textes	verfasst eine aufgabenbezogene Einleitung
Gegliederte Reproduktion	knappe (!), gegliederte Wiedergabe des Romaninhalts	gibt inhaltliche Zusammenhänge in eigenen Worten sachlich korrekt wieder
Kontextuelle Einordnung	Einordnung des Textauszuges in den Gesamtzusammenhang des Dramas	ordnet den Auszug in den Gesamtzusammenhang des Dramas ein
Textbeschreibung	Beschreibung der äußeren Textform	beschreibt die äußere Textform
Sprachliche Analyse	Untersuchung der sprachlichen Gestaltung des Szenenauszugs	untersucht die sprachliche Textgestaltung
Inhaltliche Analyse	Untersuchung der inhaltlichen Aussagen des Szenenauszugs	erschließt und erläutert die inhaltlichen Aussagen im Detail
Deutung	Interpretation des Geschwisterverhältnisses	deutet die Geschwisterbeziehung
Wertung	Bewertung der Funktion der Geschwisterbeziehung für das Gretchendrama	bewertet die Funktion der Geschwisterbeziehung für das Gretchendrama

LÖSUNGSMÖGLICHKEIT ZU TEILAUFGABE 1

	Anforderungen **Der Prüfling**	**maximal erreichbare Punktzahl**
1	*formuliert eine aufgabenbezogene Einleitung, z. B.:* Verwendung der bekannten Daten: Autor, Titel, Textsorte, Erscheinungsjahr	3
2	*ordnet den Auszug in den Gesamtzusammenhang des Dramas ein, z. B.:* Gretchen hat mit Faust eine Liebesnacht verbracht und ist schwanger. Als Mephisto und Faust sich der Sakristei einer Kirche nähern, um dort einzubrechen und für Gretchen ein Geschenk zu rauben, stellt sich ihnen Valentin in den Weg, um die Ehre seiner Schwester zu rächen. In dem sich entwickelnden Degengefecht wird Valentin von Faust tödlich getroffen.	3

3	*gibt den Inhalt des Szenenauszugs gegliedert und in eigenen Worten sachlich korrekt wieder, z. B.:* Valentin ruft sterbend die Umherstehenden zusammen (3722–3725), er bezichtigt Grete, eine Hure zu sein (3726–3731), prophezeit ihr eine Hurenlaufbahn (3733–3739), schildert das zu gebärende Kind als fleischwerdene Schande (3740–3749), verwünscht Gretchen sechsfach bis hin zur Verfluchung (3750–3763), bedauert, Marthe für ihre Kuppelei nicht mehr strafen zu können (3766–3769), gibt Gretchen indirekt die Schuld an seinem Tod und stirbt (3770–3775).	3
4	*beschreibt die äußere Form des Textauszuges, z. B.:* monologartige Dialogsituation: Valentin, Gretchen und Marthe vor der Wand des Volkes; strophig gegliederter Verstext (Knittelvers)	3
5	*untersucht die sprachliche Textgestaltung des Szenenausschnitts, z. B.:* – semantisch: Beschimpfung (3730, 3753) – syntaktisch: Aufforderungen (3725, 3733, 3771), Verwünschungen (3754–3763), Ausruf (3766 f.) – pragmatisch: Vergleich (3752), Metapher (3742, 3746, 3774), dreigliedrige Steigerung (3758–3763)	6
6	*erschließt und erläutert die inhaltlichen Aussagen im Detail, z. B.:* Valentin ruft das Volk als Zeugen seiner Klage zusammen (3723 f.), führt Gretchens Verhalten auf ihre Jugend zurück (3726) und ihren schlechten Charakter (3727), fordert sie sarkastisch auf, sich jetzt auch konsequent zu prostituieren (3730 f.), und zeigt seinen resignativen Glauben an Schicksal (3733 f.) und Sachzwänge (3735–3739). Er benennt die Folgen von Gretchens Fehltritt: Verheimlichung (3741), ggf. Kindstötung (3744), sonst anwachsende Schande (3745–3749). In einer Vision zeichnet er Gretchens soziale Ausgrenzung (3750–3753) und verwünscht sie: Scham (3754 f.), Schmucklosigkeit als soziale Strafe (3756), Exkommunizierung als Kirchenstrafe (3757), gesellschaftlich: Ausschluss (3758 f.), Ächtung (3760 f.) und Verfluchung (3762 f.). Marthe warnt Valentin vor Versündigung (3764 f.). Valentin kehrt das Argument um: Bestrafung Marthes bewirke seinen Sündennachlass (3766–3769). Auch Gretchen warnt Valentin, sich nicht zu versündigen (3770). Valentin macht Gretchen indirekt für seinen Tod verantwortlich und wertet sich ihr gegenüber als braver Mann (3772–3775).	9

7	*deutet die Beziehung zwischen den Geschwistern Valentin und Gretchen, z. B.:* – Gretchen liebt und sorgt sich um ihren Bruder; mit ihm verliert sie nach Vater, Schwester und Mutter das letzte Familienmitglied: Isolation. – Valentin ist letzter Schutz seiner Schwester; statt sie zu verteidigen, löst er ihre soziale Bloßstellung durch Diskriminierung aus: Verrat; macht sich als Soldat zum Sprachrohr der öffentlichen gesellschaftlichen Meinung: mitleidloser, selbstgerechter Egoismus, Gegenteil eines braven Soldaten (3775).	9
8	*bewertet die Funktion der Geschwisterbeziehung* für das *Gretchendrama, z. B.:* – Handlung: Verschärfung und Verengung des sozialen Drucks auf Gretchen: „Am Brunnen" allgemein; hier individualisiert und zugespitzt: Bruder als sozialer Ankläger; Tod des Bruders als weitere „öffentliche" Schuldlast – Intention: Anklage der unchristlichen und pharisäerhaften Haltung der Gesellschaft: Fragwürdigkeit des Moralprestiges als soz. Wert – Gerichtssituation: Kläger (Valentin), Angeklagte (Gretchen), Richter: Zuschauer/Leser	6
9	erfüllt ein weiteres aufgabenbezogenes Kriterium (max. 6 Punkte)	
	Summe 1. Teilaufgabe	**42**

SCHREIBPLAN ZU TEILAUFGABE 2

BAUSTEIN	ERLÄUTERUNG	OPERATOR
Überleitung	Überleitung zum Kafka-Text	verfasst eine sachbezogene Überleitung
Reproduktion	Nennung des den Roman kennzeichnenden Themas oder des Problems	gibt den Inhalt der Erzählung sachlich korrekt wieder
Reorganisation	Darstellung des Verhältnisses Gregor-Grete	stellt das Geschwisterverhältnis in der Erzählung angemessen dar
Analyse	Untersuchung des Verhältnisses zwischen Gregor und Grete	untersucht das Geschwisterverhältnis in der Erzählung

Deutung	Deutung des Geschwisterverhältnisses	deutet das in der Erzählung dargestellte Geschwisterverhältnis
Wertung	Bewertung des Geschwisterverhältnisses vor dem Hintergrund der Gesamterzählung	bewertet das dargestellte Geschwisterverhältnis vor dem Hintergrund der Gesamterzählung
Vergleich	Vergleich der beiden Geschwisterverhältnisse und ihrer jeweiligen Funktion	vergleicht die Geschwisterbeziehungen bei Goethe und Kafka
Schlussurteil	Zusammenfassung der Untersuchungsergebnisse in einem begründeten Schlussurteil	formuliert ein abschließendes Urteil

LÖSUNGSMÖGLICHKEIT ZU TEILAUFGABE 2

	Anforderungen **Der Prüfling**	**maximal erreichbare Punktzahl**
1	*formuliert eine aufgabenbezogene Überleitung, z. B.:* Vergleichbarkeit in Namen und Alter: Gretchen, 15-jährig (Goethe), und Grete, 17-jährig (Kafka)	3
2	*gibt den Inhalt der Erzählung sachlich korrekt wieder, z. B.:* Gregor Samsa scheidet als Alleinernährer der Familie aus, weil er sich in einen Käfer verwandelt hat. Vater, Mutter und Schwester Grete tragen in unterschiedlicher Weise zum Erhalt der Familie bei; dazu untervermietet man an drei Herren. Als Gregor schließlich stirbt, will man die Wohnung aufgeben, sich einschränken und neu orientieren.	3
3	*stellt die Beziehung zwischen Gregor und Grete angemessen dar, z. B.:* – Gregor hört nicht auf, seine Schwester zu lieben und zu verehren, fördert ihr Geigenspiel, will ihr ein Studium am Konservatorium bezahlen. – Grete hat eine wechselhafte Beziehung zu ihrem Bruder: vor der Verwandlung gleichgültig; nach der Verwandlung Übernahme der Versorgung und des Bestimmungsrechts über ihn, setzt die Ausräumung seines Zimmers durch, beginnt sich vor ihm zu ekeln und vernachlässigt ihn zunehmend.	3

4	*deutet Verhalten und Einstellung der Geschwister zueinander, z. B.:* – Gregor: Opferdenken als Selbsttäuschung: Prestigedenken (Konservatorium), geschwisterliche Liebe als Selbsttäuschung: inzestuöse erotische Beziehung; kein Gesprächskontakt oder Meinungsaustausch – Grete: utilitaristisches Verhalten: nutzt Gregors Verlust der familiären Position zur Entwicklung der eigenen, instrumentalisiert die Bruderbeziehung (von der Pflege-Schwester zum Sohn-Ersatz), nutzt die neu entstandene Situation zum eigenen beruflichen Aufstieg	6
5	*bewertet die dargestellte Geschwisterbeziehung vor dem Hintergrund der Gesamterzählung, z. B.:* – Gregor: familiäre Bindung und Förderung als emotionaler Selbstbetrug: gesellschaftliches statt privates, erotisches statt geschwisterliches Interesse (Widerspiegelung von Kafkas Verhältnis zu seiner Schwester Ottla): groteske Darstellung der Fragwürdigkeit von familiärer Verantwortung – Grete: ironisch-pragmatisches Gegenbild zu Gregor: Fremdbetrug durch Vorspiegelung von Opferbereitschaft und Verantwortung: groteske Darstellung der Fragwürdigkeit von familiärem Egoismus	6
6	*vergleicht die Geschwisterbeziehung bei Goethe und Kafka miteinander, z. B.:* – vergleichbar: Kritik an gesellschaftlichen Normen, Darstellung der Fragwürdigkeit oberflächlicher moralischer Urteile – unterschiedlich: soziohistorisch begründeter situativer Anlass: außereheliche Schwangerschaft (Goethe: stabiles familiäres Sozialgefüge des 18. Jh.) vs. Positionierung des Einzelnen in Familie und Gesellschaft (Kafka: aufbrechendes Sozialgefüge nach 1900)	6
7	*formuliert ein abschließendes Urteil, z. B.:* Wandel der Geschwisterbeziehung durch Wandel der Gesellschaft; negativer Einfluss der öffentlichen gesellschaftlichen Normen auf das Individuum unverändert	3
8	erfüllt ein weiteres aufgabenbezogenes Kriterium (max. 4 Punkte)	
	Summe 2. Teilaufgabe	**30**

3.4.2 Lösungsvorschlag Aufgabe 2 (Ü II)

Aufgabenart
Analyse eines literarischen Textes mit weiterführendem Schreibauftrag (II A)

Bezug zu den Vorgaben 2018

- Inhaltsfeld Texte
  Strukturell unterschiedliche Erzähltexte aus unterschiedlichen historischen Kontexten
  Fokus: Franz Kafka *Die Verwandlung*
- Inhaltsfeld Medien
  Information und Informationsdarbietung verschiedener Medien

ERLÄUTERUNG DER AUFGABENSTELLUNG

Die zwei vorgelegten Texte sind vielleicht etwas ungewöhnlich, denn sie haben keinen wissenschaftlichen Hintergrund, sondern sind bei *Amazon* veröffentlichte Laien- bzw. Kundenrezensionen. Andererseits ist das Internet für Schülerinnen und Schüler oft die erste Quelle, aus der man interpretative Informationen zu einem literarischen Werk schöpft. Umso interessanter mag es sein, einmal die Brauchbarkeit solcher ja sehr subjektiven Kundenrezensionen zu überprüfen und zu bewerten. Die Aufgabe ist insofern inhaltsfeldübergreifend, als sie nicht nur auf die Kafka-Erzählung Bezug nimmt, sondern auch auf die Informationsdarbietung im Internet.

Beide Teilaufgaben verlangen von Ihnen eine vollständige Analyse des jeweiligen Textes; ein Schwerpunkt ist nicht angegeben. Sie haben also den Text textsortentypisch zu beschreiben, seinen Inhalt gegliedert wiederzugeben, seinen gedanklichen und argumentativen Aufbau und seine sprachlichen Besonderheiten funktional zu analysieren, seine Darstellungsweise zu kennzeichnen und letztlich seine Tauglichkeit zu bewerten. Erst im Anschluss an die zweite Textauseinandersetzung schließt sich der wertende Vergleich an. Dabei sollte man eindeutige und auf die Texte beziehbare Vergleichskategorien anlegen und seine Wertung rational nachvollziehbar begründen.

SCHREIBPLAN ZU TEILAUFGABE 1

BAUSTEIN	ERLÄUTERUNG	OPERATOR
Einleitung	Ausgangspunkt: genannte Textdaten	verfasst eine aufgabenbezogene Einleitung
Textbeschreibung 1	Beschreibung des Texts als Kundenrezension, ggf. Definition	beschreibt den Text gemäß seiner Textsorte
Reproduktion	Wiedergabe der Textaussagen im logischen Zusammenhang	gibt inhaltliche Zusammenhänge mit eigenen Worten sachlich korrekt wieder

Analyse	Untersuchung der Argumentationsstruktur des Textes	erschließt die gedankliche Struktur des Textes
Textverständnis	Erläuterung der für die Intention wichtigen Einzelaussagen	stellt Textaussagen differenziert dar
Textbeschreibung 2	Kennzeichnung des Darstellungsstils: wissenschaftlich, essayistisch, emotional, sachlich-logisch usw.	kennzeichnet den Darstellungsstil des Textes
Wertung	Bewertung der Relevanz des Textes	formuliert ein abschließendes Urteil

LÖSUNGSMÖGLICHKEIT ZU TEILAUFGABE 1

	Anforderungen **Der Prüfling**	**maximal erreichbare Punktzahl**
1	*formuliert eine aufgabenbezogenen Einleitung, z. B.:* Verwendung der genannten Textdaten	3
2	*beschreibt den Text gemäß seiner Textsorte, z. B.:* – namentlich (allerdings unter Verwendung eines Nicknames) gekennzeichnete Kundenrezension: subjektiv wertende Darstellung eines individuellen Leseerlebnisses; bekennende Autorenschaft – Mischung informativer, expressiver und appellativer Sprachfunktionen	6
3	*gibt inhaltliche Zusammenhänge mit eigenen Worten sachlich korrekt wieder, z. B.:* Kundenrezension liefert geraffte Inhaltsangabe und biographische Interpretation, geht auf die Sprache des Textes ein und auf die Anforderung und Wirkung des Textes an bzw. auf den Leser.	3
4	*erschließt die gedankliche Struktur des Textes, z. B.:* Einleitung (1 f.) – Inhaltsangabe (3–12) – Deutung (12–42): 1. These: literarische Lebensbewältigung Kafkas (12 f.), Begründung: scheinbar abnorme Handlung als Verfremdung der Wirklichkeit (14–22) 2. These (Ergänzung zu These 1): symbolische Erzählung (22), Erläuterung: Darstellung von Gregors Machtlosigkeit (22–27), Begründung: scheinbar Unklares wird durch Biografiebezug klar (27–30), Erläuterung (30–42): Beziehung zur Schwester Ottla (30 f.), Beziehung zum Vater (31–42): allgemein (31–34), speziell (34–42): zwei Verarbeitungsversuche (*Brief an den Vater, Die Verwandlung*) – Kennzeichnung der Sprache (43–47) – Rezeption: Anforderung und Wirkung des Textes (47–53) – Zitate (49–53)	6

5	*stellt die Textaussagen differenziert dar, z. B.:* – Textsorte: Novelle (1) vs. Antimärchen (3); – Intention: literarische Lebensbewältigung (12), zweiter Verarbeitungsprozess (40 f.): im Wesentlichen Vater-Sohn-Konflikt: ödipaler Konflikt (33), Unterdrückung Kafkas durch seinen Vater (35–40) – Darstellungsstil: Verfremdungstechnik (20–22) vs. realistische Schreibweise (43 f.), exakte Beschreibungen (44), objektiv wertungsfreie Darstellung (45) – Rezeption: interessant (13), fordert den Verstand, ruft Angst hervor (47), zieht in den Bann (49) – Wertungen: grandiose Darstellung (41), exzellent gelungen (43)	6
6	*kennzeichnet den Darstellungsstil des Textes, z. B.:* allgemeinverständlich , sachlich, logisch: Rezensionsstil	3
9	*formuliert ein begründet wertendes Schlussurteil, z.B.:* hilfreich: Informationen zu allen wesentlichen Textaspekten vorhanden und nachvollziehbar, Festlegung auf die biografische Deutung	6
10	erfüllt ein weiteres aufgabenbezogenes Kriterium (max. 4 Punkte)	
	Summe 1. Teilaufgabe	**33**

SCHREIBPLAN ZU TEILAUFGABE 2

BAUSTEIN	ERLÄUTERUNG	OPERATOR
Überleitung	andere Kunden- bzw. Laienrezension zum gleichen Text	verfasst eine sachbezogene Überleitung
Reproduktion	Wiedergabe der Textaussagen im logischen Zusammenhang	gibt inhaltliche Zusammenhänge mit eigenen Worten sachlich korrekt wieder
Analyse	Untersuchung der Argumentationsstruktur des Textes	erschließt die gedankliche Struktur des Textes
Textverständnis	Erläuterung der für die Intention wichtigen Einzelaussagen	stellt Textaussagen differenziert dar
Textbeschreibung	Kennzeichnung des Darstellungsstils: wissenschaftlich, essayistisch, emotional, sachlich-logisch usw.	kennzeichnet den Darstellungsstil des Textes
Wertung	Bewertung der Relevanz des Textes	bewertet die Relevanz des Textes

Vergleich	Begründeter Vergleich beider Laienkritiken: Welcher Text informiert besser über die Erzählung?	vergleicht die Texte hinsichtlich ihrer informativen Tauglichkeit
Schlussurteil	Zusammenfassung der Untersuchungsergebnisse	gelangt zu einem selbstständig begründeten Urteil

LÖSUNGSMÖGLICHKEIT ZU TEILAUFGABE 2

	Anforderungen **Der Prüfling**	**maximal erreichbare Punktzahl**
1	*formuliert eine aufgabenbezogene Überleitung, z. B.:* andere Kundenrezension eines anonymen Verfassers: Schutz der Persönlichkeit	3
2	*gibt inhaltliche Zusammenhänge mit eigenen Worten korrekt wieder, z. B.:* Kundenrezension liefert eine Beurteilung des Erzählanfangs, eine geraffte Zusammenfassung des Inhalts ohne Darstellung des Erzählendes, stellt zwei Interpretationsansätze dar (biografische und ästhetische Deutung) und schließt mit der Wertung des Verhältnisses von Inhalt und Erzählstil.	3
3	*erschließt die gedankliche Struktur des Textes, z. B.:* Einleitung (1–5): Zitat (1 f.), Wertung (2–5) – Inhaltsangabe (6–13), Aussagen zu Textsorte, Intention und Sprachstil (13–15) – Deutungen (16–27): biografische Deutung als Möglichkeit (16–18): Selbstdarstellung Kafkas in seiner Familie; These: ästhetische Deutung (18–27): absurder, schwarzer Humor (18–22), Beleg (22–26): Prokuristenszene; Vergleich zum Theater des Absurden (26 f.) – Wertung (28 f.), Begründungen (29–33)	6
4	*stellt die Aussagen des Textes differenziert dar, z. B.:* – Textsorte: Parabel (14), Novelle (30 f.: „ungeheuerliche Begebenheit“), Farce (33) – Intention: Entfremdung des modernen Menschen (14) als Katastrophe (33) – Darstellungsstil: präzise (15), lakonische (29) Sprache, grausame Komik (21), albtraumhafte Schilderung (32) – Rezeption: Lachen bleibt im Hals stecken (21) – Wertungen: furioses Meisterstück (26), beste Erzählung aller Zeiten (28 f.)	6

5	*kennzeichnet den Darstellungsstil des Textes, z. B.:* emotional, feuilletonistisch, unterhaltsam, effektheischend; übertreibend (28 f.), jargonhaft (2, 5)	3
6	*bewertet die Relevanz des Textes, z. B.:* bevorzugt ästhetische Deutung vor biografischer; mehr behauptend als argumentierend, kaum Absicherungen der These, dafür sprachliches Eindruckspotenzial: nur bedingt hilfreich	6
7	*vergleicht die Texte hinsichtlich ihrer informativen Tauglichkeit, z. B.:* argumentativ ist die erste Laienkritik vorzuziehen: klarer im Aufbau, bessere Thesenabsicherung, sachlicher Stil; Vorteil der zweiten Laienkritik: Interpretationsalternative, aber keine Begründung für Ablehnung der biografischen Deutung, zu schlagwortartig	6
8	*gelangt zu einem selbstständig begründeten Urteil, z. B.:* Bevorzugung der ersten Kundenrezension: nachvollziehbarer begründeter Deutungsaspekt: abgesicherte Interpretation, vollständige Inhaltsinformation; Fazit: hilfreiche Rezension Bevorzugung der zweiten Kundenrezension: lockerer Stil, zwei Deutungsaspekte, moderneres Textverständnis. Fazit: lesemotivierende Vorab-Information, die die Lesespannung erhält und den Schluss nicht verrät	6
9	erfüllt ein weiteres aufgabenbezogenes Kriterium (max. 5 Punkte)	
	Summe 2. Teilaufgabe	**39**

3.4.3 Lösungsvorschlag zu Aufgabe 3 (Ü II)

Aufgabenart
Vergleichende Analyse eines Sachtextes und eines literarischen Textes (I C)

Bezüge zu den Vorgaben 2018
- Inhaltsfeld Texte
  Lyrische Texte zu einem Themenbereich aus unterschiedlichen historischen Kontexten
  Fokus: Expressionismus
- Inhaltsfeld Kommunikation
  Rhetorisch ausgestaltete Kommunikation in funktionalen Zusammenhängen

ERLÄUTERUNG DER AUFGABENSTELLUNG

Die Aufgabenart I C ist bislang im Abitur noch nicht verwendet worden. Offenbar scheut man bislang diese Form des Textvergleichs aus Angst davor, keine hinreichend große formale Schnittmenge anbieten zu können. Diese Gefahr scheint bei einer politischen Rede und einem Gedicht, die zu einem vergleichbaren Problem Stellung beziehen, dann gebannt, wenn beide Textsorten in ihrer ästhetischen Gestaltung ausreichende Angebote machen.

Die erste Aufgabe verlangt die normale Analyse einer politischen Rede. Dazu müssen Sie die meist vorgegebene Redesituation darstellen, den Inhalt der Rede gegliedert reproduzieren, ihren argumentativen Aufbau und ihre sprachliche Gestaltung analysieren, bevor Sie die Rede interpretieren, ihre Intention bestimmen und sie vor ihrem Zeithintergrund bewerten.

In der zweiten Teilaufgabe wird eine Gedichtanalyse erwartet. Hier ist der kurze Text zunächst formal zu beschreiben und hinsichtlich der in ihm behandelten Problematik zu kennzeichnen. In einem zweiten, analytischen Schritt muss der Text sprachlich und inhaltlich untersucht werden, d. h., die sprachlichen Besonderheiten sind funktional herauszustellen und seine inhaltlichen Aussagen zu erläutern. In einem dritten Schritt sollte der Text dann gedeutet und vor seinem literarhistorischen Hintergrund bewertet werden. Erst im vierten Schritt kann dann der Vergleich zur Rede Wilhelms II. unter dem vorgegebenen Aspekt durchgeführt werden. Die Aufgabenbearbeitung endet mit einem abschließenden Schlussurteil.

SCHREIBPLAN ZU TEILAUFGABE 1

BAUSTEIN	ERLÄUTERUNG	OPERATOR
Einleitung	Ausgangspunkt: Zentraldaten des Textes	verfasst eine aufgabenbezogene Einleitung
Redesituation	Darstellung der Redesituation anhand der vorgegebenen Informationen	stellt die Redesituation dar
Reproduktion	gegliederte Wiedergabe des Textes mit eigenen Worten	gibt den Inhalt der Rede gegliedert und sachlich korrekt wieder
Analyse der Argumentation	Untersuchung des argumentativen Aufbaus: These – Argument – Belege, Beispiele	erschließt den logischen Aufbau der Argumentation
Sprachliche Analyse	Untersuchung der sprachlichen Gestaltung der Rede	untersucht die sprachliche Gestaltung des Textes
Deutung	kategorial geordnete Interpretation der Textaussagen, z. B. Aussagen zur Nation, zur Geschichte usw.	deutet die Rede

Intentionsbestimmung	Bestimmung der Redeabsicht	bestimmt die Intention der Rede
Bewertung	Beurteilung der Rede vor dem zeithistorischen Hintergrund	bewertet die Rede vor dem zeithistorischen Hintergrund

LÖSUNGSMÖGLICHKEIT ZU TEILAUFGABE 1

	Anforderungen **Der Prüfling**	**maximal erreichbare Punktzahl**
1	*formuliert eine aufgabenbezogenen Einleitung, z. B.:* Darstellung der Redesituation: Kaiser Wilhelm II. hält 1900 in Bremerhaven vor den nach China auslaufenden Truppen eine Ansprache.	3
2	*stellt die Redesituation dar, z. B.:* Im Zuge des Boxeraufstandes wurde in China der deutsche Botschafter getötet. Die Europäer entsenden unter deutschem Befehl ein Expeditionskorps; der Kaiser richtet zur Verabschiedung der zur Niederschlagung des Boxeraufstandes entsendeten deutschen Heeresverbände an die Soldaten eine Ansprache.	3
3	*gibt den Inhalt der Rede gegliedert und sachlich korrekt wieder, z. B.:* Das Deutsche Reich muss die Deutschen im Ausland schützen (1–10). Nach der Marine ist es jetzt das Heer, das sich zu bewähren hat (11–20). Seine Aufgabe besteht darin, ehrenvoll das von den Chinesen verübte Unrecht zu sühnen (21–29). Die Soldaten sollen kompromisslos handeln und durch ihr ruhmhaftes Verhalten eine historische Marke setzen (30–46). Der Segen des Kaisers und die Gebete des Volkes werden sie begleiten (46–55).	3
4	*erschließt den logischen Aufbau der Rede, z. B.:* Grußloser Beginn; 1. Ansatz: Anlass der Entsendung: überseeische Aufgabe, Schutz der Auslandsdeutschen; 2. Ansatz: historisch gute soldatische Ausbildung ist vom Heer unter Beweis zu stellen; Zusammenführung beider Ansätze: Auftrag: Sühne völkerrechtlichen Unrechts; Taktik: kompromissloses Durchgreifen; Belohnung: Ruhm und Ehre, Hunnen-Vergleich; ermutigender Zuspruch: militärischer, religiöser und nationaler Art; Verabschiedung. Schweifende Thematik: Geschichte (7, 12, 45), Christentum (27, 32, 51); Feind (35, 37–39, 44) Widersprüche: richtige militärische Richtung (ob, 14) vs. (sind, 17); sühnen (22) vs. rächen (36); Christentum (28) vs. Gnadenlosigkeit (38 f.), ebenbürtiger Feind (35) vs. Übermacht (44)	6

5	*untersucht die sprachliche Gestaltung des Textes, z. B.:* – semantisch: Kontrast der Personalpronomen (ich: 21, 30, 53; wir: 15, 16, 17, 19, 44 vs. ihr: 22-mal), Possessivpronomen (meine: 13, 49, unsere: 30, 33 vs. euer: 9-mal); Demonstrativpronomen (1, 2, 37): steif und gespreizt; Komperative (2), Superlative (4, 20, 21, 47, 49): Aufwertung; Kontrast (alt vs. neu, 7 f.): Aufwertung; positive Wertungen („groß", „ruhmvoll", „richtig", „Stolz", „Lob", „Heiligkeit", „schön", „herrlich", „tapfer", „gewaltig", „Ruhm", „Segen", „Gebete", „Glück"), Tugenden (31 f.: „Hingebung", „Tapferkeit", „Tüchtigkeit"; 33 f.: „Manneszucht", „Disziplin", „Selbstüberwindung", „Selbstbeherrschung"): Aufwertung; negative Wertungen („abscheulich", „Hohn", „verschlagen", „scheel", „traurig"): Abwertung; „Kameraden" (55): Identifikation – syntaktisch: Nachstellung (6 f., 21): Betonung; Befehle (34–38, 52 f.): Herrschaftsanspruch, Wunsch (41–43, 50–52, 54) Wohlwollen – pragmatisch: Wortwiederholungen („wiedererstanden", 1, 5; „alt", 7; „neu", 8; „Ihr sollt", 13, 33, 34, 36): Nachdrücklichkeit; Hyperbel (11, 23): Emotionalisierung; Vergleich (39 ff.); Aufwertung; Topoi: hervorgehobene Rolle der Monarchie, des Preußentums, des Christentums	6
6	*deutet die Rede, z. B.:* Wilhelm II. spricht die Adressaten eindeutig an; Lob und Tugenden bezieht er auf sich (11, 17, 18 f., 29 f.), Anforderungen auf die Soldaten; stilisiert die Expedition hoch zu einem welthistorischen Ereignis; wertet die Expedition auf (Kreuzzugcharakter: 51); doppelte Legitimation (national und religiös): beruft sich wiederholt auf die erfolgreiche militärische Tradition Preußens, suggeriert eine Priorität deutscher Waffen; suggeriert fundamentalistisch eine Priorität des Christentums (27); strebt in Wahrheit nur nach Prestige (Ehre und Ruhm: 32 f.).	6
7	*bestimmt die Intention der Rede, z. B.:* missverständliche, überzogene Motivationsrede, in der die eigene Eitelkeit und Ruhmsucht auf die Soldaten übertragen werden soll	3
8	*bewertet die Rede vor dem zeithistorischen Hintergrund, z. B.:* Verzerrung der politischen Situation: kein Hinweis auf das eigene imperialistische Verhalten in China; aus Eitelkeit und Selbstgefälligkeit ungeschickte, mangelnde diplomatische Zurückhaltung eines Monarchen; fadenscheinige christliche und ethische Verbrämung eines rücksichtslosen Rachefeldzuges	6
9	erfüllt ein weiteres aufgabenbezogenes Kriterium (max. 4 Punkte)	
	Summe 1. Teilaufgabe	**36**

SCHREIBPLAN ZU TEILAUFGABE 2

BAUSTEIN	ERLÄUTERUNG	OPERATOR
Überleitung	Verwendung der gegebenen Textdaten	verfasst eine sachbezogene Überleitung
Thema	Benennung des im Gedicht behandelten Themas oder Problems	nennt das Problem oder Thema des Textes
Textbeschreibung	Beschreibung der äußeren Textgestalt	beschreibt den formalen Aufbau des Gedichts
Analyse	Untersuchung der formalsprachlichen Gestaltung des Textes und der dazu verwendeten Mittel	untersucht die sprachliche Gestaltung des Textes
Textverständnis	Untersuchung der inhaltlichen Aussagen des Gedichts, seiner gedanklichen Gliederung und seines gedanklichen Zusammenhangs	erschließt die inhaltlichen Aussagen des Textes
Interpretation	Deutung des Textes: Welche Vorstellungen kommen zum Ausdruck, welchen Bezug haben sie zur Epoche?	deutet den Text vor dem literarhistorischen Hintergrund
Vergleich	Vergleich beider Texte unter dem Aspekt, welche Einstellung zum Krieg jeweils zum Ausdruck kommt	vergleicht die zum Ausdruck kommende Einstellung zum Krieg in Rede und Gedicht
Schlussurteil	Zusammenfassung der Untersuchungsergebnisse	gelangt zu einem selbstständig begründeten Urteil

LÖSUNGSMÖGLICHKEIT ZU TEILAUFGABE 2

	Anforderungen **Der Prüfling**	**maximal erreichbare Punktzahl**
1	*formuliert eine aufgabenbezogene Überleitung, z. B.:* Verwendung der Textdaten	3
2	*benennt das Problem oder Thema des Gedichts, z. B.:* Sonnenuntergang als Metapher für den Krieg	3
3	*beschreibt den formalen Aufbau des Gedichts, z. B.:* eine Strophe zu 13 Versen; reimlos, freirhythmisch; 1–5 jambische Hebungen, drei Enjambements: Zeilenstil	3

4	*erschließt die formale und sprachliche Gestaltung des Textes, z. B.:* – phonetisch: Assonanzen auf e (12), i (5 f., 10), o (1, 6), u (12 f.), ie (11); Alliterationen auf b (4), f (1), l (5), st (8), t (6), w (1) – semantisch: Wortfelder der Natur/Landschaft („Sonne", „Wolken", „Meer", „Himmel", „Mond", „Sterne", „Tier", „Ufer"), des Todes („ausgekämpft", „Blut", „Leiche", „Eiter", „ausgestochen", „Tod"), des Menschen („Blut", „Leichen", „Eiter", „Auge", „Tod", „Menschen") und des Kriegs („Flotte", „ausgekämpft"); Neologismen („Wortflotte", „Sternenauge") – syntaktisch: Nachstellung (6): Hervorhebung; Kurzsätze (7, 9), Anapher (10–12) – pragmatisch: Farbsymbolik (weiß, 1: Unschuld, Friede); rot, 4: Blut, Tod); Vergleiche (4, 5, 11), Personifizierung (1, 2, 9), Metaphern (Sonne: das Gute, der Friede; Licht: Erkenntnis)	6
5	*erschließt die inhaltlichen Aussagen des Textes, z. B.:* Ende des Friedens (Ende des Tages, Flucht der weißen Wolken: Sonnenuntergang), bildhafte Vision des Sterbens (Blut, Leichen); Umkehrung der Symbole (Mond: Krankheitsausfluss statt Romantik), Hoffnungslosigkeit (kein Gott), keine Zukunft (tote Augenhöhlen der Sterne), fehlende Einsicht (kein Licht), Apokalypse aller Lebewesen (Schrei der Tiere, Jüngster Tag), gewaltsamer Tod der Menschen (brechen um am Ufer des Lebens)	6
6	*deutet die Befunde vor dem Hintergrund des Expressionismus, z. B.:* traditionsfernes, formeigenes Anti-Kriegsgedicht zum Ersten Weltkrieg, das das Grauen und Leid jeglicher Kreatur metaphorisch in ein apokalyptisches Landschaftsbild fasst	6
7	*vergleicht die jeweils zum Ausdruck kommende Einstellung zum Krieg in Rede und Gedicht, z. B.:* – Wilhelm II. sieht nur den eigenen und nationalen Prestigegewinn, seine Einstellung zum Krieg ist sachfremd, unsensibel, unchristlich und rücksichtslos. – Kanehl beleuchtet die Auswirkungen des Krieges auf den Menschen in seiner Umwelt; seine Einstellung zum Krieg zeigt die Hoffnungslosigkeit und das Leid der Betroffenen auf.	6
8	*gelangt zu einem selbstständig begründeten Schlussurteil, z. B.:* Beide Texte verhalten sich inhaltlich und zeitlich zueinander wie ein Vorher-Nachher-Kontrast. Dem hohlen Pathos der den Krieg Befehlenden steht die traurig-resignative Rhetorik des Schmerzes der den Krieg Erleidenden gegenüber.	3
9	erfüllt ein weiteres aufgabenbezogenes Kriterium (max. 5 Punkte)	
	Summe 2. Teilaufgabe	**36**

4. MÜNDLICHE PRÜFUNG

Der rechtliche Rahmen

Alle mündlichen Prüfungen im Leistungskurs oder im Grundkurs sind gleich angelegt und werden gleich durchgeführt. Allein der Anlass der Prüfungen kann unterschiedlich sein. Die Prüfungen im 4. Abiturfach können nur im Grundkurs erfolgen. Ihre Durchführung ist für alle Schülerinnen und Schüler verpflichtend. Darüber hinaus können vom Zentralen Abiturausschuss mündliche Prüfungen im 1.–3. Abiturfach angesetzt werden,

- wenn die Ergebnisse der schriftlichen Arbeiten sich um 4,00 oder mehr Punkten der einfachen Wertung von dem Durchschnitt der Punkte unterscheiden, die der Prüfling in den für die Gesamtqualifikation verbindlichen Kursen des jeweiligen Prüfungsfachs in den vier Halbjahren der Qualifikationsphase erreicht hat **(„Abweichungsprüfung")**,
- wenn das Bestehen der Abiturprüfung gefährdet ist, weil die Mindestbedingungen nicht erfüllt sind, d. h., wenn in zwei Prüfungsfächern, darunter ein Leistungskurs, im Abiturbereich nicht mindestens 25 Punkte **(„Innenbindungsprüfung")**, oder im Abiturbereich noch keine 100 Punkte erreicht worden sind **(„Existenzprüfung")**.

Wird ein Prüfling in mehreren Fächern geprüft, bestimmt er die Reihenfolge. Wer nicht geprüft werden muss, wird von den mündlichen Prüfungen befreit, sofern der Prüfling sich nicht freiwillig für eine Prüfung meldet **(„Freiwilligenprüfung")**. Eine freiwillige Prüfung kann sinnvoll sein, wenn durch eine Punktverbesserung ein besserer Abiturdurchschnitt erreichbar ist. Man sollte sich diesbezüglich aber in jedem Falle in der Schule beraten lassen.

Die mündliche Prüfung selbst hat drei Teile: die Vorbereitungszeit von in der Regel 30 Minuten, dem ersten Prüfungsteil, d. h. dem Vortrag des Prüflings zur Lösung der gestellten Aufgabe, und dem zweiten Prüfungsteil, dem Prüfungsgespräch. Die mündliche Prüfung selbst dauert mindestens 20, höchstens 30 Minuten.

Vorbereitung der Prüfung

1. Es sollte selbstverständlich sein, dass man sich auf die mündliche Prüfung vorbereitet. Abgeprüft werden können alle Themen mit Ausnahme derjenigen, zu denen man im 1.–3. Abiturfach die Abiturklausur geschrieben hat. Da die Stoffmenge in der Regel groß ist, sollte man mit den Wiederholungen möglichst früh anfangen. Die Anzahl der Wiederholungen ist dabei wichtiger als die jeweilige Wiederholungsdauer. Vorbereitungen am Prüfungstag sind kontraproduktiv. Man sollte ein besonderes Augenmerk auf seine Spezialthemen legen, also jene, zu denen man z. B. ein Referat gehalten hat. Nicht selten greifen Prüfende darauf zurück, um dem Prüfling entgegenzukommen. Es ist sehr nützlich, die Fachlehrkraft zu bitten, im Unterricht zuvor Prüfungen mit den Prüfungskandidaten zu simulieren. So lernen Prüfer und Prüflinge, besser aufeinander zu reagieren.

2. Auch die körperlichen Voraussetzungen der Prüfung sollten gut vorbereitet werden. Weder ein leerer noch ein übervoller Magen ist förderlich. Das gilt auch für den Flüssigkeitshaushalt. Ein Toilettenbesuch während der Prüfung schafft Probleme. Finger weg von allen ungewohnten chemischen Beeinflussungen, von denen man sich eine Leistungssteigerung oder eine ruhigere Grundhaltung verspricht! Die Folgen sind unabsehbar. Besondere Erfordernisse während der Prüfung z. B. bei Sehschwäche oder anderen körperlichen Einschränkungen (Prüfung im Stehen) sollten der Prüfungskommission zuvor bekannt gegeben werden, damit die erforderlichen Maßnahmen ergriffen werden können (z. B. Vergrößerung der Texte, Aufstellung eines Redepults etc.). Mit Antritt der Prüfung erklärt sich jeder Prüfling automatisch für gesundheitlich prüffähig.
3. Die Abiturprüfung ist vielfach die erste staatliche Prüfung; die mündliche Prüfung hat mindestens den Rang eines Vorstellungsgesprächs. Zwar ist feierliche Kleidung schon lange nicht mehr üblich. Gleichwohl sollte man dem Anlass angemessen gekleidet sein. Auch auf das soziale Verhalten sollte geachtet werden. Dazu gehört das Grüßen des Prüfungsgremiums ebenso wie die Einnahme der Sitzposition. Wie ein Nachrichtensprecher aufrecht zu sitzen, mit nebeneinanderstehenden Füßen und übereinandergelegten Händen, drückt Konzentration und Kraft aus. Es ist durchaus ratsam, das vorbereitend zu üben. Wer zu nervös ist, kann, um seine Finger zu beschäftigen, für die Prüfungssituation eine Büroklammer einstecken.

Die Prüfungssituation

Der Prüfungsraum ist in der Regel ein normaler Klassenraum. Hier erhält man seine Prüfungsaufgabe, und hier wird die zweiteilige Prüfung durchgeführt. Die Prüfungskommission besteht aus der Fachlehrkraft als Prüfperson, dem Vorsitz und der Protokollführung. Darüber hinaus können auch Gäste im Prüfungsraum anwesend sein. Amtsvertreter, Elternvertreter und Lehrkräfte muss der Prüfling dulden, der Anwesenheit von Schülerinnen und Schülern muss er im Vorfeld zustimmen.

Die Aufgabenstellung

Eine mündliche Prüfung kann als Einzel- oder als Mehrfachprüfung abgelegt werden. Bei einer Mehrfachprüfung erhalten bis zu drei Kandidaten die gleiche Aufgabenstellung. Der zweite Prüfungsteil kann variieren. Der Vorsitzende des Fachprüfungsausschusses stellt sicher, dass eine Kontaktaufnahme nicht möglich ist. Für den Prüfling sind diese Gestaltungsmöglichkeiten also irrelevant.

Die Aufgabe wird im Prüfungsraum vor mindestens zwei Mitgliedern des Prüfungsausschusses gestellt. Die Aufgabenstellung selbst unterliegt den gleichen Anforderungen wie die der schriftlichen Prüfung, trägt allerdings dem eingeschränkten Zeitraum für Bearbeitung und Vortrag Rechnung. Man sollte hier nichts überhasten und sich vor allem die Aufgabenstellung gründlich und genau durchlesen. Bei irgendwelchen Unklarheiten der Formulierung, vor allem hinsichtlich der durchzuführenden Tätigkeiten, sollte man unbedingt rückfragen. Falls es möglich ist und zugelassen wird, sollte man auch den gegebenen Text zumindest überfliegen, um nach Begriffen zu suchen, die der Erläuterung bedürfen.

Dann erfolgt im beaufsichtigten Vorbereitungsraum die 30-minütige Vorbereitungszeit. Hier sollten alle notwendigen Arbeitsmittel wie Schreibzeug, Marker etc. bereitliegen. Es ist von großem Vorteil, wenn man sich in der Qualifikationsphase bereits auf ein festes Erarbeitungsschema eingespielt hat.
Das könnte z. B. so aussehen, dass man

- den Text zunächst insgesamt liest, um einen Überblick über Thema, Problemlage, Textsorte etc. zu gewinnen,
- den Text ein zweites Mal genauer liest, um den Text zu gliedern, die Sinnabschnitte im Text zu kennzeichnen und am Rand stichwortartig zusammenzufassen,
- den Text ein drittes Mal liest, nun aber mit der Intention der textsortenspezifischen Analyse. Die Befunde sollten im Text markiert und am Rand katalogisiert werden. Es hat sich vor allem hinsichtlich des späteren Ergebnisvortrags als hilfreich erwiesen, einen Textrand für analytische und einen für noch vorzunehmende interpretative Bemerkungen zu nutzen. Kategorien der phonologischen, semantischen, syntaktischen oder pragmatischen Ebene lassen sich mit der Verwendung unterschiedlicher Farben leicht überschauen und zusammenfassen.
- In einem vierten Durchgang sollte man sich nun mit den inhaltlichen Aussagen deutend auseinandersetzen und seine Ergebnisse, Kommentare und Wertungen auf dem noch freien Textrand notieren.
- Für alle weiterführenden Gedanken sollte man das ausliegende Konzeptpapier benutzen. Es ist sehr sinnvoll, mit einer Gliederung zu beginnen, in welcher Reihenfolge man gedenkt, die Aufgabe zu lösen. In der Regel besteht der Vortrag aus folgenden Teilen: 1. Gegliederte Reproduktion, 2. Textanalyse, 3. Textverständnis/ Interpretation, 4. Weiterführender Auftrag/Schwerpunkt. Sollte kein weiterführender Schwerpunkt gefordert sein, ist es durchaus löblich, wenn Sie selbst einen vorschlagen. Dieser evtl. nummerierten Gedankenfolge lassen sich dann alle ungeordnet einfallenden Gedanken ebenfalls numerisch zuordnen.

Die Prüfung in ihrem Verlauf

I. Prüfungsteil: eigener Vortrag

1. Wenn Sie in Ihrem Prüfungsraum Platz genommen haben, in der Regel am Pult, nehmen Sie zunächst eine angemessene und geeignete Sitz- und Körperhaltung ein. Mädchen sollten dabei vor allem ihre Finger unter Kontrolle halten (ggf. mitgebrachte Heftklammern nutzen), Jungen ihre Beine. Breiten Sie Ihre Papierunterlagen geordnet und sinnvoll vor sich aus, sodass Sie nicht suchend in Ihren Unterlagen blättern müssen.
2. Es ist sinnvoll, die gestellte Aufgabe zunächst noch einmal zu wiederholen. Das hat zwei Effekte. Zum einen hilft es dem Prüfungsausschuss, der ja mehrere Prüfungen hintereinander abhält, die richtige Aufgabenstellung mit dem von der prüfenden Person entworfenen Erwartungshorizont herauszusuchen. Zum anderen verbrauchen Sie Zeit, denn die Gesamtprüfungsdauer ist ja auf 30 Minuten begrenzt.
3. Stellen Sie Ihren Ausführungen Ihre Vortragsgliederung voran. Das belegt ein reflektiertes und ggf. souveränes Arbeitsverhalten.

4. Sprechen Sie bei Ihrem Vortrag kontrolliert, langsam und deutlich, aber nicht zögerlich. Geben Sie Ihrer Stimme den sicheren Ton, Faktisches zu verkünden, nicht unsichere Fragen zu stellen. Nicht nur die Protokollführung wird es Ihnen danken. Hüten Sie sich aber davor zu bluffen, d. h. Ihrem Nichtwissen den Anschein sicheren Wissens geben zu wollen. Nicht nur, weil es der Kommission ohnehin auffällt, sondern auch weil Sie mit dieser Art deren Wohlwollen verspielen.
5. Lesen Sie die im Vorbereitungsraum gemachten Aufzeichnungen nicht vom Blatt ab. Das ist unzulässig und wird nicht gewertet. Ebenso wird eine zwar auf das Thema bezogene, aber nicht textgebundene Wiedergabe angelernten Wissens nicht als Prüfungsleistung anerkannt. Sprechen Sie vielmehr frei unter gelegentlichem Blickkontakt zu Ihren Notizen. Hier zahlt sich die Übung aus, anhand einer selbst verfertigten Gliederung frei zu sprechen.
6. Behalten Sie bei Ihrem Vortrag den Augenkontakt zur Prüfperson. Wenn Sie ihr auf die Nasenwurzel zwischen die Augenbrauen schauen, wird sie den Eindruck haben, Sie schauten ihr direkt in die Augen. Auch das suggeriert Sicherheit.
7. Hüten Sie sich vor allen Aussagen und Formen der Überheblichkeit. Lehrkräfte sind manchmal sehr sensibel. Andererseits können Sie unterstellen, dass vor allem der oder die Prüfende alles unternimmt, um Sie gut aussehen zu lassen. Schließlich fallen schlechte Prüfergebnisse auch immer etwas auf die Prüfenden zurück.
8. Wenn Ihr Vortrag abgebrochen wird, muss das kein schlechtes Zeichen sein. Vielleicht waren Sie nur zu ausführlich, und der Prüfer möchte noch Zeit genug für den zweiten Prüfungsteil haben. Dazu zählen vor allem die vom Vorsitzenden ausgehenden Abbrüche, der gewährleisten muss, dass für beide Prüfungsteile etwa gleich viel Zeit verbraucht wird.

II. Prüfungsteil: Prüfgespräch

1. In der Regel knüpft der oder die Prüfende unmittelbar an den Schülervortrag an, entweder dass Fehler korrigiert, Ergänzungen vorgebracht oder Erläuterungsfragen zu dem Vorgetragenen gestellt werden. Achten Sie genau auf die Anweisungen des oder der Prüfenden. Hier zahlt es sich aus, wenn Prüfer und Prüfling sich aus simulierten Prüfgesprächen gut kennen und optimal aufeinander reagieren können.
2. Manche Prüfer formulieren z. B. absichtlich ihre Fragen sehr lang, um dem Prüfling zeitlich entgegenzukommen. Sie streben oft einen zweiten Schülervortrag an. Andere bevorzugen mit kurzen Fragen ein schnelles, unverkrampftes Wechselgespräch, um den Prüfungsdruck zu reduzieren. Auch in diesem gelenkten Wechselgespräch ist ein gutes Verständnis zwischen Prüfer und Prüfling wichtig. Nicht selten wählen Fachlehrer/innen einen Themenbereich, von dem sie Grund zu der Annahme haben, dass der Prüfling den entsprechenden Stoff aufgrund eines Referats o. Ä. gut beherrscht. Sie sollten keinen Grund zur Enttäuschung liefern.
3. Für den Übergang zum zweiten Prüfungsteil gibt es in der Regel drei Methoden: Man lässt die Textthematik oder -problematik mit etwas Gleichartigem oder mit etwas Andersartigem vergleichen oder stellt sie in den größeren Zusammenhang der Epoche, der Gattung, der Textsorte etc. Wenn man das weiß, kann man sich ggf. während seiner Vorbereitungszeit auch schon auf wahrscheinliche Themen des zweiten Prüfungsteils vorbereiten. Hier liefert auch die Art, wie in den Klausuren

die weiterführenden Schreibaufträge formuliert worden sind, oftmals Hilfestellung.

4. Bekennen Sie sich mutig zu Ihren Lücken. Sie geben dem/der Prüfenden so die Möglichkeit, das Gespräch schnell zu verlagern, statt Sie durch bohrende, aber fruchtlose Nachfragen vorzuführen.
5. Unterbrechungen des Prüfungskandidaten seitens der Prüfperson können mehrere Gründe haben: Falschaussage des Prüflings, nachgeschobene Hilfe bei sich andeutender Falschaussage, Ergänzung des Gesagten, Abkürzung der Antwort des Prüflings, Themenwechsel. Da die Gründe einer Unterbrechung also vielfältig sein können, sollten Sie sich nicht unnötig verrückt machen, sondern weiter konzentriert auf die Prüferaussagen achten.
6. Sollte der Vorsitzende selbst Fragen stellen, so tut er das zumeist, um sein Notenbild abzuklären oder weil er meint, es seien noch gute Leistungen in einem Bereich zu erwarten, die der Prüfer bislang nicht oder seiner Ansicht nach nicht intensiv genug abgefragt hat. Nur in den seltensten Fällen übernimmt er Teile der Prüfung selbst. Vor allem wenn er den Eindruck hat, der Prüfungsverlauf sei verbotenerweise abgesprochen. Meist hält er sich jedoch zurück.
7. Am Ende der Prüfung sollten Sie Ihre Unterlagen geordnet und ordentlich der Kommission übergeben und nicht als wirren Blätterhaufen. Bedenken Sie immer: Manchmal kann der äußere Eindruck entscheidender sein als kleinere inhaltliche Patzer oder Lücken!

Besonderheiten während der Prüfung

Während der Prüfung können besondere Ereignisse auftreten, die den normalen Prüfungsablauf stören. Dazu zählt z. B. das Stottern. Es gibt Prüflinge, die immer stottern. Das sollte der Prüfungskommission bekannt sein. Im Benehmen mit dem Zentralen Abiturausschuss und dem Prüfling kann die Prüfungsdauer im Prüfungsplan angemessen so verlängert werden, dass der Prüfling ausreichend Zeit hat, die von ihm zu erwartenden Aussagen zu tätigen. Es entsteht ihm kein Nachteil. Es gibt andere Prüflinge, die aufgrund der nervlichen Anspannung während der Prüfung stottern, obwohl sie das im Normalfall nicht tun. Auch hier kann die Kommission angemessen reagieren und versuchen, die Prüfungszeit der Äußerungsfähigkeit des Prüflings durch Ausschöpfung der Prüfungszeit anzupassen.

Bei unerwartet auftretenden gesundheitlichen Störungen, z. B. plötzlichem Nasenbluten, Hustenanfällen, Atemnot durch Selbstdrosselung (bei Mädchen manchmal ausgelöst durch Verzwirbelung der Halskette), Krampfanfällen oder durch Unterzuckerung ausgelöste Schwächeanfälle, wird die Kommission die Prüfung unterbrechen, bis der Prüfling imstande ist, die Prüfung fortzusetzen. Die Unterbrechung wird dann nicht auf die Prüfungszeit angerechnet. Aus strategischen Gründen eine solche Prüfungsunterbrechung bewusst zu provozieren ist keinesfalls ratsam, denn die damit verbundene Aufregung wirkt in der Regel beim Prüfling länger nach als beim Prüfungsgremium, das nicht einmal einen Mitleidsbonus vergibt.

Textausgaben

Goethe, Johann Wolfgang: *Faust. Der Tragödie Erster Teil.* Stuttgart: Reclam, durchgesehene Ausgabe 2010 (2013) (RUB Nr. 1).

Kafka, Franz: *Die Verwandlung.* Stuttgart: Reclam, 2001 (2012) (RUB Nr. 9900).

Zentrale Stellen sind fett gekennzeichnet.
(Passim: verstreut)